일터의
대화법

일터의 대화법

로라 케이튼 지음
이미영 옮김

성공하는 사람들의 커뮤니케이션 습관
THE COMMUNICATION HABIT

한스미디어

다른 사람과 의사소통을 할 때 당신의 장점은 무엇일까?

잠시 생각해 보고 그 장점에 자부심을 가져보자. 자신의 좋은 점을 확실히 알고 분명히 표현하고 적용하는 건 아주 큰 힘이 된다. 장점은 쉽게 눈에 띈다. 나쁜 습관과 나란히 놓여 자꾸 대조되기 때문이다. 그래서 우리의 집중력은 흩어지고 바람직한 의사소통이 어려워지는 것이다.

원활한 커뮤니케이션을 방해하는 습관은 무엇일까?

우리는 스스로 알고 있는 부분만 바꿀 수 있다. 앎은 자기 인식에서 생겨나며, 변화에는 자율과 추진력이 동반된다. 잠깐 짬을 내서 자신의 소통 습관을 생각해보자. 자기 자신을 마주하기 위한 여정은 이렇게 스스로를 발견하는 데에서 시작된다.

『일터의 대화법』에서는 긍정적인 인상을 만들고 자신감과 명확성, 신뢰를 전달하는 방법에 대해 일곱 가지 핵심 개념을 조명한다. 당신의 성공을 돕거나 저해할 수 있는 중요하고 미묘한 차이점도 함께 이야기한다. 곳곳에 마련된 〈한 뼘 더〉에서는 책에서 배운 의사소통 개념을 생활에 적용해볼 것이다. 이 책은 커뮤니케이션에 관한 포괄적인 안내서로, 첫인상부터 잘못된 첫만남을 바로잡는 회복력까지 이어지는 여정이다.

나는 15년 넘도록 의사소통에 관한 이야기와 글쓰기를 해왔다. 생산성과 수익성, 인지와 존재감의 중심에 자리하는 것이 바로 의사소통이기 때문이다. 의사소통은 흔히 여러분이 얼마나 능력과 자신감을 갖춘 믿을만한 사람인지 판단하는 데 결정적 역할을 한다. 또한 사람 사이를 연결하고 장벽을 무너뜨리며 관계망을 구축하기도 한다. 당신은 의사소통으로 팀에 영향을 끼칠 수도 있다. 동료들은 임원이 있는 자리에서 목소리를 내는 당신의 지식과 경험을 존중하게 될 것이다. 우리는 이런 과정을 통해 자신감과 겸손, 반성과 회복력을 드러내고 자신의 의견을 간접적으로 주장할 수 있다.

관습이나 문화적 한계뿐 아니라 의사소통의 방식 또한 당신의 인상을 즉각 해치고 메시지가 갖는 영향력을 줄일 수도 있다. 그럴 경우 사람들은 당신의 아이디어는 물론 존재마저 무시할 것이다.

직장 내 의사소통이 별로 활발하지 않고 간접적인 방식을 선호하는 조직 문화에서 구성원들은 말보다 몸짓언어와 음성 전달에 더 집중하여 의미를 추론한다. 또한 어떤 주제에 대해 강하게 주장하면 남들의 이목을 끌 수 있으므로 되도록 삼간다. 만약 당신이 이런 상황에서 어려움을 겪고 있다면, 이 책에서 중요한 정보를 얻게 될 것이다. 우리는 우리가 아는 범위 안에서만 똑똑하다. 더 잘 알지 못하는데 어떻게 더 잘 할 수 있겠는가? 이 책을 읽고 나면 여러분은 북미나 유럽 출신의 파트너와 소통할 때 그들이 당신에게서 어떤 점을 존중하고 기대하는지 더 잘 이해할 수 있다. 당신의 업무 환경에 필요한 예절은 무엇이고 그런 예절을 따르는 게 적합한지, 언제 그런 규칙을 사용해야 하는지와 같은 문제를 쉽게 판단하는 법도 깨닫게 될 것이다.

단어와 몸짓, 하는 행동과 결정에는 다른 사람에게 심어주고 싶은 인상, 특정 국가와 문화, 조직에서 무엇이 기대되고 존중을 받는지에 대한 당신의 이해도가 반영되어 있다.

가상 커뮤니케이션은 전 세계에서 빠르고 극적으로 변하고 있다. 이 새로운 영역에 적응하는 동시에 이런 환경에서 최적의 의사소통을 하기 위해서는 장점이라는 단단한 토대와 습관에 대한 인식, 보편적 적합성을 유지해야 한다.

그 어느 때보다도 타인의 의사소통 방식에 맞춰서 관계를 맺는 능력이 중요해진 요즘이다. 만나서 커피 또는 차를 마시거나 점심을 먹으러 가는 길에 이야기를 나누거나, 잠시 동료의 자리에 들러 무엇을 물어보고 회의하러 들어가며 그간의 소식을 주고받는 등 '일터에서의 소소한 상호작용'은 사라졌다. 이제 우리는 잡담을 대체할 방법, 접점을 늘릴 방법, 인간관계를 형성하기 위한 기회를 만들어낼 방법을 찾아야 한다. 인간관계와 의사소통은 서로 떼려야 뗄 수 없다.

이 책에서 언급한 많은 전략은 온라인에서도 쉽고 효과적으로 적용할 수 있다. 원격 의사소통을 할 때는 다음과 같은 점도 고려해야 한다. 시각적 그리고 언어적 선택지를 유념하고 협동심을 유지할 창의적인 방법, 신뢰 쌓기, 가시성 확보, 관계 유지, 내성적 또는 외향적인 팀원 각자의 성향을 고려한 상호작용으로 소외된 사람 없이 골고루 참여 유도, 리더로서 방향 제시, 감사 인사, 경청, 투명성, 일과 일상 생활 사이의 균형 그리고 공감이 그것이다.

성공적인 커뮤니케이션은 충분한 지식과 정확한 정보 선택 능력에서 온다. 『일터의 대화법』은 주요 의사소통 전략에 대한 여러분의 이해도를 높여 지금과 앞으로 다가올 상황에 맞는 해결책을 원활하게 선택할 수 있도록 힘을 실어줄 것이다.

성공이 여러분 눈앞에 있다!
로라 조앤 케이튼Laura Joan Katen

여정을 시작하며

이것은 여러분의 이야기다. 이 책은 장점을 강화하고, 성공을 저해할 수 있는 행동에 대해 인식을 개선하며 자신이 타인에게 어떤 인상을 심어주고 싶은지 확립하는 데 도움을 줄 것이다.

이 책에서 다루게 될 정보와 전략은 그동안 내가 접했던 수많은 질문과 걱정과 어려움, 널리 알려진 사례들, 다양한 지역과 업종, 직위 그리고 성별에 대해 많은 전문가가 거론했던 중요한 주제들에서 비롯되었다. 이 책의 초점은 미국의 평균적인 업무 환경에 맞추어져 있지만 비슷한 표준과 관습을 가진 다른 나라의 기업 문화에도 적절히 적용할 수 있는 내용이다. 당신이 해외에서 근무하거나 미국에 본사를 둔 다국적기업에서 일한다면 특정한 직장의 문화와 요구 사항과 규범뿐 아니라 특정 국가의 관습과 예절을 익히는 것 또한 매우 중요할 것이다.

이 여정을 통해 나는 주요 조사결과와 정보를 공유하고 코칭 기회를 제공하며 일터에서 흔히 일어나는 어려움을 처리하는 법에 대해 이야기할 것이다. 잠시 시간을 내어 〈한 뼘 더〉에 제기된 연습 문제와 질문에 대해 생각해보라. 책 속의 정보나 질문이 당신에게 어떤 영향을 미치는지도 따져보자. 거울로 내면을 비추며 책의 내용이 자신과 어떤 관련이 있는지 고려하며 자아를 발견하고 한 단계 더 성장하는 계기로 삼을 수 있을 것이다.

다음은 사람들이 자주 질문하고 걱정하는 문제다.

"'상대하기 어려운' 사람과는 어떻게 지내야 할까?"

"상대방의 말을 경청하려면 어떻게 해야 하나?"

"상사와 효과적으로 의사소통할 수 있는 방법은 무엇인가?"

"어떻게 해야 회의에서 사람들이 내 말에 귀를 기울일까?"

"의사소통할 때 자신감을 가지려면 어떻게 해야 하나?"

"내가 가까이하기 어려운 사람으로 보인다면 어떻게 고쳐야 하나?"

"대화에 끼어드는 사람을 기분 상하지 않게 막으려면 어떻게 해야 하나?"

👉 한 뼘 더

효과적인 의사소통을 하려고 할 때 당신이 겪는 문제들은 무엇인가?

문제점

　당신의 문제가 정확히 무엇인지 알고 있다면 어떤 전략이 그 문제에 맞는 해결 방법인지 찾아볼 수 있다.

　이제 여러분은 일터에서 꾸준히 돋보이는 존재가 되기 위한 첫 걸음을 떼었다. 중요한 세부사항과 비결을 익혀 더 큰 성공을 거두기를 기원한다!

CONTENTS

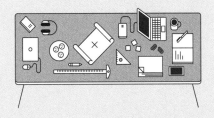

1장

첫인상과 인지

THE COMMUNICATION HABIT

우리는 사물을
있는 그대로가 아니라
자기 상황과 형편에 따라
다르게 본다.

아나이스 닌Anaïs Nin
프랑스계 미국인 작가

이 장에서는 긍정적인 첫인상을 만들고 그것을 이어 가는 데 무엇이 필요한지 이야기한다. 긍정적인 첫인상은 당신의 장점과 핵심적인 가치를 올바로 반영하며 궁극적으로 다른 사람들에게 좋은 인상을 심어준다. 여기에서 우리는 자신의 인상과 함께 타인과 구별되는 미묘한 분위기를 만들어내는 네 가지 핵심 요소에 집중할 것이다. 이를 토대로 당신은 자기 인식을 높이고 자신의 장점을 최대한 유리하게 이용하여 자신이 좀 더 관심을 기울일 필요가 있는 영역에 초점을 맞출 수 있다. 자기 인식을 높이려면 내면을 보는 것이 중요하다.

당신은 직장에서 동료들에게 어떤 사람으로 보이고 싶은가? 그리고 현재 정말 그렇게 보이고 있는가?

아래 표에서 첫 번째 칸에 직장에서 어떻게 인지되고 싶은지 표현하는 단어를 세 개에서 다섯 개까지 적어보자.

두 번째 칸에는 상사가 당신을 어떻게 보는지 나타내는 단어 세 개를 적는다. 업무 평가, 비언어적 단서, 이메일, 당신과 상사 사이의 대화 등을 근거로 삼을 수 있다.

세 번째 칸에는 당신에 대한 후배 직원의 인식을 나타내는 단어를 세 개 적는다. 후배 직원이 없다면 동료의 생각도 좋다. 비언어적 단서, 이메일, 당신이 받은 평가, 후배 직원과 동료와 상사에게서 무기명으로 피드백을 수집하는 다면평가 등을 근거로 삼을 수 있다.

나	상사	후배 혹은 동료

이제 당신이 나란히 적어놓은 단어들을 살펴보자. 당신이 원한 모습과 실제로 다른 사람들이 보는 모습이 일치하는가? 일치한다면 훌륭하다. 계속 그렇게 하면 된다!

당신은 이 책을 통해서 그런 긍정적 인지를 강화하게 될 것이다. 설령 일치하지 않는다 해도 걱정할 필요는 없다. 이 책을 집어든 것 자체로 이미 당신은 자기 인식을 높이고 성장해서 결국 다른 사람들에게 좋은 인상을 심어주는 길에 들어선 셈이니 말이다.

다른 사람들에게 어떤 평가를 받고 싶은지를 떠올리기 힘들었다면 그 자체에 주목해야 한다. 자신이 무엇을 원하는지도 모르면서 무슨 수로 문제를 해결하겠는가? 또한 상사가 당신을 어떻게 생각하는지 떠올리기 어려웠다면 그걸 알아내는 게 중요하다. 경영진이 당신을 어떻게 인지하는지 모른다면 그들이 제대로 보고 있는지도 당연히 알 수 없다.

인지작용은 순간적이고 대개 무의식적으로 일어난다. 당신이라는 사람을 무엇에 근거해 평가하는지 알아야 긍정적인 첫인상을 만들고, 유지할 수 있다.

아무리 길어도 7초다!

어느 연구 결과에 따르면 첫인상을 정하는 데 7초에서 30초가 걸리며 7초가 채 안 걸리는 경우도 많다.[1] 정말 눈 깜짝할 사이다. 어떻게 7초도 안 되는 시간에 누군가에게 깊은 인상을 줄 수 있을까?

첫인상을 결정짓는 네 가지 핵심영역

지난 몇 년 동안 나는 1년에 100일 이상 출장을 다니며 기조 연설을 하고 워크숍을 이끌면서 다양한 전문가들과 교류했다. 다양한 지역과 업종, 직위, 직급, 성별을 망라한 사람들, 똑똑하고 노련하면서 자기 일에서도 성공한 사람들의 여러 질문을 받았다. 그들은 신입사원, 야심찬 관리자, '벽에 부딪쳤다'고 느끼며 승진을 원하는 직원, 고위 임원에게 강한 인상을 주고 싶은 직원, 자신의 경력과 지식을 다른 조직에 전해주고 싶은 사람 등 가지각색이었다. 이 모든 상호작용과 교류를 통해 나는 사람들이 상대방을 평가할 때 꾸준히 사용하는 네 가지 핵심 영역을 알게 되었다.

1. 외모
2. 의사소통
3. 상호작용
4. 업무상 예절

연구에 의하면 사람들은 당신을 만나고 처음 몇 초 안에 중요한 결정을 내린다. 이때 받는 인상은 의식과 무의식적 자극의 결과를 모두 포함한다.[2]

- 교육 수준

- 능력

- 교양 수준

- 신뢰도

- 경제적 지위

사람들은 저마다 무의식적으로 네 가지 중 한 가지 혹은 그 이상의 영역에서 자신감을 잃는다 — 자기 인식이 부족하기 때문이다. 당신도 마찬가지로 주눅이 드는가?

⚿ ────────────────────────────────

'정보에 밝아야 한다'는 것이 핵심이다. 정보가 있어야 신중한 결정을 내리고 자신이 원하는 인상을 만들어낼 수 있다.

────────────────────────────────

다음은 첫인상을 결정짓는 네 가지 핵심영역이다.

외모

외모는 시각적 의사소통의 총체다. 몸짓언어, 복장, 장신구, 차림새, 위생을 포함한다.

몸짓 언어

몸짓 언어는 올바른 메시지를 전달하는 데 있어서 매우 중요한 주제이므로 3장 전체를 여기에 할애했다. 따라서 외모의 다른 양상과 몇 가지 주요 전략을 계속해서 살펴보자.

복장

적절한 근무 복장에 대한 표준과 요구 사항, 지침은 주변 환경과 더불어 끊임없이 변한다. 여기에는 각 나라의 관습이나 기업 문화, 편안함, 유행, 업종, 직위, 개인적 취향 등 여러 가지가 있다.

옷을 입을 때 자신이 시각적으로 어떤 정보를 전달하고 싶은지 고민해야 한다. 다음 다섯 가지 지침을 토대로 복장을 고르고 스스로 아래의 질문을 던져보자.

1. **피트**Fit: **옷이 몸에 잘 맞는가?** 혹시 유행을 따르기 위해 몸에 안 맞는 옷을 입는가? 길이가 어중간한 소매, 단추를 풀지 않고는 서서 양팔을 편안히 움직일 수 없을 정도로 품이 좁은 정장 재킷, 크기나 길이가 어

색한 바지 등을 입으면 남의 시선을 의식하게 되고 당당한 존재감을 잃을 수 있다.

2. **옷감**Fabric: **옷감이 계절과 근무 환경에 모두 적합한가?** 기업 문화나 당신의 역할을 고려할 때 옷감이 너무 일상적이거나 전문가답지 않아 보이거나 구식인가?

3. **색상**Color: **어떤 특성을 보여주고 싶은가?** 타인이 당신을 인지하는 과정에서 색상은 중요한 역할을 한다. 색상은 당신의 인상을 더 강화하고 당당한 존재감을 나타낼 수 있다. 적극성을 드러내주고 당신을 눈에 띄는 존재로 만들 수 있다. 혹은 반대로 눈에 띄지 못하게 해서 외모를 해칠 수도 있고 당신이 지닌 에너지와 개성에 대해 오해를 불러일으키기도 한다.

4. **무늬**Pattern: **무늬의 의도는 무엇인가?** 무늬는 일터에서 입는 옷에 흥미와 개성을 보태는 멋진 방법일 수 있다. 번잡한 무늬는 집중을 방해하고 당신의 외모와 당신이 전하고자 하는 메시지의 가치를 떨어뜨릴 수 있으니 주의해야 한다.

　　장신구를 활용해 색상이나 무늬를 더하는 것도 훌륭한 방법이다. 셔츠나 정장과 같은 계열의 색을 가진 넥타이, 숄, 보석 및 귀금속, 무늬 있는 양말, 멜빵, 실크스카프 등을 활용하면 당신의 외모를 한층 더 흥미롭고 세련되게 만들 수 있다.

5. **스타일**Style: **당신의 스타일은 다른 사람들과 비교되는 퍼스널 브랜드**personal brand**를 강화하는가?** 당신의 개인적 스타일이 무엇이든 그

스타일이 자신의 직위와 속한 업계, 당대의 분위기와 회사의 복장규정에 부합해야 한다는 점을 명심해야 한다. 스타일은 자신감을 갖게 해 줄 수도 있다. 외모에 대한 자신감은 당신이 계획하는 일의 다른 여러 측면에도 영향을 끼친다. 당신의 개성을 반영하는 스타일을 추구하면서 회사의 정책과 일반적 업무 환경도 존중해야 한다.

이런 세부사항에 주의를 기울이면 당신의 복장은 틀림없이 타인에게 올바른 인상을 심어줄 것이다. 여기에 전체적인 외모 관련해 중요한 전략을 몇 가지 더 소개한다.

- **누구를 존경하는가?** 직장에서 당신이 목표하는 위치에 있는 사람들을 관찰하자. 그들은 무엇을 입고 있는가? 그들이 긍정적이고 세련된 인상을 준다면 어떤 특징이 그런 인상을 두드러지게 하는가?
- **당신이 원하는 직위에 어울리는 옷을 입어라. (동시에 현재 직위도 고려해야 한다.)** 헌신적으로 일하면서 자신감 있고 유능하며 전문적이라는 것을 보여주어야 한다. 하지만 상사를 무색하게 하거나 주변 사람들과 동떨어져 보여서는 안 된다.
- **멘토mentor나 조언자에게 지도를 구하라.** 멘토는 많은 직장인에게 귀중한 자산이다. 멘토의 역할을 맡은 사람은 직업적 영역에서 당신을 이끌어주고 사심 없이 자문諮問에 응해줄 수 있다. 멘토는 성별, 업종, 직위에 상관 없이 누구나 될 수 있고 당신에게 편견 없는 객관적인 지

도와 피드백을 줄 수 있다. 만약 멘토가 없다면 지금이라도 찾아보자.

☀ **여기서 꿀팁!**

믿을 수 있는 멘토 찾기

어떻게 해야 멘토를 만날 수 있을까? 몇 가지 팁을 소개한다.

- 직장 안팎에서 목표 달성을 도울 수 있을 만한 성공한 사람을 떠올려보라.
- 그에게 연락해서 멘토가 되어 달라고 부탁하게 된 계기와 그의 배경이나 성공 과정, 현재 역할이 당신의 개인적 포부와 얼마나 일치하는지에 대한 이야기를 나눠보자.
- 처음에는 소소한 대화로 관계를 유지하며 정기적으로 전화 통화나 만남을 계획한다. 대화나 만남은 멘토가 가능한 상황에 따르더라도 관계를 주도하는 사람은 조언을 받는 쪽인 멘티mentee여야 한다는 점을 잊지 않아야 한다. 멘토의 성공담과 시간, 통찰력과 지도에서 이익을 얻는 사람은 바로 당신이다. 따라서 적극적으로 연락해 고마움을 표현하고 대화를 위해 늘 미리 준비하라.

외모는 사람들이 내게 자주 묻는 주제다. 자기 자신과 개인적 취향에 충실한 외모와 직장 환경에 어울리고 자신의 인상을 해치지 않는 외모 사이의 균형은 사람들이 늘 어려워하는 주제다. 선택한 옷을 자신 있게 '입어도 될 만큼' 당신의 결정이 옳았다는 것을 뒷받침하기 위해 가끔 외부의 관점을 들어보는 것도 도움이 된다.

외모에 대해 아주 작은 부분만 신경써도 타인에게 다른 인상을 심어줄 수 있다. 당신의 복장이 눈길을 끌도록 의도적으로 활용할 수 있는 요소가 바로 장신구다.

장신구

장신구는 외모에 또 다른 면을 더한다. 의상에서 부족한 점을 보완하고 전체적 인상을 돋보이게 하는 멋진 수단이다. 적절하게 활용된 장신구는 화룡점정의 역할을 한다. 장신구 자체뿐 아니라 개수와 품질도 메시지를 전달할 수 있다.

장신구를 고를 때도 사람들의 주의를 다른 데로 돌리거나 산만하게 하는 것은 피해야 한다. 회사에 다닌 지 얼마 안 됐거나 매우 보수적인 근무 환경이라면 안경과 반지, 시계와 같은 필수 아이템을 포함해 장신구는 세 가지 정도만 착용하는 것이 좋다. 그런 다음 전체적 외모에 기준을 두고 무언가를 뺄지 말지 결정하라. 장신구를 적게 착용하는 게 좋은 업계도 있는 반면 비교적 화려하게 보여야 하는 곳도 있다. 유명한 패션 아이콘 코코 샤넬Coco Chanel은 "집을 나서기 전에 거울을 보고 장신구를 하나 빼라"[3]라고 말하기도 했다.

주목할 점 두 가지가 있다. 첫째, 당신의 의상도 장신구로 느껴질 수 있다. 의상이 눈에 띄는 색 또는 옷감으로 만들어졌거나 화려한 자수 또는 복잡한 무늬로 장식되었다면 장신구는 자제해야 한다. 크기가 크고 색상이 대담하고 모양이 독특한 장신구는 즉시 사람들의 시선을 끌고 특정한 정서나 인상을 의도적으로 심어주기 위해 착용한다. 따라서 독특한 의상을 입는다면 이 역시 장신구로 간주해야 사람들을 집중시키면서도 전문가다운 인상을 유지할 수 있다.

둘째, 어울리지 않거나 너무 많은 장신구는 세련된 이미지를 해친다. 마찬가지로 아무런 장신구를 착용하지 않는 것 또한 '경험이 부족한' 사람이라는 오해를 심어줄 수 있다.

복장과 장신구 외에 외모와 관련된 마지막 핵심은 차림새와 위생이다.

차림새와 위생

비언어적 요소인 차림새와 위생은 누군가에 대한 인식을 형성하는 데 아주 중요한 역할을 한다. 그리고 신체적 건강뿐 아니라 당신이 얼마나 깔끔하고 단정한 사람인지도 드러낸다. 이 핵심영역의 중요성은 외모에 관한 조사에 잘 나타나 있다. 어떤 조사에 따르면 임원다운 존재감을 아주 잘 반영하는 요소가 차림새와 위생이다.

외모는 상사와 동료직원이 당신의 업무 능력과 잠재력을 가늠하는 주된 근거 중 하나다. 세련된 외모는 의지와 존중, 배려를 반영한다. 여러 조사 결과가 외모가 타인이 당신의 업무결과를 평가하는 태도에 영향을 미친다는 사실을 뒷받침한다.[4] 당신만의 독특한 시각적 이미지를 곰곰이 생각해본다면, 사람들에게 당신이 원하는 올바른 인상을 심어줄 수 있을 것이다.

💡 여기서 꿀팁!

임원다운 존재감Executive Presence의 중요성

첫인상과 인상에 대해 이야기할 때 임원다운 존재감에 집중할 필요가 있다. 많은 직장인이 타인에게 존재감이 분명한 사람으로 보이고 싶어하기 때문이다. 미국의 경영학 월간지 《하버드 비즈니스 리뷰Harvard Business Review》에서는 임원의 존재감을 '원숙한 자신감을 보이는 능력, 어렵고 예측 불가능한 상황을 통제할 수 있는 판단력, 힘든 결정을 제때에 내리는 능력, 유능하고 의지가 강한 다른 임원들에 맞서 꿋꿋이 버틸 수 있는 능력'5 으로 정의한다. 상호작용이 이루어지는 처음 몇 초 동안 스스로 자리매김하는 방식에 이런 핵심적인 특징이 대부분 간접적으로 반영된다.

의사소통

의사소통 능력의 유무는 직장 생활의 성패를 가르는 요인이 된다. 아래는 의사소통의 몇 가지 주요 범주다. 이들은 당신이 다른 사람에게 올바른 인상을 심는 데 도움이 될 수도, 방해가 될 수도 있다.

- 비언어적 메시지
- 음성 전달
- 단어 선택
- 경청
- 메시지의 구조와 구성

- 문서와 이메일을 이용한 의사소통
- 소셜 미디어 예절

의사소통은 고용주가 가장 널리 선호하는 세 가지 덕목 중 하나[6]로 알려져 있을 만큼 귀한 능력이다. 첫인상을 결정짓는 네 가지 핵심영역 중 두 번째일 뿐 아니라 이 책에서 전반적으로 다루는 주제이기도 하다.

상호작용

주변 사람들과 효과적인 상호작용으로 친밀감을 형성하는 능력은 다른 사람에 비해 두각을 나타내기 위한 핵심요소이자 첫인상을 결정짓는 네 가지 핵심영역 중 세 번째이다.

다른 사람과 소통을 잘 하는 사람이 되는 법, 직장에서 흔히 생기는 곤란한 상황을 처세술과 재치, 신뢰를 활용해 처리하는 비결 등 소프트 스킬soft skills의 가치는 일간지 기사와 블로그, 여러 조사 등에서 자주 언급하는 주제다.[7] 대인관계 능력과 올바른 처신의 중요성을 둘러싼 담론은 수십 년 동안 널리 알려졌는데, 그에 대한 조사는 1918년으로 거슬러 올라간다. 미국의 하버드대학교Harvard University와 스탠포드연구소Stanford Research Institute, 카네기재단the Carnegie Foundation은 개인의 처신과 직업적 성공 사이에 관계에 대해 조사했다. 답은 관계가 있는 것으로 나왔다. 직업에서 자신의 가치를 형성하고 유지하고 높이는 데 기술적 재능이 차지하는 비율은 15% 이하였다. 직업적 성공의 85% 이상이 개인의 처신과 타인을 편안하게 하는 능력에서 비롯된 것이다.[8]

올바른 처신과 상호작용은 매우 중요하다. 흔히 생기는 곤란한 상황을 신중하면서도 단호한 태도로 처리하는 법을 익히는 것은 직업적 이동이 잦아진 환경에서 점차 더 중요한 장점으로 자리 잡았다. 업무적인 능력이 비슷하다면 보통 당신의 인상과 타인과의 상호작용 능력이 변별 요인일 수 있다.

상호작용의 다양한 측면을 잘 익혀두어야 한다. 우리는 모두 같은 지점에서, 즉 인사에서 출발한다. 많은 사람에게 그 인사란 '악수'를 의미한다.

악수하는 법

악수는 친밀감을 형성하고 능력과 존중, 신뢰와 자신감을 나타낸다. 악수를 제대로 하지 못하면 상대방에게 불쾌하거나 무관심하다는 인상을 줄 수도 있다. 악수를 할 때 방법에 따른 미묘한 차이를 기억한다면 상대방에게 긍정적 인상을 심어주는 데 도움이 된다.

여기에 그 미묘한 차이를 몇 가지 소개한다. 일반적으로 악

일터의 대화법

수는 오른손으로 한다. 검지와 엄지 사이에 물갈퀴the web 모양의 살 부위가 있는데, 제대로 악수하려면 이 부위가 서로 완전히 맞닿아야 한다. 손가락을 구부려 상대방의 손을 쥐고 두세 번 위아래로 움직인 다음 놓는다. 손목이나 어깨가 아닌 팔꿈치에서 시작해 부드럽게 이어지는 동작이어야 한다. '굵고', '짧게'. 이 두 가지를 기억하자. 상대방의 손을 너무 힘없이 쥐면 소심하고 약한 사람으로 오해받거나 자신감과 신뢰가 부족하다는 인상을 줄 수 있다. 반면 손을 지나치게 세게 잡으면 뼈가 으스러지는 듯한 경험으로 기억되거나 친밀감을 형성하거나 불편함을 감추려고 지나치게 노력하는 것으로 비칠 수 있다. 많은 일에서 그러하듯 악수할 때도 균형과 상황 인식이 필요하다. 쓸데 없이 나쁜 인상을 남겨서는 안 될 것이다.

대부분의 경우 악수하거나 누군가를 소개받을 때 가능하면 일어서야 한다고 생각한다. 일어서는 행동은 사람들에게 존중을 표할 수 있는 또 다른 방법이다. 상대방과 쉽게 눈을 마주칠 수도 있다.

다른 인사법

지구상의 인구는 77억 명이고, 미국의 인구는 3억 2,900만 명에 달한다. 문화와 종교, 각자의 능력과 중요하게 여기는 예절도 그만큼 다양하다. 악수가 편안한 문화나 환경에 있다면 악수는 친밀감과 능력, 신뢰와 자신감을 나타내는 데 도움을 줄 수 있다. 반대로 악수가 어색할 수도 있다. 자유로운 분위기의 회사라거나 자주 만나는 사람과의 인사, 종교적 혹은 또 다른 이유로 타인과 신체적 접촉을 피하는 사람과 만났을 때다. 이런 경우 악수는 무관심을 나타내고 불쾌함과 서먹함을 유발할 수 있다. 이럴 때는 미소 짓기, 고개 끄덕이기, 말로 인사하기, 잡담 나누기, 문화에 따른 관습적 포옹, 손 흔들기, 볼에 하는 입맞춤 따위의 인사법으로 대체하는 게 더 효과적이다.

손을 흔들든 악수를 하든 포옹하든 효과적으로 상호작용하기 위한 비결은 결국 다른 사람에게 존중받고 환영받는다는 느낌, 당신과 함께 있어서 편안하다는 인상을 주는 것이다. 상대를 간파하여 처음부터 긍정적인 분위기를 만드는 것 또한 중요한 요소다. 그런 분위기를 어떻게 만들지는 당신에게 달렸다.

💡 여기서 꿀팁!

개인 공간 유지하기

타인과의 접촉이 싫거나 개인 공간을 지키고 싶지만 상대와 포옹해야 하는 상황이 생길 수 있다. 이럴 때 상대를 민망하게 하지 않으면서 편안함을 유지할 수 있는 전략이 있다.

평상시보다 더 빨리 상대방에게 미소를 짓고 말로 인사를 건네면서 악수를 더 길게 해보자. 팔꿈치는 몸통에 바짝 붙여야 한다. 자세를 약간 바꿔 팔을 쭉 뻗고 악

　　　　　　　　　　　　　　일터의 대화법

수하면 상대방이 너무 가까이 접근하는 것을 막아 당신의 개인 공간을 보호할 수 있다. 이 전략의 핵심은 미소를 짓고 말로 인사를 건네는 것이다. 이런 행위가 없다면 상대방이 변화를 더 쉽게 알아차릴 수도 있다. 사람들은 자신이 제대로 대접 받고 환영받는지에만 마음을 쓴다. 어떤 인사법을 선택할지는 누구와 인사하는지, 어떤 상황인지에 달려있다.

☞🌟 **한 뼘 더**

여러분은 어떻게 상대방을 환영하면서 개인적인 편안함도 유지하는가?

업무상 예절

첫인상을 결정짓는 네 가지 핵심영역 중 마지막은 업무상 예절이다. 업무상 예절은 태도와 행동 방식, 일반적 예의범절 준수, 업무 환경에서 음식과 음료와 대화를 효과적으로 처리하는 능력이다. 노련한 상호작용과 업무상 예절을 필요로 하는 장소는 다음과 같은 곳들이다.

- 업계 인적 네트워크 형성 행사 및 업무 행사
- 휴일 파티와 칵테일 리셉션
- 식사를 곁들인 업무 회의

- 퇴근 후 회식
- 고객과의 약속 및 고객을 위한 행사

    업무와 관련된 사교 장소에서 자신감과 역량, 올바른 예의범절을 보여주는 능력은 타인에게 좋은 인상을 남기는 또 다른 요소이다.

👆 한 뼘 더

누군가의 식사 예절 때문에 불쾌했던 적이 있는가?
당신의 식사 예절 중에서 타인에게 불쾌감을 줄 만한 점은 없는가?

    여기에 사업상 사교 모임에 참석했을 때를 위한 몇 가지 지침을 소개한다.

- **목표를 제대로 인지해라.** 사업상 사교 행사의 목적은 늘 업무와 연관되어 있다. 주요 고객과의 면담, 팀원들과 친밀감 형성, 고위 간부들과의 교류, 업계 사람들과의 모임 등 행사 전에 참석하는 목표를 생각해보라. 이런 행사들은 당신이 사무실에서 보여주는 것과 비슷한 수준의 직업 의식과 자기 인식을 필요로 한다.
- **음식을 먹거나 음료를 마셔라.** 손에 전채요리 한 접시나 음료 한 잔을

들어 당신이 행사 참석에 관심이 있다는 점을 드러내라. 아무것도 먹거나 마시지 않는 것은 당신이 행사와 관련이 없고 전혀 관심이 없다는 인상을 줄 수도 있다. 당신이 행사에 참석한 목표는 음식을 먹는 것이 아니라 친분을 형성하는 것이다.

알코올이 섞인 음료를 선택했다면 이곳이 업무와 관련된 행사라는 사실을 명심하고 직업 의식을 유지하라. 그날 당신이 얼마나 많이 먹었는지 등 즉석에서 둘러댈 수 있는 말은 많다.

편안히 먹고 마시면서 사람들에게 당신이 참석했다는 사실을 인지시키는 것이 핵심이다.

- **잡담에 효과적으로 참여하라.** 공통점을 찾으며 대화를 시작하자. 행사에 참석한 이유, 행사 주최자나 참석자와의 공통된 친분, 회사는 다르지만 맡은 업무는 비슷한 상황 등이 좋은 주제다. 그런 다음 당신 자신에 대한 정보를 공유하며 대화를 이어가라. 얻으려면 먼저 주어야 한다. 대화가 시작되었다면 상대방에게 사적이지 않고 대략적인 질문을 던진 뒤 상대방의 답변에서 얻은 정보를 활용해 후속 질문을 던져 대화의 기세를 계속 몰아간다.

잡담 피라미드

후속 질문을 던져
대화 계속 이어가기

경청하기

대화가 이어질 만한 질문을 던지기

정보를 주기

공통점을 찾기

대화할 때 질문하는 것이 말을 끊는 것처럼 보일 수 있을까 봐 두려워서 말문이 막힌다면 올바른 질문을 던지는 능력이 변별 요인일 수도 있다. 상대방이 다양한 방법으로 대답할 수 있는 질문, 지나치게 개인적인 답변을 필요로 하지 않는 질문, 당신이 흥미롭게 경청하고 있다는 것을 보여주는 질문을 생각해 보라. 예를 들면 다음과 같다.

어떻게 _____에 관여하게 됐나요?

_____에 관심이 있는 것을 언제 깨달았나요?

_____에 대해 좀 더 이야기해주세요.

_____로 어떤 변화가 생겼나요?

일터의 대화법

《인격과 사회심리학 저널the Journal of Personality and Social Psychology》에 실린 연구에 따르면 대화 중 연이어 질문을 던지는 사람이 상대방에게 더 많은 호감을 얻는 것으로 밝혀졌다.[9]

이와 같은 사업상 예절을 유념하면 유익한 대화와 친밀감 형성에 더 많이 주력하고 잠재적 어려움에 대한 걱정은 줄일 수 있을 것이다.

> ### ☞ 한 뼘 더
>
> 첫인상을 결정짓는 네 가지 핵심영역과 다양한 기법에 대해 깊이 생각해본 뒤 사람들에게 긍정적 인상을 심어주기 위해 어떤 결심을 했는가? 세 가지를 적어보자. 당신의 인상을 해칠 수도 있다고 깨닫게 된 행동은 무엇인가?

느낌은 주관적이다. 당신이 직업 의식이 투철하고 세련된 사람으로 보이기 위해 아무리 노력해도 사람들은 여전히 그들 나름대로 결론을 내릴 것이다. 하지만 이 책에 담긴 정보를 염두에 두고 계속해서 지식을 얻고 자기 인식을 키우면 당신은 자신의 인상을 제대로 만들겠다는 마음을 더 단단히 다질 수 있을 것이다.

질의응답 Q&A

이 책에 공유한 전략들은 그동안 내가 여러 지역과 업종, 직위와 직급, 성별에 걸친 다양한 직장인에게 받았던 수많은 질문과 걱정과 문제점을 바탕으로 만들어진 것이다.

각 장의 끝부분에는 해당 장의 내용과 관련하여 자주 제기되는 질문과 그에 대한 답변을 몇 가지씩 실어두었다. 직장에서 더욱 두각을 나타내고 긍정적 인상을 오래 유지하려는 당신의 여정에 이 〈질의응답〉이 도움이 될 것이다.

1 "남자는 여자가 먼저 손을 내밀 때까지 기다려야 하나요?"

악수를 하는 여러 문화권에서, 그리고 현재 미국에 자리 잡은 성 평등의 기업풍토에서 남자든 여자든 누구나 먼저 손을 내밀어 악수를 청할 수 있다. 단 영국 여왕을 알현하는 자리는 제외된다. 그럴 경우에는 여왕이 손을 내밀 때까지 기다려야 하고 손을 세게 쥐거나 위아래로 흔드는 동작은 삼가야 한다.[10]

다른 문화권의 사람을 만날 때는 그들이 받아들일 수 있는 의전을 이해하는 것이 매우 중요하다. 악수가 적합한 인사법인지 잘 모르겠다면 우선 손을 내밀어보라. 상대방이 그 동작에 아무 반응을 보이지 않을 경우 그냥 점잖게 손을 내린 뒤 미소 지으며 말로 인사를 건네면 된다.

**2. "사람들의 이름을 잘 기억하지 못합니다. 도움이 될 만한 방법이
있나요?"**

누군가의 이름을 기억하는 것은 당신이 그 사람에게 관심이
있고 남의 말을 경청하는 사람이라는 점을 보여준다. 친밀감
을 형성하는 훌륭한 방법이기도 하다. 이름을 기억하기 위한
몇 가지 전략이다.

- 만났을 때 이름을 반복해 말한 다음 대화 중간에도 가끔
  이름을 불러라.
- (미소 지으며) 이름을 다시 말해달라고 부탁하라.
- 구면인 사람의 이름이 기억나지 않으면 먼저 당신의 이름
  을 밝힌 뒤 공손하게 이름을 다시 한 번 알려달라고 말하
  라. (서먹한 분위기를 깨는 방법 한 가지는 과거의 만남이나 얼
  굴을 기억한다고 말하는 것이다. 그 사실을 아는 것만으로도 상
  대방은 자신이 좀 더 중요한 사람이라는 기분을 느낄 것이다.)
- 이름이 잘 들리지 않거나 발음하기 어렵거나 인터넷으로
  소통 중인 경우에는 이름을 어떻게 쓰는지 물어보자.
- 회의에 참석 중이라면 간단한 좌석 배치도를 만들어라. 참
  석자들이 돌아다니며 서로 자기소개를 하는 동안 그들이
  현재 회의실에 앉는 자리와 명단을 작성하라.

- 대화를 시작할 때 명함을 요청하라. 그러면 대화하는 내내 이름이 기억나지 않을 때마다 명함을 살짝 볼 수 있다.
- 휴대폰에 연락처를 받아두자.
- 연상되는 단어를 활용하라. 예를 들어 누군가의 이름을 그 사람이 지닌 주요 특성이나 신체적 특징, 비슷한 이름을 가진 친구나 유명인과 연결해보자.

3. "잡담을 별로 좋아하지 않는 사람은 어떻게 해야 하나요?"

잡담은 대인관계의 성공에 중요한 부분을 차지한다. 당신이 싫어하는 것은 잡담일 수도 있고 당신이 이야기하는 상대방일 수도 있다. 하지만 잡담은 어색한 분위기를 깨고, 인간관계를 형성하고 유지하며 주변 사람을 편안하게 해주는 데 요긴하게 쓰이는 수단이다. 따라서 잡담하는 것을 좀 더 개인적 견지에서 바라보자. 성공에 투자하는 것으로 여기는 것이다. 당신이 진심으로 좋아하는 주제에 대화의 초점을 맞춰보자. 잡담이 개인적 성장과 직업적 발전, 좋은 인상을 남기는 것에 뒷받침이 되리라는 사실을 염두에 둔다면 잡담이 더 쉬워지고 심지어 즐거워질 수도 있을 것이다.

4. "난 술을 마시지 않습니다. 그래서 주변 사람들이 모두 술을 마실 때 가끔 어색한 기분이 들죠. 그럴 땐 어떻게 해야 하나요?"

음주에 대한 부담을 느낄 필요는 없다. 누군가가 당신을 불편하게 하고 놀리거나 당신의 음료를 문제 삼으면 간단히 "난 이걸 마시는 게 좋아요"라고만 대답하라. 혹은 잔을 들어 올리며 "이것도 한 번 마셔 봐요. 맛있어요"라고 말하라. 또 다른 방법은 바텐더에게 '무알콜 칵테일mocktail'을 만들어 달라고 부탁해서 부담을 더는 것이다.

알코올이 든 음료를 마시지 않아도 괜찮다고 생각하는 것과 함께 자신 있는 태도를 보이는 것이 중요하다. 편안함과 확신을 갖고 대응해야 당신이 자신의 결정에 만족하고 있으며 전혀 화를 낼 상황이 아니라는 분위기가 조성될 것이다. 게다가 이런 대응은 다른 누군가에게 술을 마셔야 한다는 부담을 느끼지 않아도 된다는 간접적 '용인'을 전달할 수도 있다. 행사의 분위기에 맞추어 바텐더에게 음료를 포도주 잔에 따라달라고 부탁할 수도 있다. 그러면 모임의 일부라는 느낌이 더 많이 들 것이다.

목표는 업무와 관련된 행사인 만큼 정신을 바짝 차린 채 전문가답고 세련된 태도를 유지하는 것이다. 따라서 나는 무알콜 음료를 자주 선택한다. 대개의 경우 사람들이 신경 쓰는 것은 당신이 마시는 음료가 아니다. 그들이 알고 싶은 것은 당신의 참여도다. 손에 음료를 들고 있는 모습이 참여도를 증명해줄 것이다. 질문을 받았을 때 자신감 있고 상냥한 태도로 답하면 사람들은 문제 삼지 못할 것이다.

좋은 첫인상을 만들고 그 인상을 이어가는 것에 영향을 끼치는 주요 요소를 숙지하면서 당신이 사람들에게 어떻게 보이고 싶은지 곰곰이 생각해보자. 자신의 결정과 그에 따른 조치를 알고 있어야 원하는 결과를 성취할 수 있다. 이제 전문가답게 세련되고 당당한 첫인상을 만들기 위한 토대를 단단히 다졌으니 자신에 대해 정확한 인상을 만들어내는 법을 구체적으로 살펴보자.

2장

올바른 인상 만들기

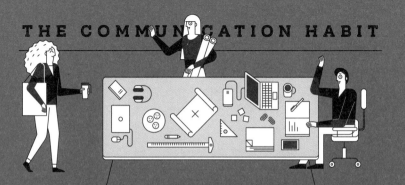

THE COMMUNICATION HABIT

습관의 사슬은 평소엔
너무 가벼워서 느껴지지 않다가
끊기 힘들 정도로 무거워졌을 때
비로소 느껴진다.

워런 버핏Warren Buffett
미국의 투자가, 다국적 지주회사
버크셔해서웨이Berkshire Hathaway의 회장 겸 최고 경영자

사람들이 당신에 대해 갖는 인상은 당신의 성공 수준에 막대한 영향을 미칠 수 있다. 당신이 받는 존중의 정도와 임금, 승진 여부에도 마찬가지다. 자신에 대해 정확한 인상을 만들어 내는 일은 두 가지 요소를 기반으로 한다.

1. 타인에게 어떻게 인지되고 싶은지 파악해 자신의 장점을 활용하는 것
2. 어떤 습관이 당신의 인상을 해치는지 이해하고, 그런 습관이 어떤 영향을 주는지 깨닫는 것

한 뼘 더

아래 표를 보자. 각 행에 쓰인 단어가 자신이 생각하는 당신의 모습이면 '자신' 칸에 체크하고 다른 사람들이 인지하는 당신의 모습이라고 생각하면 '타인' 칸에 체크하라. 양쪽 다 체크해도 되고 어느 한쪽에만 체크해도 된다.

	자신	타인		자신	타인
자신감 있다			거만하다		
대응하다			반응하다		
(주목을) 받는다			요구하다		
적극적이다			공격적이다		
첨언(添言)하다			말을 끊는다		
열정적이다			감정적이다		
경청하다			듣는다		
간결하다			모호하다		
참조하다			읽는다		
친절하다			친근하다		
(자신을) 홍보하다			자랑하다		

두 열 모두 강렬한 단어들이다. 왼쪽 열의 단어가 대부분 긍정적 특성을 가지는 반면에 오른쪽 열의 단어는 흔히 부정적 어감과 결부된다. 올바른 인상을 줄 목적으로 결정을 내리고 그에 따른 조치를 취할 수 있으려면 비슷한 단어 사이의 미묘한 차이를 이해해야 한다.

ㅇ━━━━

짝을 이룬 단어들 사이의 미묘한 차이를 알아차려야 한다.

대비되는 두 가지 인지가 얼마나 빠르게 형성되는지 살펴보자.

1. '자신감 있다' vs. '거만하다' — 무시하는 태도

자신감 있는 사람은 자기 자신 그대로의 모습에 만족하고 스스로의 능력을 믿는다. 자신의 현재 상황에 안심하고 자신이 창출하는 가치를 아는 것이다. 거만함은 자신감과 비슷하게 정의될 수 있지만, 무시하는 태도나 자세가 동반된다. 둘 사이의 주된 차이점이다. 거만함은 다른 사람들의 생각이나 기여도나 시간이 자신의 것보다 무가치하다는 느낌을 준다. 두 유형이 어떻게 다른지 몇 가지 예를 들어보자.

자신감 있는 사람: "그렇군요. 그 부분에 대한 내 생각은…"
거만한 사람: "전에도 말했듯이 그 부분에 대한 내 생각은…"

자신감 있는 사람: "그 일은 어려웠을 거예요."
거만한 사람: "내가 겪어야 했던 것에 비하면 그건 아무 것도 아니죠."

자신감 있는 사람: *"다른 관점에서 살펴봅시다."*

거만한 사람: *"당신이 틀렸어요."*

이번에는 '대응한다'와 '반응한다' 사이의 차이를 살펴보자.

2. '대응하다' vs. '반응하다' — 시간 부족

대응하는 사람과 감정적으로 반응하는 사람 사이의 가장 큰 차이점은 시간이다. 대응하는 사람은 말하거나 이메일을 쓰거나 행동하기 전에 시간을 두고 생각한다. 침착함을 유지하고 감정을 통제한다. 불편하고 곤란한 상황과 대화를 차분히 처리할 수 있다.

당신의 주변에는 언제나, 심지어 위기가 닥쳤을 때도 침착하고 차분한 사람이 한 명쯤 있을 것이다. 어떤 연구 결과에 따르면 '진중함gravitas'은 많은 사람이 부러워하는 특성이다. 임원다운 존재감이 있는 사람들에겐 일관적으로 진중한 분위기가 흐

른다.[1]

그런가 하면 사람들 앞에서 부하 직원에게 호통치거나 잠시 차분했다가 그 다음엔 화를 내면서 눈치를 보도록 강요하는 사람도 있다.

감정적으로 반응하는 사람들은 감정에 지배당하고 감정의 지시에 따라 행동한다. 이들은 비합리적이고 위협적이며 판단력이 부족하다고 보이기 쉽다. 그 결과 프로젝트, 연봉 인상, 승진 등에서 쉽게 제외된다.

당신이 감정적으로 반응하는 행동 방식을 고치고 싶다면 그 이면의 생리적 요인을 이해해야 한다. 뇌는 뇌줄기reptilian와 둘레엽limbic lobes을 통해 맨 먼저 새로운 정보를 받아들인다.[2] 둘레엽은 본능적 반응을 일으키는 부위로 감정중추다. 따라서 반사적 반응이 일어날 수도 있다. 반응하기보다 대응하기 위해서는 당신이 습득한 정보가 합리적 사고를 담당하는 부위인 신피질까지 도달하는 시간이 필요하다. 감정중추에서 이성중

추로 넘어가면 감정적 반사작용이 줄어든다. 생각하기도 전에 느낌만으로 반응하는 것은 업무를 방해하고 평판을 해쳐 관계를 회복하고 재형성, 재확립해야 하는 결과를 낳는다. 이런 생리과정을 인식하는 것이 감정적으로 반응하는 행동방식을 개선하기 위한 첫 단계다.

감정적으로 반응하지 않고 이성적으로 대응하기 위한 기술을 몇 가지 살펴보자.

자신과 'PACT(조약)'을 맺어라
멈추고Pause 평가하고Assess 선택하고Choose
조치를 취하라Take

P=Pause. 잠시 멈추고 심호흡을 하자. 상황의 심각성과 사건의 맥락, 당신의 대화상대가 누구인지에 대해 한걸음 물러나 생각하며 균형감을 찾아라. 곧바로 말하는 대신 생각과 감정, 행동을 약간 조정할 수 있다.

- 상황에서 잠시 빠져나와라.
- 커피를 마시러 가는 동안 당신이 선택할 수 있는 방안을 생각하라.
- 심호흡을 하면서 내면의 소리를 가라앉혀라.

일터의 대화법

- 상대의 말에 귀 기울이자. 흥분한 상태에서는 한 마디도 해선 안 된다.
- 방금 했던 말과 행동을 정리할 시간이 필요하다는 것과 그날 오후에 다시 만나겠다는 것을 말로 표현하라.

A=Assess 일어난 일을 돌이켜보며 상황을 한번 논리적으로 평가해보자. 상황이 심각한가? 상대방이 정말 그런 의도로 말한 것일까? 이메일의 어조를 잘못 받아들인 것은 아닐까? 멘토나 친구와 이야기하며 다른 관점을 얻어 볼 수도 있다.

C=Choose 행동 방침을 선택하라. 당신이 선택할 수 있는 주된 방법은 세 가지다.

- 상황을 평가한 후 당신이 원하는 대응방식이 분명하고 마음에 든다면 그렇게 대응한다.
- 상황에 대해 고려해야 할 다른 측면이 있을 것 같아 대응할 준비가 안 된 경우에는 기다린다.
- 상대방의 의도나 말, 행동을 어떻게 해석해야 할지 여전히 확신이 서지 않을 때는 물어본다. 이런 경우에는 상대방에게 설명을 요청하라.

T=Take 이제 대응 방법을 정했다면 조치를 취하라. 대응하든 기다리든 물어보기로 결정했든 정중하고 전문가답게 행동

해야 한다. PACT를 실행하면 스스로 상황을 통제하고 사람들에게 좋은 인상을 줄 수 있다.

물론 감정적으로 반응할 필요가 있는 상황도 있다. 어떤 상황이라 하더라도 당신의 인상을 결정짓는 것은 근본적 의도라는 점을 명심하라.

○━━━

어떤 행동으로 자신을 규정하고 싶은지 분명히 해야 한다.

허를 찔렸을 때 대응하는 법

타인에게 올바른 인상을 심어주고, 상대방에게 부정적으로 보이지 않으려면 어려운 상황에도 잘 대응할 수 있어야 한다. 미국의 전 영부인 미셸 오바마Michelle Obama는 "저들이 비열하게 굴어도 우리는 품위를 지킵시다"3라고 말했다. 허를 찔린 뒤 긴장된 순간이나 불쾌한 감정이 복받쳐 오를 때 당신은 초연하고 싶을 것이다. 그럴 때 대응할 수 있는 방법이 몇 가지 있다. 언제나 상대방과 시선을 맞추고 정중한 어조로 이렇게 말하라.

"방금 일어난 상황을 정리할 수 있게 시간을 좀 주십시오."

"당신은 내가 잘못했다고 느끼는 것 같네요.

잠시 마음을 가다듬고 나서 다시 다음 단계를 논의합시다."

"당신이 그런 반응을 보이니까 무척 당황스럽네요.

어떻게 대응해야 할지 결정하려면 시간이 좀 필요할 것 같아요.

잠시 실례하겠습니다."

흥분해서 뱉은 말은 다시 주워 담을 수 없다. 그러니 감정을 제어하고 언제 어떻게 대응할지 결정할 권한을 가진 사람은 바로 자신이라는 사실을 기억하라.

👉 한 뼘 더

허를 찔리거나 무방비 상태로 당하거나 비난을 받은 적이 있는가? 대응하는 것과 반응하는 것의 차이를 이해했다면 그런 상황을 어떻게 다르게 처리할 수 있을까?

상황:

원래 대응:

새로운 대응:

곧바로 반응하고 화내는 것을 피하라

당신이 감정적으로 반응하는 경향을 가진 사람이라면 여기에 꾸준히 실천할 수 있는 전략을 몇 가지 소개한다.

- '소리 지르기 전에 4까지 세라!'는 오래된 격언을 상기하라.
- 이메일을 보내기 전에 '임시보관함'에 저장하자.
- 자신과 'PACT'를 맺어라.
- **자신을 파악하라.** 무엇이 당신을 자극하는지, 누가 당신을 괴롭히는지, 언제 가장 짜증이 나는지 (배고플 때? 아니면 회의 준비가 되어있지 않을 때?) 알아야 한다. 방금 일어난 일에 대해 또 다른 해석이 가능한지 자문해보라. 상황을 개인적으로 받아들이는 대신 다각적으로 의미를 찾는 것이 해결책일 수도 있다.
- **감정이 상했다는 사실을 완곡하고 요령 있게 전달하라.**

  "방금 있었던 일이 신경 쓰입니다."

  "그렇게 말씀하시니 정말 당혹스럽네요."

  "이건 도저히 받아들이기 어렵습니다. 좀 더 알아본 후에 다시 모이죠."
- **'관점의 벽'을 극복하라.** 상황이나 상대방의 발언을 떠올린 뒤 그것에서 한 걸음 물러나라. 다른 사람에게 이야기를 전해 듣는 것처럼 멀리 떨어져서 상황을 바라보라. 관점이 바뀌는가? 처음 그 상황에 처했을 때보다 기분이 덜 나쁠 수도 있다.

- **잠시 기분을 전환하라.** 당신의 기분이 안정되는 장소나 대상을 떠올려 보자. 이 일시적 해결책은 감정적으로 반응하는 버릇을 고치는 데 도움이 된다.
- **심호흡을 하라.** 정신을 호흡에 집중하는 것은 주의를 다른 데로 돌리고 몸을 이완해 뇌가 명료하게 생각할 시간을 벌어주는 훌륭한 방법이다. 천천히 깊게 숨을 쉬면 뇌의 신경세포가 신체에 쉴 시간이라는 정보를 전달하여 차분해진다는 연구 결과도 나와 있다.[4]
- **골라서 싸워라.** 어떤 사람이나 상황은 극적이기만 할 뿐 에너지를 쏟거나 대응할 가치가 없다. 속담에도 있듯이 '숨을 한 차례 들이쉬고 내쉰 뒤 넘어가라.'

상황을 정리할 시간을 내는 일이 늘 쉽진 않다. 조직을 이끌어야 하는 위치에서는 특히 어렵다. 하지만 잠시 여유를 갖는 것은 당신이 스스로 해야지, 다른 누군가에게 맡길 수 있는 일이 아니다. 성공으로 나아갈 길을 선택할 권한을 가진 사람은 바로 자신이다.

당신의 대응 방식은 무의식적인 반사 작용이 아닌 스스로의 선택이어야 한다.

올바른 인상을 만들어내기 위해 알아두어야 할 또 다른 점은 '주목을 받는다'와 '주목을 요구한다' 사이의 차이다.

3. '주목을 받는다' vs. '주목을 요구하다' — 업신여기는 태도

최근 참석한 워크숍에서 한 참가자가 다른 수업에서 있었던 일을 들려주었다. 강사는 10분 동안의 휴식 시간이 끝난 뒤 사람들을 다시 모이게 하려고 강한 어조로 "여러분, 여러분"이라고 말하며 손뼉을 서너 번 쳤다. 그 순간 참가자는 자신이 다시 유치원생이 된 것 같았다고 한다. 강사의 행동과 말이 사람들을 업신여기는 것처럼 느껴진 것이다.

주목을 요구하는 것과 주목을 받는 것은 둘 다 사람들의 관심을 사로잡는 것이다. 차이가 있다면 하나가 다른 하나보다 훨씬 더 긍정적으로 받아들여진다. 말로든 몸짓으로든 누군가가 당신의 집중이나 행동을 요구하면 그것은 꾸지람이나 훈계, 업신여김으로 인지될 수 있다. 반대로 어떤 사람들은 외모나 상호작용을 활용해 자연스럽게 주목을 받는다. 다른 사람의 마음을 끄는 핵심 요소, 즉 '호감도'가 높은 것이다. 그들의 공손하고 품위 있는 태도는 사람들을 바라보고 경청하고 행동하고 대답하도록 유도한다.

좀 더 자연스럽게 사람들의 주목과 존중을 받기 위한 요령을 소개한다.

- 진심 어린 미소를 지어라.

- 진지하게 눈을 마주쳐라.

- 개방적이고 자신감 있는 몸짓 언어를 사용하라.

- 멀리까지 잘 들리게 목소리를 내라.

- 의미심장하고 인상적인 방식으로 말하라.

- 당신의 시각적 이미지가 어떤지 생각해보라. 당신의 외모는 사람들의
  주의를 끌 수 있는가?

- 청중의 '언어'로 그들을 위한 가치를 창출하라.

- 어떻게 상대방에게 가치 있는 메시지를 전달할 수 있을지 고민하라.
  WIIFT(What's In It For Them. 여기에서 그들이 얻는 이득은 무엇인가?)라는

접근법을 이용하면 관심과 참여도가 즉시 높아질 것이다.

- 당신이 청중의 반응을 보고 듣고 있다는 것을 사람들이 느낄 수 있도록 그들을 바라보며 그들이 해야 하는 말에 적극적으로 귀를 기울여라.

이제 '적극적인' 것과 '공격적인' 것 사이의 미묘한 차이를 알아보는 것으로 정확한 인상을 만들어내기 위한 여정을 이어가보자.

4. '적극적이다' vs. '공격적이다' — 분노

당신은 공격적이라거나 성급하다거나 지나치게 비판적이라거나 너무 직설적이라는 말을 들은 적이 있는가? 그렇다면 언어적 혹은 비언어적 의사소통 중 어떤 면이 당신을 화난 것처럼 보이게 했을 수도 있다.

적극적인 사람과 공격적인 사람은 모두 솔선수범하며 자신감을 가지고 자발적인 행동을 할 것이다. 그러나 공격적인 사람은 지나치게 강압적이거나 적대적이고 갈등을 조장하는 것처럼 보이기도 한다는 점에서 둘 사이의 미묘한 차이가 생겨난다. 다음 질문들은 당신이 왜 적극적이 아니라 공격적으로 인지될 수도 있는지를 이해하는 데 도움을 줄 것이다.

일터의 대화법

- 다른 사람이 이야기하고 있을 때 집중력을 금방 잃는가?
- 말을 빨리 하는가? 숨도 쉬지 않고 말하는 경우가 많은가?
- 빠른 조치를 취하는가? 신중히 대응하기보다 감정적으로 반응하는가?
- 알아들은 경우에는 상대방이 말을 마치게 두지 않고 말을 끊는가?
- 공감능력이 부족한가? 당신이 거기에 있는 이유는 친구를 사귀기 위해서가 아니라 남보다 성공하기 위해서라고 생각하는가?
- '하지만', '그런데', '그렇기는 해도' 등 앞에 나온 말의 긍정적 혹은 중요한 취지를 지우는 '지우개 단어Eraser Words'를 사용하는가?

나는 수년 동안 많은 고객에게 더 강하고 당당하며 '더 공격적으로' 보이고 싶다는 요청을 받아왔다. 그러면서 많은 사람이 진취적 행동과 야심가다운 면모를 공격적인 성향과 연결 짓는다는 사실을 깨닫게 되었다. 그것 때문에 자신에게 부정적인 꼬리표가 붙는다는 사실은 알아차리지 못한 채 말한다. 하지만 그들이 바라는 것과 같은 특성을 반영하면서도 더욱 긍정적인 방법이 있다.

사람들이 당신에게 받는 인상은 이따금 당신이 지니고 싶어 하는 자질과 특징에 근거하기도 한다.

공격적인 성격을 요구하고 심지어 그런 성격에 보상을 주는 업종이나 직위, 사람의 수는 제한되어있다. 이런 경우에 해당된다면 그동안 당신은 공격적으로 행동하거나 그렇게 보이기 위해 전략적 결정을 내렸을 것이다. 하지만 이런 경우가 아니라면 자신을 공격적이라고 표현하는 것을 삼가야 한다.

매우 적극적인 사람으로 인지되고 싶을 수도 있을 것이다. 적극성은 진보적 의사소통 방식에 해당한다. 하지만 별로 당당하고 강하지 않고 외향적이지도 않은 사람은 적극적인 사람을 대응하기 힘들고 거만한 사람으로 오해하기 쉽다. 적극성이라는 도구를 함부로 사용하면 당신이 피하고자 하는 바로 그 인상을 만들어내게 된다. 공격적으로 보인다는 말이다.

아래와 같이 '적극적이다'와 '공격적이다'라는 이 특별한 한 쌍의 단어를 둘러싼 다른 고민들도 있다.

"메시지를 얼마만큼 누그러뜨려야 공격적이 아니라 적극적으로 보일까?"
"계속 적극적인 태도를 보이면 강압적으로 보이지 않을까?"
"어떻게 하면 듣기 싫은 소리를 하지 않고도 균형 잡힌 권위를 행사하는 지도자가 될 수 있을까?"

많은 사람들이 공격적이라는 꼬리표를 달지 않기 위해 메시지를 누그러뜨리려다 자신의 인상을 해친다. 어떤 이는 무언가를 선언하는 것 같은 분위기를 풍기지 않으려고 문장 끝에서 어조를 높이는 방법을 쓴다. 이 방법은 말을 질문처럼 들리도록 해서 발언의 영향을 완화하거나 부드럽게 한다. 직설적으로 들리지 않도록 불확실한 단어를 쓰는 사람도 있고, 자신감 없는 몸짓언어로 존재감을 약화시키는 사람도 있다.

자신을 망치지 않는 것이 핵심이다. 원하는 목표를 이룰 수 있도록 새로운 방법을 배우는 것이 중요하다.

여기에 사교술과 요령을 이용해 적극적인 의사소통을 위한 주요 전략들을 소개한다.

- 미소를 지어라.
- 간결하고 카리스마 있게 말하라.
- 청중이 누구인지 파악해 그들과 비슷한 태도를 취하라. 강압적이거나 너무 격해 보이지 않도록 말의 속도와 크기, 어조에 주의해야 한다.
- 적극성은 목소리가 아닌 몸으로 배워야 한다. 개방적이면서 다가가기 쉽고 자신감 있는 몸짓언어를 사용하라.
- 아이디어를 공유하고 질문하고 대화에 참여하도록 사람들을 유도하라. 가르치려고만 든다거나 사람들에게 당신의 생각을 주입한다는 분

위기가 형성되는 것을 막을 수 있다.

- 회의를 진행하는 경우가 아니라면 먼저 말하는 것을 삼가라. 의견을 낼 때는 다양성을 의식하라. 그러면 사람들은 당신을 자기중심적이라고 여기지 않을 것이다.

- 답을 주기보다 유도하라. 사람들이 정보를 식별할 수 있게 도와줘라. 답을 알려주는 대신 해결책을 찾기 위해 의견을 나누도록 하자.

- 당신의 생각이나 관점을 반복 또는 과대포장하거나 지나치게 설명하는 것을 피하라.

- 회의에서 자신의 능력을 증명해야 한다고 생각하지 마라.

- 사람이 아니라 아이디어에 도전하라.

- 남을 탓하지 마라.

- 그럼에도 불구하고 같은 '지우개 단어'를 없애라.

- 당신이 사람들의 요구를 중요하게 생각한다는 느낌을 주기 위해 할 수 있는 일은 무엇인지 고민하라. 가치 및 'WIIFT'에 초점을 맞추는 것을 잊지 마라.

○━🔑━────────────────────

청중이 누구인지 아는 것과 자신을 표현하는 것 사이에
균형을 찾는 것이 핵심이다.

────────────────────────

발언권을 갖는 것과 자기 말에 사람들을 귀 기울이게 하는

일터의 대화법

것은 내가 교류했던 수백 명의 사람이 매우 중요하게 여기는 주제였다. 많은 사람이 다루기 어렵다고 생각하는 문제이기도 하다. 이와 씨름하기 위한 한 가지 방법은 '첨언하는 것'과 '말을 끊는 것' 사이의 차이에 주목하는 것이다.

5. '첨언한다' vs. '말을 끊는다' — 인정認定의 부족

"어떻게 해야 회의에서 사람들이 내 말에 귀를 기울일까?"
"사람들은 끊임없이 말하고 또 다른 주제로 넘어가버린다.
나는 하고 싶은 말을 꺼내지도 못했는데."
"누군가가 말하는 도중에 끼어들고 싶지 않다."

첨언하는 것과 말을 끊는 것은 비슷한 행동이다. 둘 다 현재 진행 중인 대화에 끼어들어야 한다. 첨언이 긍정적으로 인지되는 반면 말을 끊는 것은 흔히 자기인식이나 자제력의 부족과 연관되고 무례한 태도로 여겨진다. 이 두 행위 사이의 기본적 차이는 '인정認定'이다. 당신의 의견을 끼워 넣기 전에 사람들의 말을 인정하면 사람들은 당신이 그들의 말에 귀를 기울인다는 느낌을 받고 당신의 의견을 인정할 가능성이 더 크다. 또한 인정받는다고 느낄 때 사람들은 상대방의 행동과 태도를 더 긍정적으로 받아들인다. 회의에서 대화에 참여하고 싶을 때는 다음과 같은 끼어들기 전략을 고려해보자.

- **회의에서 언제 어떻게 의견을 낼지 판단하라.**
  - 시기가 중요하다.
  - 대화가 멈춘 순간을 찾거나 만들어낸 다음 말하라.
  - 누군가가 말하고 있을 때 더 큰 소리로 이야기하면 메시지의 영향력이 약해질 것이다. 의견을 말할 틈을 만들어내라.
  - 당신이 회의를 진행하는 경우가 아니라면 맨 처음에 혹은 맨 마지막에 이야기하지 마라. 맨 처음이나 마지막에 하는 발언은 영향력이 약해보일 수 있다.
  - 발언권을 가질 기회를 만들어내라. 회의를 진행하겠다고 요청하거나 다른 사람들이 틀림없이 의견을 낼만한 문제를 제기한 다음 그에 대한 토론을 진행하라. 다른 사람의 발언을 간단히 요약한 다음 당신의 의견이나 발언을 덧붙여 그의 생각을 진척시켜라.
- **"말을 끊어서 죄송합니다."라고 말하는 것을 피하라.** 대화에 끼어들 때 사과로 말을 시작한다고 해서 끼어드는 행동이 없던 것이 되지는 않는다. 대부분 상대방은 "미안할 행동을 왜 하는 거야?"라고 생각할 것이다. 게다가 그렇게 말하는 순간 당신에게는 '방해자'라는 부정적 꼬리표가 붙는다. 이 두 행동을 피하는 제일 간단한 방법은 아래에 소개된 '첨언 지침'을 따르는 것이다.

일터의 대화법

첨언 지침은 무언가 할 말이 있을 때 사과하려는 충동을 없애줄 것이다. 그리고 당신이 의견을 말할 때 상대방이 인정받고 존중받는다는 느낌을 가질 수 있도록 분위기를 조성해줄 것이다. 발언을 독점하는 사람에게서 대화를 재치 있게 되찾아오는 방법이기도 하다. 슬기롭게 대화에 끼어들고 싶다면 첨언 지침을 연습하자.

첨언 지침

첨언 지침을 이용하려면 다음 네 단계를 따라야 한다.

- **1단계: 먼저 발언자의 이름을 불러라.** 먼저 발언자의 이름을 부르는 것으로 발언을 자연스럽게 멈출 수 있다. 자신의 이름을 들으면 사람들은 대개 행동과 시선을 멈춘다. 그렇게 해서 의견을 말하기 위한 틈을 만들어낼 수 있다.

- **2단계: 발언권을 옮겨올 말을 찾아라.** 발언자의 말을 기반으로 삼아 기회를 찾아라. 발언자의 말 중 무언가를 당신이 하고 싶은 말과 관련지어라. 사람들은 누군가가 그들의 생각을 되풀이해주기를 원한다. 특히 그 되풀이가 칭찬과 결부되었을 때는 사람들의 이목을 끌 수 있으므로 더욱 그렇다. *"론, 그 문제에 대해 나도 한 마디 하고 싶어요. 부서별 표준 업무 절차 설명서SOP manual를 만드는 것뿐 아니라 설명서를 각 부서에 시기적절하게 배부하는 것도 중요합니다."*

- **3단계: 당신의 의견을 분명하고 간결하게 말하라.** *"부서별 표준 업무 절차 설명서의 분배 절차를 간소화하기 위해 제안하고 싶은 아이디어가 몇 가지 있습니다. 제 생각에는 우리가…"*
- **4단계: 감사로 말을 끝마쳐라.** 발언 도중에 끼어들도록 허락해준 것에 대해 발언자에게 감사하라. 이때 언어적 표현과 비언어적 표현(손을 벌린다. 이 부분에 대해서는 3장에서 더 자세히 설명하겠다.)을 모두 사용하라. 그런 다음 대화를 다시 원래 발언자에게 넘겨라. 언어적 표현과 비언어적 표현을 결합하면 메시지가 더 강하게 전달된다. *"(론을 향해 손을 벌리는 동작을 취하며) 내게 발언권을 줘서 고마워요, 론."*

─ㅇ━━━━━━━━━━━━━━━

말을 끊는 사람이 아니라 첨언하는 사람으로 보이려면
상대방의 말을 인정하는 것으로 시작해서 감사하는 것으로
끝내야 한다.

─────────────────────

대화를 다시 발언자에게 넘겨준 사실만으로도 사람들은 당신이 공손하고 자신을 인식할 줄 알고 품위 있고 자신감 있는 사람이라고 여길 것이다. 발언자가 대화를 독점한다는 이유로 대화를 발언자에게 다시 넘겨주기 싫을 수도 있다. 그런 경우를 대비해 다음 전략을 살펴보자.

대화를 독점하는 사람에게서 발언권을 다시 가져오는 법

발언자가 대화를 독점하는 경우, 당신은 첨언을 끝낸 후 대화를 다시 그 사람에게 넘기고 싶지 않을 수도 있다. 그럴 때 당신에게는 모임 전체를 '구제할' 잠깐의 기회가 생긴다. 대화를 어느 특정한 사람에게 넘기는 것은 그 사람을 곤경에 빠뜨릴 수도 있다. 그 사람이 말할 준비가 되어있지 않거나 덧붙일 말이 없을지도 모르기 때문이다.

대화를 전체 참가자에게로 되돌려 놓는 것이 핵심이다.

"론, 좋은 주제를 꺼냈네요. 부서별 표준 업무 절차 설명서를 간단히 분배할 수 있는 방안에 대해 (사람들을 향해 손을 내미는 동작을 취하며) 여러분의 생각은 어떤지 혹은 의견이 더 있는지 들어보고 싶습니다."

성공을 거두고 올바른 인상을 만들어낼 권한을 가진 사람은 당신 자신이다. 스스로 올바른 인상을 확립했다고 느끼지만, 실제로 사람들이 당신에 대해 갖는 인상은 그와 다를 때도 가끔 있다. 다음 두 단어 '열정'과 '감정'의 차이도 그런 경우다.

어떤 생각을 굳게 믿거나 깊은 신념을 갖거나 자신이 하는 일을 사랑하는 것에는 감탄할 만한 수준의 헌신이 포함된다. 이는 열정으로 분류될 수도, 감정으로 분류될 수도 있다.

6. '열정적이다' vs. '감정적이다' — 방향이 불분명한 에너지

'열정적이다'와 '감정적이다'는 둘 다 내부에 전달되는 에너지를 반영한다. 직장에서 열정은 긍정적 의미를 갖지만 감정이라는 말에는 보통 부정적 이미지가 따라다닌다.

운 좋게도 나는 내가 매일같이 하고 싶은 일, 즉 직장과 인생에서 사람들이 자신감과 능력 그리고 신뢰성을 알릴 수 있게 돕는 일을 직업으로 삼았다. 사람들은 줄곧 내게 "와, 당신은 참 열정적이에요"라고 말한다. 나는 이 말을 일에 끊임없이 헌신적으로 에너지를 쏟는 내 모습을 그들이 알아봤다는 의미로 해석한다. 좀 더 섬세하고 근본적으로 해석하면, 어떤 사람들에게는 이 에너지가 너무 강할 수도 있다는 뜻이다.

다양한 사람들과 교류하며 나는 열정적인 모습이 청중에 따라, 열정을 전달하는 방식과 정도에 따라 다르게 인지될 수 있다는 사실을 알게 되었다. 당신의 메시지를 받는 사람들이 당신과 같은 수준의 흥미나 책임감, 절박함이나 믿음, 열의를 갖고 있지 않으면 그들은 당신의 발표에 관심을 잃고 이 긍정적 에너지의 표출을 지나치게 격하거나 민감하거나 또는 강압적이라고 잘못 규정할 수도 있다. 나는 열정을 전달하는 방법의 차이를 찾아보았다. 그리고 열정을 뒷받침하는 에너지의 초점과 방향이 제대로 맞으면 그 열정은 긍정적 관점으로 인지된다는 사실을 깨달았다. 에너지의 초점이 제대로 맞지 않았을 때 열정은 감정적인 것으로 해석되어 아이디어의 영향력이 떨어지는 것으로 보인다.

○━━

적절한 에너지를 제때에 발휘하려면 당신의 발표가 중요하고, 내용이 체계적이라는 점을 확실히 해야 한다.

우수한 내용과 청중을 사로잡는 발표 태도 사이에서 올바른 균형을 찾는 것은 발표가 진지하게 받아들여지고 설득력을 갖는 데 중요한 역할을 한다. 방식의 진정성을 유지하면서 동시에 청중이 공감할 만한 내용을 담아야 한다.

감정 대신 열정을 전달하기 위해 다음 기법들을 시도해보자.

해야 하는 일:
- 아이디어를 뒷받침하고 진척시키기 위해 사실이나 숫자, 구체적 사례

포함하기

- 많은 예를 드는 대신 가장 중요한 측면 세 가지만 강조하기

- 언어적 메시지에 더 많은 주의를 끌고 메시지를 뒷받침하기 위해 의도적이고 의미심장한 손동작 사용하기

- 강연이라는 느낌을 줄이기 위해 주기적으로 말 멈추기

- 명확한 의도를 갖기 — 어떤 식으로 아이디어를 발표할지에 초점을 맞춰 계획 세우기

- 청중이 누구인지 파악하고 WIIFT 생각하기 — 어떤 내용이 청중에게 가장 와닿을까?

- 팀이나 부서, 회사의 미래상과 일치하는 목표 세우기

- 자신의 의견과 느낌 대신 메시지를 입증할 요점 설명에 집중하기

- 계획한 발표 연습하기

- 회의 전에 아이디어에 대한 지지 얻기. 그러면 당신이 발언할 차례가 왔을 때 당신의 주장이나 능력을 입증해야 할 것 같은 압박감이 들지 않을 수 있다.

- 다음과 같이 질문해서 청중의 이해도와 반응 살피기

  "여러분의 생각을 알고 싶습니다."

  "내 말에 대해 어떤 느낌이 드나요?"

  "여러분이 보기에 이것은 실행 가능한 방법입니까?"

- 의제를 시각적으로 강조하기 위한 아이디어 내기

- 질문을 유도하는 식으로 내용 발표하기. 이런 식의 발표에는 간접적으

일터의 대화법

로 요점을 강조하고 정보를 공유하는 효과가 있다.

해서는 안 되는 일:

- 본인의 헌신이나 열의에만 의존해서 주장하기
- 과하게 큰 소리로 말하기
- 앉은 사람 옆에 서거나 몸을 숙여 개인 공간을 침범하는 등 지나치게 강렬한 몸짓언어 선택하기
- 감정적인 말 사용하기
- "긴장을 푸세요"라는 말을 개인적으로 받아들이기 ─ 실제로 이런 지적은 당신이 청중의 스타일에 맞게 발표 방식을 조정할 필요가 있을지도 모른다는 것을 알려주는 훌륭한 피드백이다.

당신의 생각을 공유할 때는 기대했던 것과 다른 반응을 얻게 되는 경우도 각오해야 한다. 그런 반응에 상관없이 침착함과 신중함이 필요하다. 당신의 발표 태도와 대응 방식에 따라 열정이 잘못 해석될 수 있다.

언급해야 하는 또 다른 한 쌍의 단어는 '경청하다'와 '듣는다'이다. 이 두 단어는 서로 통용되지만 뚜렷하게 다른 의미를 갖고 있다.

7. '경청하다' vs. '듣는다' — 부족한 처리과정

사람들은 자신들에게 중요한 것이 당신에게도 중요한지 알고 싶어 한다. 겉보기에 경청하는 것과 듣는 것은 모두 비슷한 행동, 즉 정보를 받는 행동을 나타낸다. 둘 사이의 미묘한 차이는 그 정보를 처리하고자 하는 욕구다. 경청하는 사람들은 듣는 내용을 이해하는 것을 유일한 목표로 삼고 다양한 감각을 사용한다. 그들은 나중에 조언하고 질문하고 생각을 공유할 시간이 주어진다는 사실을 알고 있으므로 현재의 장소와 시간에 집중한다. 그들이 하는 유일한 행위는 자신들에게 공유된 정보를 처리하는 것이다. 그냥 듣고 있는 사람들은 귀만 사용하고 들은 내용을 받아들이는 일에는 적극적으로 참여하지 않는다.

경청하지 않는 지도자의 주변에는

아무 말도 하지 않는 사람들만 남을 것이다.

— 앤디 스탠리Andy Stanley[5], 노스 포인트 교회의 담임목사이자 설립자

👉 한 뼘 더

누군가 정말로 당신의 말을 경청한 것은 언제였는가?

일터의 대화법

당신에게 와닿았던 상호작용이 있다면 그 작용의 미묘한 차이를 식별할 수 있는가?
당신의 경청 능력은 어느 정도인가?

보통   잘함   매우 잘함   숙련됨

발언자의 말과 발언 내용 이면의 의미, 발언자의 말에
수반되는 비언어적 메시지에 집중하는 것이 핵심이다.

경청이 아주 쉬운 사람도 있지만, 대다수에게 경청이란 학습해야 하는 기술이며 연습을 필요로 한다. 기술이 고도로 발달해 집중을 방해하는 것들로 가득한 이 세상에서는 경청하는 데에도 노력이 든다. 다양한 사람들과 교류하면서 나는 사람들의 경청 능력이 보통 네 가지 단계(소극적 경청, 적극적 경청, 반영 경청, 공감 경청)로 나뉜다는 사실을 발견했다.

경청의 네 단계

경청은 네 단계로 나눠볼 수 있다. 조금 더 자세히 살펴보자.

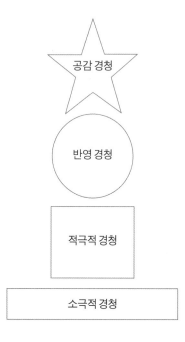

소극적 경청

나는 소극적 경청을 '맥 빠진 경청' 혹은 가장 낮은 수준의 경청이라고 생각한다. 소극적으로 경청하는 사람은 누군가가 말하는 내용을 내면화하는 데 에너지를 거의 쏟지 않는다. 몸만 그곳에 있을 뿐 들리는 내용을 처리하는 일에는 적극적으로 참여하지 않는다. 어떤 사람들은 소극적 경청을 '듣기'와 같은 뜻으로 해석하기도 한다.

적극적 경청

적극적 경청은 소극적 경청보다 수준이 한 단계 더 높고 목소리와 신체를 통해 참여를 증명하는 특징을 보인다. 자신이 현재 충실히 귀를 기울이고 있다는 것을 발언자에게 알리는 것도 포함된다. 적극적 경청에 포함되는 행동은 다음과 같다.

- 대답이 아닌 이해를 목적으로 경청하기
- 이해했다는 사실을 보여주기 위해 가끔 고개 끄덕이기. 계속 고개를 끄덕이는 것은 피해야 한다. 발언자의 주의를 산만하게 하거나 무의식적으로 취하는 동작으로 오해받을 수 있다. 발언자가 아직 말을 끝내지 않은 상태라면 그냥 넘겨짚고 동의하는 것으로 보일 수도 있다.
- 이따금 첨언해서 이해했다는 것을 표현하기
- 명료한 질문을 던지고 주기적으로 내용을 요약하거나 다른 말로 바꾸어 표현하기
- 발언자를 방해하지 않고 비언어적 메시지로 이해했음을 보여주기
- 발언자의 얼굴을 똑바로 보고 눈을 맞추고 적절한 때에 미소를 짓는 등 이해하기 쉬운 몸짓언어를 사용해 발언자의 말에 집중하고 있다는 것 나타내기

연구 결과에 따르면 뇌에 전달되는 정보의 90%가 시각 정보다. 뇌는 이미지를 문자보다 6만 배 더 빠르게 처리한다. 이는

당신이 몸짓언어로 발언자에게 메시지를 보낼 때 고려해야 하는 매우 중요한 세부사항이다.[6]

비언어적 메시지는 다음에 나오는 '반영 경청'의 주요 양상이기도 하다.

반영 경청

반영 경청은 적극적 경청에 해당하는 행동들을 기반으로 하며 듣는 이가 발표의 본질 혹은 목소리와 내용, 몸으로 표현되는 것의 본질을 반영할 때 명백히 드러난다. 누군가의 말이나 자세를 똑같이 반영하는 것은 '거울 반응'으로 알려진 행동으로, 발언자를 놀리거나 짜증나게 하려는 의도로 잘못 해석될 수 있다. 특히 발언자가 기분이 나쁜 상태이거나 불편한 상황인 경우에는 오해를 불러일으키기가 더 쉽다. 따라서 거울 반응과 '평행 반응'을 구별하는 것이 중요하다. '평행 반응'은 무언가를 보고 비슷하게 행동하는 것을 뜻한다.

○━━━

평행 반응은 목소리와 내용, 몸으로 표현되는 무언가를
비슷하게 나타내는 것이다.

평행 반응 전략을 더 구체적으로 살펴보자.

일터의 대화법

평행 반응

평행 반응의 목적은 두 가지다. 첫째, 발언자가 전달하는 내용의 본질을 더 깊게 이해하고 중요도부터 발언자의 말에 깃든 감정에 이르기까지 그 본질과 보조를 맞추는 것이다. 둘째, 발언자에게 편안한 환경을 만들어내는 데 도움이 될 수 있다. 평행 반응을 보이는 사람은 발언자의 '언어'를 구사하려고 최대한 노력하기 때문이다.

발언자가 중시하는 것(예를 들면 조언을 받지 않고도 감정을 표출할 줄 아는 것, 개인 공간을 존중하는 것)과 발언자의 의사소통 방식(차분한 음성을 사용하는 것, 대화할 때 의자에 깊숙이 앉는 것)을 이해하고 있다는 사실을 보여줄 때 당신은 발언자의 '언어'를 구사하게 된다. 그러면 발언자는 마음이 편안해지고 당신이 자기 말을 경청하고 이해했다고 생각하기 쉬워진다.

발언자의 말을 더 깊게 이해하고 발언자의 '언어'를 구사하는 예를 몇 가지 들어보자.

- 흥분이나 슬픔 등 발표자가 표정과 어조, 몸짓언어를 통해 드러내는 감정의 본질 반영하기
  — 발언자의 감정을 따라가려는 시도를 피하라. 상황이 악화되거나 사람들에게 당신에 대한 부정적 인상을 심어줄 수 있다.
  — 발언자가 뒤로 기대앉으면 이와 비슷한 자세를 취해보자. 몸을 앞

으로 숙여 발언자의 개인 공간을 침해하는 경우에는 너무 극성스러운 사람으로 비칠 수 있다.

— 발언자의 표정에 흥분이 나타나면 그 감정의 본질을 반영하자. 미소나 의미심장한 눈빛 없이 무표정한 얼굴은 당신이 냉담하거나 무관심하거나 비판적인 사람이라는 오해를 불러일으킬 수 있다.

• 발언자가 표현한 것과 똑같은 핵심 단어 사용하기. 당신이 이해했다는 사실을 나타내고, 발언자가 말하지도 않은 것을 말했다고 한다는 비난을 피하려면 전략적으로 발언자와 똑같은 핵심 단어를 사용하는 쪽을 선택해야 한다. 똑같은 핵심 단어로 발언자의 느낌과 감정을 정확히 담아내는 행위는 '거울 반응' 및 발언자가 말하고 행동하는 모든 것을 그대로 베끼는 행위와 전혀 다르다.

듣는 사람: *"들어 보니 화가 많이 났겠어요."*

발언자가 분명하게 '화가 났다'고 말했다면 그 표현을 사용하는 것이 옳은 선택일 것이다. 그러나 발언자가 '당혹스러웠다'고 말했고 당신이 그것을 '화가 났다'는 뜻으로 추정한 것이라면 당신의 추정은 상황을 더 심각하게 만들어 발언자에게 적대감을 불러일으킬 수 있다.

— 발언자가 표현한 단어가 부적절하거나 무례하거나 누군가를 비방하는 내용이면 같은 단어를 사용하는 것을 피하라.

— 부적절한 언어, 분노의 표출, 고함치기, 금지되거나 적대적인 몸짓

일터의 대화법

언어 등 부정적이거나 극단적이거나 부적절한 태도에 대해서는 평행 반응을 보이는 것을 피하라.

부정적이거나 부적절한 행동 혹은 표현에 평행 반응을 보이는 것은 당신에 대해 잘못된 인지를 만들어낼 수도 있고 당신이 발언자를 부정적으로 대한다는 오해를 살 수도 있다.

👉✨ 한 뼘 더

당신은 경청을 연습하는 데 시간을 얼마나 투자하는가?

전혀 시간을 들이지 않는다.　　최우선순위는 아니다.
관심을 갖고 있다.　　적극적으로 시간을 들인다.

교육과 출장을 다니면서 나는 많은 직장인이 공감표현 능력을 의사소통을 잘하는 사람과 의사소통에 뛰어난 사람 사이의 변별 요인으로 여긴다는 사실을 알아냈다. 공감표현 능력은 유능한 지도자와 원숙한 지도자를 구별 짓는 중요한 요소이기도 하다. 그럼 이제 가장 높은 수준의 경청 기술인 공감 경청으로 넘어가보자.

공감 경청

공감 경청 기술을 탐구하기 위해서는 공감의 핵심개념을 강조할 필요가 있다.

공감은 누군가의 감정을 깊이 이해하고 동정적으로 반응하는 능력이다. 보통 이런 능력은 살면서 같은 느낌을 느껴봤거나 같은 상황에 처해본 경험에서 생겨난다. 흔히 발언자에게 보이는 특정한 감정이나 느낌을 지목하는 것으로 깊은 수준의 이해를 나타낼 수 있다.

공감empathy과 동정sympathy의 차이를 구별할 줄 아는 것은 중요하다. 동정은 누군가를 딱하게 여기는 것이다. 이런 마음은 깊은 이해나 경험에서 기인하지 않으며 동정심의 표출로 이어질 수도 있고 아닐 수도 있다.

세계적인 심리학자 마셜 로젠버그Marshall Rosenberg는 공감 능력을 이용해 갈등을 해결하는 것에 관한 문제를 중점적으로 연구했다. 로젠버그는 공감이 갈등을 완화하고 이해와 인내, 관심과 평화를 증진하는 힘을 가졌다고 주장했다. 『비폭력 대화: 삶의 언어Nonviolent Communication: A Language of Life』란 그의 저서에서 로젠버그는 "사람들의 문제를 해결할 필요는 없다. 그저 들어주기만 하면 된다"[7]라고 말한다. 이제 공감 경청에 관한 주제로 돌아가 보자.

공감 경청은 다른 수준의 경청을 모두 아우르는 동시에 더 깊은 수준의 이해와 동정심을 보여주는 경청 기술이다. 공감 경청에는 다음과 같은 행동들이 포함된다.

- 발언자의 말을 인정하거나 입증하거나 지지하기. 그러기 위해서는 발언자가 말하거나 보여준 감정이나 느낌을 당사자가 표현한 그대로 말하는 것이 중요하다.

  "얼마나 좌절감을 느꼈을지 충분히 이해해요."

  "목소리가 _____ 들려요."(특정한 감정을 언급하라.)

  "_____ 하고 싶은 것 같네요."

  "틀림없이 이건 당신에게 몹시 어려울 거예요."

  "들어보니 당신이 제일 중요하게 생각하 건 _____ 로군요."

  "내가 있잖아요."

- 공감하는 말을 이용해 대화를 끄집어내거나 권하기

  "목소리가 슬프게 들려요. 같이 좋은 해결책을 생각해보면 도움이 되지 않을까요?"

  "무슨 일이 있는 것 같은데, 내가 어떻게 도와줄까요?"

  "마음이 몹시 상한 것 같군요. 내가 도울 수 있는 일이 있을까요?"

  "짜증이 났군요. 정확히 무엇 때문에 괴로운 건지 문제점을 말해줄 수 있나요?"

- 발언자와 적극적으로 대화를 이어갈 수 있는 방법 찾기. 특히 발언자가 감정을 표출할 뿐 해결책은 찾지 못한 경우

"좀 더 자세히 말해 봐요."

"당신은 지금 아주 중요한 이야기를 하고 있어요."

"_____에 대해 달리 더 해줄 수 있는 말이 있나요?"

- 다음과 같은 말 피하기

    "더 나빠질 가능성은 늘 있어요."

    "어떤 기분인지 알아요."

    "과잉반응이에요."

    "그러게 내가 뭐랬어요."

    "그리 나쁘진 않네요."

- 발언자가 말하지도 않은 감정을 지목하는 것 피하기

- 공감과 동정심을 보이려다 간접적으로 누군가를 헐뜯는 것 피하기

    발언자: *"베나는 너무 공격적이에요. 이성적으로 대화할 수 없는*

    사람이죠. 소리를 지르면서 사람들을 들들 볶는다니까요."

    듣는 이: (고개를 끄덕이며) *"베나가 그렇군요."*

고개를 끄덕이는 것은 동의와 연관된다. 거기에 덧붙인 몇 마디 말은 금세 맥락에서 벗어나 오해받을 수 있다. 실제로 그렇지 않더라도 결과적으로 듣는 이는 부정적 감정에 동의하는 모양새가 될 수도 있다. 자신의 감정과 의견에 충실하면서 상대방의 이야기도 공감하며 들어줄 수 있다. 발언자가 누군가를 부정적으로 언급할 때는 고개를 끄덕이는 동작과 확언을 피하라.

누군가가 부정적으로 언급될 때 공감을 보여주는 것은 높은 인식과

　　　　　　　일터의 대화법

특별한 접근법을 필요로 한다. 다른 사람에 대한 부정적 대화에 참여하는 것을 삼갈 수 있도록 다음 전략들을 연습하라.

— 눈을 계속 마주치고 고개를 가만히 두기

— 가만히 있기. 동의를 표하고 공감을 보여줄 다른 기회가 있을 것이다. 발언자가 누군가를 헐뜯는 순간에 그럴 필요는 없다.

— 험담이 계속되어 불편하다면 다음과 같이 말하고 자리를 떠라.

"마음이 몹시 상한 것 같네요. *(당신의 말이 대화거부가 아니라 진솔하게 들리도록 잠시 말을 멈춰라.)* 진정되면 다시 이야기하죠."

"실망스럽겠어요. *(잠시 멈춤)* 상황이 좋아지길 바랍니다. 나중에 연락할게요."

"기분이 좋지 않아 보여요.*(잠시 멈춤)* 더 좋은 하루 보내세요."

• 앞에 나온 말의 긍정적 의미 혹은 중요한 취지를 모두 지우는 '지우개 단어' 피하기. 몇 가지 예를 들면 다음과 같다.

"알아요, 하지만…"

"얼마나 실망스러운지 알아요, 그래도…"

"쉬울 리 없죠. 그렇긴 한데…"

지우개 단어를 사용하면 앞에 나온 공감의 표현이 모두 지워진다. 지우개 단어 사용을 피해야 하는 이유는 듣는 이의 공감 표현에만 관련된 것이 아니다. 지우개 단어의 힘은 대화, 피드백 전달, 어떤 아이디어에 대한 설득 시도, 칭찬 등 다른 영역까지 폭넓게 영향을 미친다.

당신이 듣는 이의 역할을 맡았다면 주목 받는 대상은 당신이 아니라는 사실을 명심하라. 이해와 공감을 나타내다 보면 당신의 경험을 예로 들거나 이야기하기 쉽다. '1인칭' 화법을 사용하는 것은 발언자의 주의를 끌지 못한다. 결국 발언자는 당신이 자신의 말을 경청하지 않는다고 느끼고 낙담해서 마음의 문을 닫거나 당신에게 속마음을 털어놓지 않을 수 있다.

경청의 다양한 수준에 대해 인식을 높이는 것은 누구와 어떤 수준으로 관계를 맺을지 결정하는 데 도움을 준다. 늘 가장 수준 높은 경청을 할 수는 없다. 모든 상황이나 사람이 그런 수준의 에너지와 몰입을 필요로 하거나 그럴 만한 가치를 지닌 것은 아니기 때문이다. 게다가 이 전략들을 연습하고 매우 효과적으로 경청하는 사람이 되기 위해 가능한 모든 노력을 기울여도 당신의 주의는 여전히 분산될 수 있다. 말을 들을 때 산만해지는 이유를 알아본 조사가 있다.

조사에 따르면 사람은 1분 동안 약 400자를 듣고 125자에서 250자를 말한다.[8] 듣는 속도가 발언자가 말하는 속도보다 더 빠르다면, 당연히 우리는 산만해진다. 발언자가 느리게 말하는 편이라거나 듣는 이의 정보 처리 속도가 평균보다 빠를 때 '듣기 공백'이 생긴다.

듣기 공백

듣기 공백이 생기면 듣는 이는 멍해지기 시작한다. 정보를 듣고 처리를 끝냈는데도 발언자는 여전히 말하고 있다. 이럴 때 발언자의 말에 계속 집중해 귀 기울일 수 있도록 사전에 대책을 강구해야 한다.

한 뼘 더

당신은 듣기 공백이 생겼을 때 어떻게 적극적인 경청을 계속하는가?

청중이 집중력을 잃고 산만해지거나 지루해하거나 흥미를 잃는 원인에는 여러 가지가 있다. 발언자의 설명이 장황하거나 너무 모호한 것도 그중 하나이다.

상황을 잘 인식하고 간결하게 의사소통하는 것이 핵심이다.

짝을 이룬 다른 단어들과 마찬가지로 '간결하다'와 '모호하다' 사이에도 미묘한 차이가 있다. 그리고 이 차이는 당신의 인상에 중요한 영향을 미친다.

8. '간결하다' vs. '모호하다' — 유익하지 않은 내용

간단히 설명할 수 없다면,

충분히 이해하지 못한 것이다

— 알베르트 아인슈타인Albert Einstein, 상대성이론을 정립한 독일 태생 물리학자

겉으로 보기에 두 단어는 효율적 의사소통 방법에 해당한다. 모호하게 말하는 사람과 간결하게 말하는 사람 사이의 미묘한 차이는 간단히 설명하면서도 듣는 이가 유익하다고 느낄 만큼 충분한 정보를 주는 능력의 유무다. 청중이 가장 중요하게 생각하는 부분에 빨리 도달하면 사람들은 당신의 의사소통 방식이 간결하다고 판단한다. 또한 당신이 상황을 잘 인식하고 신뢰할 만한 사람이라고 여길 것이다.

○━☞ ─────────────────────

상하 및 동등한 관계의 사람들과 효율적으로 의사소통하려면 내용이 유익하고 간단해야 한다. 간결한 의사소통이 핵심이다.

의사소통을 간결하게 하기 위한 전략을 몇 가지 소개하겠다.

• BLOTBottom Line On Top 적용하기. 요점bottom line 혹은 듣는 이에게

제일 중요한 이야기로 시작하라. 그런 다음 부연설명이나 추가 세부사항을 이어가라.

- 여러 세대에 걸쳐 전해져 내려오는 격언을 기억하라.

가장 귀중한 재능은 한 마디면 될 때
절대로 두 마디를 하지 않는 것이다.

— 토머스 제퍼슨Thomas Jefferson, 미국의 제3대 대통령

진실하라. 간결하라. 앉아 있어라.

— 프랭클린 D. 루즈벨트Franklin D. Roosevelt, 미국의 제32대 대통령

간결하고, 명석하고, 사라져라.

— 출처 불명

- WIIFT 접근법 사용하기. 청중이 가장 듣고 싶어 할 주제를 정한 다음 그 주제를 맨 먼저BLOT 설명하라!

🔆 여기서 꿀팁!

'여기에서 그들이 얻는 이득은 무엇인가'

듣는 이가 우선순위를 두는 내용에 따라 메시지를 조정하고 정보의 위치를 정할 때, 더 먼저 말해야 하는 정보일수록 더 큰 가치를 지닌다. 이 접근법으로 당

신은 정확한 의사소통을 할 수 있다. 듣는 이는 관심 있는 정보를 들을 때까지 기다리지 않기 때문이다. 이 접근법에 맞추어 당신의 생각을 정리하려면 세 가지 요소를 고려해야 한다. 당신의 발언 내용에 대한 가치를 결정할 때 사람들은 이 요소들을 렌즈로 삼기도 한다.

- 결과 – 성과를 달성하고 기한을 준수하라.
- 관계 – 사람들에게 초점을 맞추고 친분을 쌓거나 유지하라.
- 평판 – 개인이나 팀, 지도자나 다른 구성원의 눈에 어떤 모습으로 보이게 할지 고민하라.

청중이 중요시하는 정보를 간단명료하게 전달하는 능력은 당신의 의사소통 방법이 간결하다는 것을 나타내준다. 청중이 가장 큰 관심을 두는 부분이 무엇인지 모를 때는 다음 방법들을 시도해보자.

- **물어보기**

— "＿＿＿＿＿＿＿＿에 관해 특별히 무엇을 알고 싶은가요?"

— "＿＿＿＿＿＿＿＿에 대해서 여러분이 관심을 가질 만한 핵심 영역은 세 가지입니다. 무엇부터 시작할까요?"

— "우리에게 주어진 시간을 최대한 활용하려면, 여러분이 제일 중요하게 생각하는 부분을 다루어야겠죠. 여러분에게 가장 중요한 부분은 무엇입니까?"

- 생각하기
  - 이 내용이 왜 그들에게 중요한가?
  - 청중은 이 주제에 대해 어느 정도의 지식을 갖고 있는가?
  - 발표 내용 중 청중이 가장 공감할 만한 부분은 어느 부분인가?
- 경청하기
  - 특정한 질문이나 의견을 주의 깊게 들으면 청중이 관심을 두거나 중요하게 생각하는 영역이 무엇인지 알게 될 것이다.
  - 청중의 첨언은 당신의 핵심 논점을 재정립하는 데 도움이 된다.

듣는 이는 질문하거나 대화에 더 깊이 몰입할 수 있을
만큼 충분한 정보를 얻을 수 있어야 한다. 전달되는 정보는
간결하고 유익해야 한다.

의사소통할 때, 정보를 글자 그대로 받아들이는 것이 아니라
참조하는 능력에도 역량과 신뢰성이 반영된다.

9. '참조하다' vs. '읽는다' — 자신감 부족

정확한 인용문이나 글, 통계가 꼭 필요한 경우가 아니라면

듣는 이에게 자료를 읽어주는 일은 피해야 한다. 긴장, 망설임, 불안, 능력 부족 등의 느낌을 전달하므로 당신의 신뢰성을 크게 해치는 까닭이다. 자료를 읽으면 정보를 숙지하지 못한 것처럼 보인다. 서류나 화면의 어떤 부분을 골라 읽는 것 또한 청중이나 대화 상대방과 눈을 마주치는 데 방해가 된다. 아무리 너그러운 청중이어도 눈을 마주치지 않는 발언자에게 좋은 인상을 가지기는 힘들다.

말하고 싶은 내용을 미리 준비하고 정리하면 자신감이 느껴진다. 즉 발표 내용에 체계가 있어야 한다. 이런 체계가 있으면 조직적으로 발표를 진행하면서 동시에 다른 관점에 대해 설명할 여유도 가질 수 있다. 발표할 때 메모를 참조할 수는 있지만, 의존해서는 안 된다. 체계를 갖추는 것은 대본을 작성하는 것과 다르다. 대본을 써서 그대로 읽는 행위는 불성실하거나 딱딱하거나 혹은 긴장한 듯한 인상을 준다. 메모를 참조하는 기술을 연습할 때 다음 방법들을 실천해보자.

- 메시지를 몇 가지 중요 항목으로 전환하라.
- 자료 곳곳에 생각을 떠올려 줄 중요한 그림이나 단어를 배치하라.
- 가장자리에 주의사항을 적어두라.
- 동그라미나 밑줄, 굵은 글자를 활용해 주요 단어를 강조하라.
- 언어적, 시각적으로 사람들과 의사소통하는 모습을 직접 볼 수 있도록

발표 모습을 녹화하라.

- 메모 없이 발표하는 것을 연습하라. 그러면 음성이 단조롭지 않고 붙임성 있게 들린다.
- 내용을 통째로 암기하는 것을 피해라. 그러면 발표가 '대본'에 어긋날까 두려워하지 않아도 된다.
- 서두와 마무리 발언은 읽는 것을 피하라. 두 순서 모두 청중과 가까워질 수 있는 훌륭한 기회다.

　간혹 생각을 준비하거나 조정할 시간이 없을 때도 있고 사전에 통보를 받지 못할 때도 있다. 이럴 경우에는 즉석에서 생각을 정리하고 적당한 말을 찾아야 한다. 사람들은 대개 안절부절 못하며 해야 할 말을 파악하고 그 정보를 간단명료하게 전달하려고 한다.

　즉흥적으로 말하기는 그 자리에서 아무 계획 없이 자연스럽게 말하는 능력이다. 곤란한 상황에서 간결하게 의사소통하고 싶다면 '즉석 체계' 모델을 사용해보자.

즉석 체계

- **1단계: 비언어적 표현과 언어적 표현을 모두 이용해 제안을 수락하라.**
  자신감 있게 상대방과 눈을 맞추고 미소를 지으며 확실하게 말로 대답하라. 경우에 따라서는 상대방의 이름을 불러도 좋다.

"그럼요, 조앤. 제안서 진행상황에 대해 말해줄게요."

- **2단계: 요점을 세 가지에서 다섯 가지로 정리해 말하라.** 대답을 뒷받침할 요점을 정할 때 이렇게 자문해보라. '상대방이 듣고 싶어 하는 중요한 사항은 무엇인가? 이 대답이 주제에 대한 나의 이해도를 반영하고 정보에 대한 상대방의 요구를 충족하며 이 사안을 내가 잘 통제하고 있다는 사실을 전달하는가?'

  "요점은 세 가지예요. 우선, 기한에 맞춰 1월 1일에 제안서를 고객사에 제출했습니다. 고객사에서 상당히 만족스러운 반응을 보이며 2주 후 답변을 주기로 했습니다. 담당 팀은 고객사가 선택할 것으로 예상되는 두 가지 방안을 이미 준비 중입니다. 이렇게 하면 우리는 업무 진행을 두 단계 앞서나갈 수 있고, 고객사의 요구에도 재빨리 대응할 수 있죠."

- **3단계: 마무리 발언을 하거나 실행 가능한 의견을 제시하라.** 긍정적으로 마무리하라. 단순히 모든 발언 내용을 원래 질문에 다시 연결할 수도 있고, 알고 싶은 정보가 더 있는지 물어볼 수도 있다.

  마무리 발언: *"여기까지가 제안서에 관한 가장 최근 정보입니다."*

  실행 가능한 의견: *"이것으로 고객사와 업무가 어디까지 진행 중인지 잠깐 살펴봤습니다. 좀 더 구체적인 정보를 준비해서 오후에 이메일로 보내드릴까요?"*

자신감과 신뢰성을 나타낼 수 있도록 차분하고 긍정적인
태도를 유지하면서 신중하고 간결하게 말해야 한다.

청중 파악과 음성 전달, 내용의 질에 대해 힘을 쏟아야 한
다. 그저 내용을 읽기만 해서는 안 된다는 것을 기억하라. 청
중의 관심을 끌려면 당신도 그만큼 청중에게 관심을 보여야 한
다. 당신의 에너지를 내부가 아닌 외부로 돌려라. 그러면 당신
은 설득력 있고 붙임성 있는 사람으로 보일 것이다.

비슷한 단어 사이의 미묘한 차이와 그 차이가 인상에 미치
는 잠재적 영향에 대해 인식을 높여가는 과정에서 헷갈리기 쉬
운 또 한 쌍의 단어가 '친절하다'와 '친근하다'이다.

10. '친절하다' vs. '친근하다' — 흐릿한 경계

직장에서 유지되어야 하는 미묘한 균형이 있다. 업무 지향적
이면서 사람에게 중점을 두어야 한다는 점이다. 누군가의 감정
을 상하게 하지 않으면서도 성과를 이루어내야 한다. 너무 복
잡하게 설명하지 않으면서 기술적 지식을 전달해야 한다. 사람
들에게 친절하되, 지나치게 친한 척을 하면 안 된다.

당신이 관리자의 지위에 있거나 중립을 지켜야 하는 위치라면 모든 사람을 가능한 한 업무적으로 비슷하게 대해야 한다는 점을 유념할 필요가 있다. 업무상 인간관계는 업무 환경을 즐겁게 만드는 데 큰 부분을 차지한다. 목표를 달성하고 문제점을 해결하고 긴장을 해소하는 것뿐 아니라 함께 일하는 사람들과 관계를 형성하는 것도 성공의 필수적 요소이다. 관계 형성의 위기는 한 사람을 다른 사람보다 더 다정하거나 더 호의적으로 대하는 순간 찾아온다. 그럴 경우 몇몇 사람은 자신이 왜 똑같은 대우나 혜택을 받지 못하는지 의아해하며 언짢아할 수도 있다. 팀원 중 한 사람에게 점심을 사거나 그들 중 몇 명과 정기적으로 술을 마시러 간다면 편애한다는 꼬리표가 붙을지도 모른다. 관리자의 행동과 결정을 의심하고 주시하거나 마지못해 따르는 태도를 보이기 시작할 수도 있다.

○━━

팀원들과 양질의 상호작용을 하려면 모든 팀원이 동등한
대우를 받는다고 느낄 수 있는 분위기를 조성해야 한다.

상사와 잘 지내는 것 또한 중요하다. 이 경우에도 당신이 경계를 모호하게 만들고 '친구 사이'로 넘어가는 순간, 당신의 의도가 의심받을 수도 있다. 누군가는 순전히 승진을 위해서 그들의 호감을 사려는 것은 아닌지 의심할지도 모른다. 이런 행동은 팀원들 사이에 질투나 불화를 일으키고 업무 환경을 불쾌하고 불편하게 만들 우려가 있다.

🔑━━━━━━━━━━━━━━━

상사와 양질의 상호작용을 하려면 친분을 형성함과 동시에 직업 의식도 유지해야 한다.

통신망이 고도로 발달한 기술 주도 세상에서 페이스북이나 인스타그램 같은 소셜 미디어가 연결의 장場인 플랫폼을 만들어내며 상황이 복잡해졌다. 일과 생활 사이의 경계를 흐리는 데 플랫폼이 한몫을 하는 경우가 많기 때문이다.

☞✨ 한 뼘 더

팀원 중 한 명이 상사와 특별히 더 친근한 관계인 팀에서 일해본 적이 있는가? 있다면, 어떤 기분이 들었는가?

지도자로서 당신은 부하직원 중 한 명과 경계를 허물고 우정을 맺은 적이 있는가?

　　　　있다　　　　없다

그런 적이 있다면, 당시 상황을 자세히 살펴볼 때 그로 인한 부정적 반응이나 영향이 있었는가?

이 주제에 대해 당신은 어떻게 생각하는가?

🔅 여기서 꿀팁!

소셜 미디어와 경계

소셜 미디어는 곧바로 지인을 초대할 수 있고 각자의 사생활에 쉽게 접근할 수 있다는 특징을 갖고 있다. 따라서 소셜 미디어로 초대를 받았을 때 많은 직원과 임원은 수락 여부를 놓고 복잡하고 난처한 상황에 처한다. 당신이 소셜 미디어가 주도하는 산업이나 기술 회사 혹은 내부 웹페이지와 계정을 활용하는 부서에서 일한다면, 소셜 미디어 활동이 회사 내의 흔한 관행이며 심지어 초대에 응해야 할 수도 있을 것이다. 하지만 일반적으로는 사생활을 직장 생활과 분리하는 것이 가장 좋다.

- 소셜 미디어 상에서 연결을 원하지 않는다면, 누군가가 초대를 보내왔을 때 다음과 같이 말할 수 있을 것이다.
  "내 새해 결심은 일과 생활의 균형에 초점을 맞추는 것이에요. 그래서 페이스북은 개인적 용도로, 링크트인(Linkedin 기업들이 신규시장 개척과 바이어 발굴 등에 주로 활용하는 세계 최대 비즈니스 전문 사회관계망 서비스 — 옮긴이)은 업무 용도로 유지하고 있죠. 우리는 링크트인으로 연결되어 있지 않나요?"
  혹은 페이스북 초대를 수락하는 대신 간단히 다음과 같이 대답할 수 있다.
  "링크트인으로 연결되어 있지 않나요?"

이런 업무 주도 접근법은 또 다른 연결 방법을 제안해서 대화의 초점을 긍정적 선택 방안으로 재빨리 돌려놓는 동시에 초대를 거절해야 하는 상황도 피할 수

일터의 대화법

있게 한다.

- 초대를 받았다면 다른 선택지를 만들어도 된다. 상사나 동료, 부하직원의 기분을 상하게 할까봐 걱정할 필요 없이 당신의 사생활을 직장 생활과 분리하고 싶을 때 선택할 수 있는 한 가지 방법은 새로운 소셜 미디어 프로필을 생성하는 것이다. 이 프로필은 직장 동료와의 소통을 위해서만 존재하게 된다.

사람들과 (특히 회사의 간부들과) 관계를 형성하기 위한 한 가지 중요한 방법은 당신의 가치를 높이는 것이다. 따라서 당신은 자신의 가치를 알고 그 가치가 그들에게 어떤 이득을 주는지 설명할 수 있어야 한다. 이것이 다음 두 단어 '홍보하다'와 '자랑하다' 사이의 차이점이다.

11. '홍보하다' 대 '자랑하다' — WIIFT와 무관한 내용

프로 권투선수이자 사회 운동가, 자선사업가였던 무함마드 알리Muhammad Ali는 "당신이 증명할 수만 있다면 그것은 자랑이 아니다"라고 말했다. 이 말이 사실이라 하더라도 모든 이가 편하게 자신의 이야기를 하는 건 아니다. 스스로를 홍보하는 일은 더 말할 것도 없다. 여러 해 동안 코칭을 해오면서 나는 사람들이 자신에 대해 이야기하지 않는 이유 중 하나가 자랑처럼 들릴지도 모른다는 두려움이라는 사실을 알게 되었다. 공유하는 정보와 정보의 구성에 똑같이 역점을 둔다면 그렇게 들리지 않을 것이다.

👉 한 뼘 더

당신은 자신 및 자신의 성과에 대해 이야기하는 것이 편한가?

그렇다   아니다

자기 홍보는 자신의 가치와 그 가치가 다른 사람에게 어떤 이득을 주는지 분명하게 표현하는 능력이고 타인에게 초점을 맞추는 행위다. 자랑은 타인에게 자신의 성과를 뽐내거나 자신에 대해 부풀려 말하는 것이다. 가끔 타당성이 없는 경우도 있다. 자신에게 초점을 맞추는 자랑에는 '여기에서 그들이 얻는 이득은 무엇인가'에 대한 고려가 들어있지 않을 때가 많다.

이 주제도 다음과 같은 의문을 일으킨다. 자신에 대해 전혀 혹은 거의 말하지 않으면 당신의 가치를 다른 사람이 어떻게 알겠는가? 고위 임원들은 왜 당신이 누구인지 알고 싶어 하는가? 그들이 당신의 임금을 올려주거나 당신에게 중요한 프로젝트를 주고 특정한 기술 영역에 필요하다고 여기는 이유는 무엇일까? 말로 자신을 드러내어 타인에게 자신의 신뢰성을 알릴

수 있는 한 가지 방법이 '신뢰성 소개문Credibility Statement'이다.

신뢰성 소개문

자신을 소개할 때 포함되어야 하는 두 가지 주요 측면이 있다. 자신의 가치를 빠르게 반영하는 설명과 청중이 질문하거나 대화를 이어가는 데 도움을 주는 정보가 그것이다. 당신은 자신의 역량을 나타내고 팀의 가치 있는 일원으로 자리매김하고 타인에게 초점을 맞추는 사람으로 기억되어야 한다. 이런 결과를 달성해주는 서론을 '신뢰성 소개문'이라고 한다.

신뢰성 소개문은 자신을 홍보하고 말로 자신을 드러내는 일에서 중요한 부분을 차지한다. 신뢰성 소개문을 준비하면 자랑하는 것 같지도 않고 무슨 말을 해야 할지 몰라서 소개를 '지나칠' 필요도 없다. 전문가답게 가치를 높이는 방식으로 당당하게 말을 꺼낼 수 있는 것이다. 신뢰성 소개문을 작성할 때 고려해야 하는 세부사항 몇 가지를 소개한다.

- **짧게 하라.** 30초에서 60초 동안 혹은 4~5문장으로 말해보자. 몇 초 동안만 이야기하면 된다고 생각하는 것은 자기 자신에 대해 공개적으로 이야기하는 상황 혹은 얼마나 오래 이야기해야 하는지 모르는 상황에서 생기는 긴장을 푸는 데 도움이 될 수 있다.

- **간단하게 하라.** 자신이 하는 일을 명확히 표현하라. 특히 IT, 디지털미디어, 엔지니어링, 금융, 과학, 법률 등의 산업에서 일한다면 더욱 그렇게 해야 한다. 첨단기술 분야에서 일하는 사람은 대부분 복잡한 개념이나 혼란스러운 전문용어를 사용하지 않고 자신이 하는 일을 설명하는 것에 어려움을 겪는다는 선입견이 존재한다.
- **단어 선택에 주의하라.** 암시적인 단어보다 실질적이고 의미가 명확한 단어를 선택하라. 예를 들면 '감독한다'나 '관리한다' 보다 '이끈다', '총괄한다', '지휘한다'라고 표현하는 게 더 좋다.
- **WIIFT에 대해 생각하라.** 읽는 사람에게 맞춰서 내용을 조정하고 가장 적절한 요점을 강조해야 하는 자기소개서와 마찬가지로 신뢰성 소개문에도 듣는 이에게 가져다주는 가치가 나타나 있어야 한다. 당신의 가치를 알면 듣는 이는 더 많은 것을 알고 싶어지고 당신을 더 잘 기억하게 된다.

신뢰성 소개문과 '엘리베이터 피치Elevator Pitch' 사이의 차이점을 강조하는 것도 중요하다. 일반적으로 엘리베이터 피치는 상품이나 아이디어, 서비스의 가치를 홍보한다. 신뢰성 소개문은 발언자 및 발언자가 해당 직위나 프로젝트에 가져다주는 가치를 홍보한다. 신뢰성 소개문이 없다면 지금 작성해보자.

신뢰성 소개문의 예

"안녕하세요. 제 이름은 로라 조앤 케이튼입니다. 저는 의사소통 방법을 가르치는 강사입니다. 1년에 100일 이상 출장을 다니며 네 가지 핵심 영역에서 자신감과 역량, 신뢰성을 알릴 수 있게 돕습니다. 케이튼컨설팅의 창립 파트너로서 제가 역점을 두는 부분은 목소리와 신체를 이용해 강한 존재감을 나타내기 위한 전략을 공유하는 것입니다. 여러분에게 필요한 사람이 되어 함께 일할 수 있기를 바랍니다."

신뢰성 소개문을 작성할 때 기억해야 하는 여섯 단계가 있다.

- **1단계: 인사말을 하라.** 신뢰성 소개문의 처음에 인사말을 넣는 것은 상대방을 인정하는 것이자 당신이 편안한 상태라는 것을 보여준다. 대화 어조를 만들어내는 데도 도움이 된다. 어떤 환경에서는 '안녕하세요(위의 예에서는 Good morning을 사용함 — 옮긴이)'라는 표현으로 'Hi'와 'Hello'를 사용하는 것이 너무 격의 없게 보일 수도 있다. 어조는 개인의 취향에 따라 정하면 된다.
- **2단계: 성과 이름full name을 모두 말하라.** 모인 사람 중에 모르는 사람이 한 명뿐이라도 자신을 소개할 때 성과 이름을 모두 말하라. 이름은 앞부분에 말하는 것이 가장 좋다. 성과 이름을 사용하면 업무적 어조로 말하는 데 도움이 되고 같은 이름을 가진 사람과 구별될 수 있다. 당신이 누구고 회사에서 무슨 일을 하는지 연결 짓는 일도 쉬워진다.

- **3단계: 직함과 현재 담당하는 업무, 회사 이름을 말하라.**
  — 직함은 이름 뒤에 넣어라. 특히 직함이 독특하거나 사람들의 주의를 끌거나 영향력이 큰 경우에는 더욱 그렇다. 소개에 포함된 다른 정보보다 덜 실질적이거나 당신의 직업을 잘 반영하지 못한다면 직함을 빼거나 소개 끝부분에 넣을 것을 추천한다.
  — 현재 핵심 업무는 당신의 가치를 바로 나타내므로 앞부분에 배치하는 것이 좋다. 사람들의 주의 지속 시간은 한정되어 있다. 청중이 가장 열중한 상태인 초기의 기회를 허비하지 말자.
  — 회사 이름의 경우 선택사항이다. 하지만 다니는 회사를 언급하며 특징을 더할 수도 있을 것이다.

- **4단계: 흥미로운 정보를 앞부분에 배치하라.** 흥미롭고 가치 있는 정보를 앞부분에 넣어라. 중요한 숫자를 포함하는 것도 좋다. 청중은 숫자가 포함되면 말로만 이루어진 소개보다 더 잘 기억한다. 흥미로운 정보에는 다음과 같은 사항들이 포함된다.
  — 넓은 구역 혹은 지역 (예: 북미와 캐나다를 담당한다.)
  — 유명한 고객이나 중요한 프로젝트 (예: 디즈니플러스에 참여한다.)
  — 독특한 업무나 역할 (예: 기록보관 책임자, 특정 질병을 치료를 연구하는 과학자)
  — 특이사항
    - 돈 (예: "… 우리 부서는 '아시아 주식시장 회의'를 주최하여 회사가 1,200만 달러의 수익을 올리는 데 기여했습니다.")

- 숫자 (예: 직원 200명을 책임지고 있다. 혹은 8명으로 이루어진 팀의 일원이다.)
- 회사 근무 연수나 경력, 해당 업계나 직위에서 보낸 기간 (현재 자리에서 일한 지 1년 남짓밖에 되지 않았다면, 업계에서 일한 연수처럼 당신의 전반적 경험과 전문성을 나타내는 좀 더 실질적인 정보도 포함하라.)
- 학력 및 학위 (학력과 학위가 당신의 가치를 보여주거나 업무에 영향을 주는 경우에는 그것들을 소개에 포함해도 된다.)
- 회사나 부서의 목표 (당신이 특별히 회사 전반에 걸친 혹은 여러 부서가 관련된 목표를 달성하는 일에 참여하는 경우, 그런 계획에서 당신이 맡은 역할을 알리는 것은 당신이 현재 회사의 최우선 사업을 추진 중이라는 인상을 주는 데 도움이 될 것이다.)

- **5단계: WIIFT 설명.** WIIFT는 자랑하는 사람과 당신을 구별하는 중요한 세부사항이다. 즉 당신의 가치가 어떻게 다른 사람들을 이롭게 하는지 보여준다. 따라서 WIIFT의 내용은 청중에 따라 변할 수 있으며 당신이 선택하는 정보도 당신의 직업적 성장과 목표에 따라 진화하고 바뀔 것이다. 당신의 역할과 조직 사이에 연관성을 만들고 당신의 역할과 책임이 조직에 얼마나 중요한지 설명하라. 이를 위한 한 가지 방법은 특정한 도전이나 과제에 자원하거나 혹은 당신의 전문지식을 빌려주겠다고 제안하는 것이다.
- **6단계: 마무리 발언.** 인사말로 신뢰성 소개를 시작했으니 이제 마무리 발언으로 끝낼 차례다. 다음과 같은 발언들을 시도해보라.

"여러분과 함께 일하게 되기를 기대합니다."

"여러분을 만나게 되어 반갑습니다."

"저를 불러주셔서 감사합니다."

"이곳에 오게 되어 기쁩니다."

"제가 프로젝트의 성공과 우리 회사에 기여할 수 있기를 바랍니다."

신뢰성 소개문은 격식을 갖추어야 한다. 소개의 방향이 회사에서 서로 교류하는 사람들에게 맞추어져 있다면 첨단 기술이나 전문용어, 사업에 관한 내용이 포함될 수도 있다. 이처럼 신뢰성 소개문은 청중이나 상황, 환경의 특성에 따라 달라진다. 인적 네트워크 형성을 위한 행사, 사교 모임 등 사회활동에 적합하도록 신뢰성 소개문의 내용을 수정할 수도 있다.

━━━○━━━

특히 사회생활에서는 말할 때 교과서를 읽는 것처럼 들리지 않도록 하는 것이 중요하다. 대화하듯이 공감대를 형성하면서 당신이 하는 일을 알리는 것에 초점을 맞춰라.

👉 한 뼘 더

다른 사람들에게 당신의 가치를 알리는 일의 중요성, 자기 홍보와 자랑 사이의 차이점을 배웠으니 이제 아래 빈칸과 공유된 전략들을 이용해서 당신의 신뢰성 소개문을 작성해보라.

인사말:

성과 이름:

직함과 현재 담당하는 업무, 회사 이름:

주요 설명(듣는 이에게 가장 중요하고 정보를 앞부분에 배치):

WIIFT 설명:

마무리 발언:

신뢰성 소개문 작성을 마쳤으면 이제 시간을 재보자. 당신의 가치를 반영하고 청중의 주의를 끄는 방식으로 당신이 하는 일을 알리는 것이 목표다. 말하는 속도를 일정하게 유지하며 45초 안에 소개를 마치는 것이 바람직하다.

　이 책의 목표는 당신의 의사소통 방법에 대해 또 다른 관점을 제시하여 성공을 이어가게 하는 것이다. 비슷한 단어들 사이의 차이를 분명하게 아는 것은 타인과 변별되고 자신감과 명확성, 신뢰성을 나타내며 자신에 대해 정확한 인상을 만들어내는 데 도움이 될 것이다.

질의응답 Q & A

1. **"정보를 너무 적게 공유하는 것과 너무 많이 공유하는 것 사이에 균형을 찾으려면 어떻게 해야 하나요?"**

   - 내용을 듣는 이에게 맞춰 조정하라. — WIIFT

   - 시각 자료를 추가하라. 연구에 따르면 사람들은 듣는 것보다 보는 것을 4배가량 더 잘 기억한다. 시각 자료를 사용해서 청중의 주의를 끌고 내용을 명확히 하며 정보에 의미를 부여해보자.

   - 뉴스특보를 떠올려보자. 정보가 너무 적으면 시청자들은 사건에 대해 이야기할 수 없다. 양이 적어서 모호하기 때문이다. 정보가 너무 많으면 시청자들은 사건에 싫증을 느끼게 된다.

2. **"항상 신뢰성 소개문을 모두 말해야 하나요? 가끔 어떤 회의에서는 사람들이 이름과 직함만 말합니다."**

   개인적 취향과 상황 인식, 맥락은 늘 개입된다. 무엇이 상황에 적절한지 판단해야 한다. 자리에 참석한 중요 인사들이

일터의 대화법

당신을 잘 모른다면 신뢰성 소개문을 모두 말해야 하는 때도 있다. 이런 경우가 아니라면 회의 분위기나 속도에 맞추어 축약해서 사용해도 된다.

3. **"거북해서 칭찬받는 것을 피할 때가 많습니다. 하지만 당신의 강의를 듣고 그런 행동이 내 인상을 해친다는 사실을 알았습니다. 어떻게 해야 이 상황을 더 효과적으로 헤쳐 나갈 수 있을까요?"**

칭찬을 듣는 것이 항상 쉬운 일은 아니다. 이런 불편함은 당신의 '보이지 않는 배낭'(자세한 설명은 5장을 참고)에 담긴 이유에서 생겨나는 것일 수도 있고 어떻게 대응해야 할지 몰라서 일어나는 것일 수도 있다. 칭찬을 받았을 때 다음과 같이 품위 있고 능숙하게 대응해보라.

- "감사합니다" 혹은 "알아봐 주셔서 감사합니다"라고 말하라.
- 칭찬을 과소평가하거나 반박하는 것을 피하라.

  칭찬: *"고객사 제안서에 관한 일을 아주 잘 처리했더군요."*

  칭찬을 과소평가하는 대답: *"에이, 별것 아니었어요."*

자신의 성과를 대단치 않게 여기거나 너무 여러 번 부인하면 칭찬이 아예 끊길 수도 있다. 사람들은 당신이 정말 칭찬 받을 자격이 있는지 의아해하거나 당신의 능력과 자신감을 의심할지도 모른다.

- 포도주나 커피 한 잔을 들고 잠시 당신의 장점과 아주 잘 하는 것을 열거해보라. 이렇게 속으로 장점을 인정하고 나면 다른 사람의 인정과 외부에서 받는 칭찬을 품위 있게 받아들이는 일이 더 쉬워질 것이다.

- 나아가든, 물러나든, 밟고 넘어가든, 선택은 당신의 몫이다. 늘 의욕적으로 나아가는 직장인들이 있다. 그들은 끈기 있는 사람들로 위기에 잘 대처하고 결과를 진지하게 받아들인다. 익숙한 상황에서 벗어나 품위 있게 칭찬을 받아들이는 것도 위기대처 능력에 포함될 수 있다. 이런 사람들은 칭찬을 피해 물러나는 사람, 관계를 맺지 않는 쪽을 택하거나 관여하는 것을 원치 않거나 스스로 무능하다고 느끼는 사람보다 훨씬 더 유리하다. 마지막으로 밟고 넘어가는 사람들이 있다. 그들은 약자를 괴롭히거나 공적을 가로채거나 타인이 받는 영향에는 아랑곳없이 목적을 위해서라면 수단방법을 가리지 않는다. 나아가는 사람이 되어야 한다.

- 주기적으로 피드백을 요청하라. 칭찬도 피드백이다. 주기적으로 피드백을 받는 것에 익숙하지 않다면 긍정적인 피드백을 받고도 여전히 불편할 수 있다. 당신이 신뢰하고 존경하는 사람, 정확한 피드백을 줄 능력을 가진 사람에게 피드백을 요청하라. 요청할 때 장점과 개선할 점을 모두

포함하는 균형 잡힌 견해를 얻고 싶다는 취지를 밝혀라.

4. "발표할 때, 어떻게 해야 청중의 주의를 더 잘 끌 수 있을까요?"

이 장에서는 듣는 이의 역할을 설명하는 것에 역점을 두었다. 이제 형세를 뒤바꿔 발표자의 역할에 대해 살펴보자.

- 인쇄물이나 프레젠테이션, 소품, 3차원 모형, 비디오 등 발표 내용을 뒷받침하는 시각자료를 준비하라.
- 플립 차트(강연 등에서 뒤로 한 장씩 넘겨 가며 보여주는 큰 차트 — 옮긴이)나 카훗Kahoot!처럼 게임을 기반으로 하는 학습 플랫폼을 활용하여 청중과 소통하라.
- 청중의 주의를 끄는 몸짓언어와 음성 전달, 단어 선택에 초점을 맞춰라.

정확한 인상을 만들기 위해 정말 필요한 점은 자신이 어떻게 인지되고 싶은지 아는 것과 자신의 어떤 행동이 그런 인지를 뒷받침하거나 해치는지 인식하는 것이다. 몸짓언어는 사람들이 당신을 인지하는 데 중요한 역할을 한다. 다음 장에서 우리는 이 몸짓언어를 탐구해볼 것이다.

3장

자신감과 존재감
보여주기

THE COMMUNICATION HABIT

정말로 그렇게 될 때까지
그런 체하라.

에이미 커디Amy Cuddy
미국의 사회심리학자

몸짓언어는 당신이 만들고 싶은 인상에 바로 도움이 될 수도 있고 조용히 방해가 될 수도 있다. 유능한 의사 전달자로 보이려면 무엇보다 사람들이 당신을 그렇게 보는 것이 중요하다. 우리는 신체를 이용해서 자신감과 임원다운 존재감을 나타낼 수 있다. 이번 장에서는 비언어적인 메시지 전달의 중요성을 이야기할 것이다. 당신은 자신감을 전달할 줄 아는 사람인가?

👉✨ **한 뼘 더**

당신에게 해당되는 대답에 동그라미를 쳐보자.

1. 당신은 일정한 속도로 움직이는가?

   전혀 그렇지 않다.   가끔 그렇다.   늘 그렇다.

2. 상대방과 의미심장하게 눈을 맞추는가?

   전혀 그렇지 않다.   가끔 그렇다.   늘 그렇다.

3. 튀지 않는 몸짓언어를 선택하는가?

   전혀 그렇지 않다.   가끔 그렇다.   늘 그렇다.

4. 옷을 고를 때 신중히 고민하고 세심한 주의를 기울이는가?

   전혀 그렇지 않다.   가끔 그렇다.   늘 그렇다.

5. 양손을 대화 구역, 즉 몸짓하기에 적정한 공간 안에 두는가?

   전혀 그렇지 않다.   가끔 그렇다.   늘 그렇다.

6. 미소를 자주 짓는가?

   전혀 그렇지 않다.   가끔 그렇다.   늘 그렇다.

7. 앉아있을 때 당신은 그 공간을 차지하고 사람들의 시선을 끄는가?

   전혀 그렇지 않다.   가끔 그렇다.   늘 그렇다.

일터에서 사람들은 당신을 어떻게 인지하는가?

☞ 한 뼘 더

당신이 말할 때 다른 사람들에게 어떻게 보일까? 해당되는 답에 동그라미를 쳐라.

   당당해 보인다.

화났거나 짜증나 보인다.

팔짱이나 손깍지를 낀다.

생각이 얼굴에 다 드러난다.

말을 붙이기가 어려워 보인다.

남의 말에 귀 기울이지 않는다.

불편하면 가만히 있지 못한다.

표정과 태도가 긍정적이다.

위의 두 평가를 검토하면서 자신의 인상을 해치거나 메시지에 영향을 줄 수도 있는 영역뿐 아니라 장점에도 주목하라.

대면 의사소통의 주요 방법은 세 가지다. 그중 두 가지(음성 전달과 단어 선택)에 대해서는 다음 장에서 깊이 탐구할 것이다. 지금은 비언어적 의사소통과 몸짓언어를 활용해 조용히 의사를 전달하는 법에 대해 자세히 살펴보자.

주된 비언어적 요소는 다음과 같다.

- 얼굴 표정
- 손동작
- 자세
- 움직임

이 요소들은 스스로에 대한 메시지와 타인에게 전달되는 메시지에 즉각적으로 영향을 미칠 수 있다. 따라서 각 요소가 어떻게 자신감과 접근성, 신뢰성을 나타내거나 해칠 수 있는지 주목하는 것이 중요하다.

표정

표정은 비언어적 의사소통의 중요한 요소이다. 표정에 관한 세부사항 중 맨 먼저 나오는 주요 항목 두 가지는 시선 처리와 미소 짓기다.

시선 처리

눈 맞추기가 자연스러운 문화나 업무 환경, 사람들과 있을 때는 시선을 교환하는 것이 중요하다. 누군가와 관계를 형성하고 친분과 신뢰를 쌓고 자신감을 나타내는 데 시선 처리의 미묘한 차이가 도움을 된다. 발표하거나 대화하면서 눈빛에 불안감을 드러내지 않으려면 사람들과 편안히 눈을 맞춰야 한다.

의미 있는 시선 처리를 위한 방법과 기술에는 다음과 같은 것들이 있다.

- 머리를 가만히 두라. 이런 상태에서 이루어지는 시선 처리는 차분하고 집중력 있고 신중해 보인다.
- 3초에서 5초 사이 혹은 2~3문장을 말하는 동안 계속 눈을 맞춘 후 시선을 돌려라. 타이밍이 자연스러워야 한다.
- 발표자나 청자가 안경을 썼다면 좀 더 길게 눈을 맞춰라. 안경을 쓴 상태에서는 눈이 마주쳤는지 아닌지 구분하기가 더 어려울 수 있다.
- 집단을 상대로 이야기하거나 긴장을 최대한 억제하려면 상냥한 표정을 짓고 있는 사람을 바라보는 것으로 시작하라. 그런 다음 연설하거나 발표하는 내내 주기적으로 그 사람과 다시 눈을 맞춰라.
- 비교적 많은 사람 앞에서 프레젠테이션을 할 때는 청중을 알파벳 W 형태처럼 왼쪽 뒤, 앞, 뒤쪽 중앙, 앞, 오른쪽 뒤 순서로 시선을 옮겨보자. 이렇게 하면 발표자가 한 사람만 주목하지 않는다는 점을 확실히 하는 데 도움이 될 것이다.

얼굴 표정의 또 다른 주요 항목이자 빠르게 접근성을 보여줄 수 있는 방법은 미소를 짓는 것이다.

미소 짓기

당신은 누군가에게 공격적 혹은 위협적이라거나 너무 직설적이라는 말을 들어본 적이 있는가? 진심 어린 미소는 그런 오해를 바로잡는 데 효과적이다. 또한 온화함과 자신감을 반영하고 주변 사람들이 편안함을 주는 성공의 주요 요소이다.[1] 미소가 억지스럽다거나 냉소적이라거나 경멸하는 것 같다는 인상을 주지 않도록 진심을 표현하는 것도 중요하다.

손동작

우리는 손동작을 이용해서도 중요한 메시지를 보낸다. 에너지를 표출하고 생각에 집중하고 타인을 간파한다. 어떤 사람들은 자신을 '손으로 말하는 사람hand-talker'이라고 부른다. 끊임없이 손짓하며 이야기하기 때문이다. 문화적 측면도 고려해야 한다. 이를테면 많은 국가에서 손동작은 언어적 의사소통의 구성 요소다. 무의식적 손버릇으로 내면의 긴장감을 나타내는 사람들도 있고 양손을 가만히 두어 너무 경직됐다는 인상을 주는 사람들도 있다.

보통 양손이 서로 닿아 있는 자세는 발표자와 청중 사이에 시각적 장벽을 만들어 존재감을 더 줄어들게 만들 수 있다.

아래와 같이 말하는 사람은 아마 아무도 없을 것이다.

- "상사가 팔짱을 끼고 있으면 우리와 한 팀인 것 같다는 느낌이 훨씬 더

강해져."

- "오른손으로 왼쪽 손목을 잡고 서 있는 동료는 엄청 자신만만해 보여."
- "프레젠테이션을 하면서 계속 열정적으로 사람들을 향해 손가락질하는 걸 보니 저 직원은 다가가기 쉬운 사람 같아."

위와 같은 자세는 친밀감이나 자신감, 접근성과 완전히 반대된다. 몇 가지 미묘한 변화가 개방적이고 자신감 있는 몸짓언어를 나타내는 데 중요한 영향을 미칠 수 있다.

미묘한 변화 1: 양손이 서로 닿지 않게 하라.

양손이 서로 닿지 않아야 한다. 잠시 닿는 것은 괜찮지만, 계속 닿아 있으면 안 된다. 몸 앞에서 두 손을 포개거나 뒷짐을 지거나 가슴 위로 팔짱을 끼거나 주머니에 손을 꽂고 있는 자세는 신체가 갇혀 보이게 하고 취약성이나 공격성, 불편함을 나타낼 수 있다.

특별한 의도가 있는 경우를 제외하고는 몸짓언어를 개방적으로 유지하는 데 집중하는 것이 핵심이다.

몸짓언어를 개방적으로 유지하기 위한 한 가지 방법은 양손을 '대화 구역Conversation Zone' 안에 두는 것이다.

대화 구역

몸의 중앙에 보이지 않는 상자가 하나 있다고 상상해보자. 이 상자는 가슴부터 배꼽, 한쪽 늑골부터 다른 쪽 늑골에 이르고 '대화 구역' 또는 '대화 상자'로 불린다. 손짓을 할 때는 양손을 이 보이지 않는 상자가 차지하는 공간 주변에 두도록 신경 써라. 너무 큰 손동작은 압도적이고 위협적일 수 있다. 대화에 끼지 않은 주변 사람들에게는 당신이 공격적이거나 고함치는 것으로 보일 수 있을 것이다. 보이지 않는 상자 밑이나 내부에서 아주 작은 손짓을 사용하면 청중에게도 손짓이 보이지 않고 당신이 불편해한다는 인상을 주어 의도치 않게 당신의 존재감을 작아지게 만들 수도 있다.

이것 말고도 당신의 인상을 해치지 않는 손짓 활용법 두 가지를 더 추천한다.

방법 1: 의도된 동작을 사용하라.

의도된 손동작을 사용해 언어적 메시지를 뒷받침하라. 몇 가지 예시를 소개한다.

- 비교하기

  왼쪽 손바닥을 위로 향하며 = "1분기 수익과…"

  오른쪽 손바닥을 위로 향하며 = "2분기 수익을 비교해 봅시다."
- 높이나 너비, 길이 보여주기
- 허공에 대고 안건 목록 열거하기
- 손가락을 사용해 요점이나 숫자 강조하기
- 양손 손바닥을 위로 향하고 동시에 수평으로 움직여 시작 지점과 끝나는 지점 보여주기
- 허공에 대고 어떤 모양의 윤곽 그리기

의도적이고 의미 있는 손동작은 발표 내용을 시각적으로 뒷받침한다. 이 전략은 청중의 관심과 이해도, 참여율을 높일 수 있다. 반지를 만지작거리는 행동처럼 긴장해서 안절부절 못하는 모습이나 그밖에 인상을 해치는 버릇을 드러내지 않는 훌륭한 방법이기도 하다. 발표자의 긴장한 모습 혹은 인상을 해치는 행동은 듣는 이의 집중을 방해하거나 발표자가 전달하는 메시지의 가치를 떨어뜨릴 수도 있다.

방법 2: 손에 업무와 관련된 닻을 쥐고 있어라.

업무와 관련된 '닻anchor'이란 서류 받침, 표지가 두꺼운 스프링 노트, 바인더, 메모 패드, 노트 패드 등 단단하고 안정된 구

조를 가진 물건을 가리킨다. 배의 닻과 비슷하게 업무와 관련된 닻도 몸의 한쪽 면을 무겁게 내리눌러 정지하게 한다. 손에 닻을 쥐고 있으면 몸짓언어를 개방적으로 할 수 있고 지나치게 흥분된 에너지를 덜어내며 전문가다운 방식으로 노트를 참조하는 데 도움이 된다. 사람들 앞에서 프레젠테이션을 할 때 자신감이 더 커 보이며 앉아 있을 때 힘없는 자세를 취하는 것을 방지한다.

서있을 때는 닻을 손으로 받쳐 팔꿈치 안쪽에, 몸 옆으로 편안히 수직이 되게 둔다. 아니면 엄지와 검지 사이의 물갈퀴 모양 부분에 닿도록 깊숙이 잡고 몸 옆으로 늘어뜨려도 된다. 닻을 몸 앞에 두거나 양팔로 끌어안지 않도록 하자. 이런 행동은 결과적으로 자세를 망친다. 사람들 앞에 서있기 불편해서 시각적 장벽 뒤에 숨으려는 것으로 보일 수도 있다.

회의의 격식과 상황에 따라, 커피나 물을 들고 있는 것이 몸을 펴고 긴장감을 줄이는 데 적절하고 효과적일 수도 있다. 당신이 프레젠테이션을 하는 경우, 프레젠테이션 리모컨을 닻으로 사용하는 것도 훌륭한 선택 방안이다.

닻을 고를 때 피해야 하는 물건도 몇 가지 있다.

- **의미 없는 물건** 색인카드나 낱장으로 이루어진 종이, 작은 노트는 중요해보이지도 않는 데다가 몸의 움직임을 부자연스럽게 만들어서 안

정적으로 보이지 않는다.

- **전자기기** 기술이 주도하는 세상에서 온종일 손에 휴대전화를 들고 있거나 노트북 또는 태블릿PC를 갖고 다니는 건 매우 흔한 일이다. 그런데 전자기기는 산만함을 뜻하는 말이 되기도 했다. 따라서 당신이 회의 내용을 기록하려고 노트북을 사용할 때조차 주변 사람들은 "정말로 회의 내용을 기록하는 걸까 아니면 회의 도중 확인한 이메일에 답장을 쓰는 걸까?"라고 의심할지 모른다. 발언자를 바라보고 그의 말을 경청하기를 모든 사람이 바라는 상황에 갑자기 오해와 불쾌함까지 더해지는 것이다.

  전자기기를 닻으로 사용하는 것을 피하라. 사람들은 첨단기기와 당신의 관심을 두고 경쟁하고 있다는 느낌을 받을 수 있다. 하찮은 존재 혹은 기계보다 못한 존재라는 느낌은 그런 느낌을 받은 당사자가 당신과 교류하는 방식을 바꿀 만큼 강력할 수 있다.

- **펜** 말하거나 발표하면서 불편함을 느낄 때 닻으로 펜은 쓰지 않는 것이 좋다. 긴장감 때문에 무의식적으로 펜을 만지작거리며 딸깍 소리를 내게 될 수도 있다. 보통 이런 소리는 사람들을 매우 짜증나게 하고 주의를 산만하게 해서 발표 내용에 집중하지 못하게 한다. 게다가 자신도 모르게 펜으로 누군가를 가리킬 수도 있는데, 이런 행동은 청중에게 반감을 일으킨다.

이제 신체를 이용해 자신감을 나타내는 동시에 타인과 친분을 형성하는 데에도 도움이 될 수 있는 변화로 넘어가보자.

미묘한 변화 2: 펼친 손을 이용하라.

정중하고 세심한 사람으로 보이고 싶다면 누군가 혹은 무언가를 가리킬 때 손가락 대신 손을 펼쳐서 사용하라. 펼친 손은 공격적이지 않고 세심한 배려와 포용력을 나타낸다.

많은 사람들이 타인을 가리킬 때 손가락을 사용한다. 강연 도중에 누군가가 몸짓언어와 몸동작에 대한 주제를 꺼내면 나는 그에게 자신을 손가락으로 가리킬 때 어떤 기분인지 묻는다. 대답은 늘 비슷하다. 개인 공간에 대해 언급하는 사람도 있고, 뒤로 물러나고 싶다는 사람도 있다. 따돌림을 당하거나 짜증스럽거나 지목 당했다고 느끼기도 한다.

손가락으로 가리키는 것은 보통은 악의 없는 행동이지만, 의도치 않게 다른 사람의 오해를 불러일으킬 수 있다. 많은 사람이 이 행동을 긍정적 혹은 선의로 한 말이나 질문에 모순될 수 있는 공격적인 버릇으로 여기기 때문이다. 모순되는 메시지는 실제로 발언의 영향력을 떨어뜨릴 수 있고 의사소통을 잘못된 방향으로 이끌어 친분 형성이 어려워진다. 정확하고 효과적인 메시지를 전달하려면 비언어적 의사소통과 단어 선택과 음성 전달이 모두 일관되어야 한다.

당신이 사용하는 비언어적 의사소통 중 상대방에게 더 편안한 느낌을
줄 수 있게 바꿔볼 만한 표정이나 손동작이 있는가?

자세

몸짓언어 중 세 번째 요소는 자세, 즉 몸을 다루는 방식이다.

세상을 구하기 위해 변신을 마치고 공중전화 박스에서 나오
는 슈퍼맨은 몸을 웅크리지 않는다. 어깨를 움츠리고 고개를
숙이고 손을 모으고 발을 교차한 채 "세상을 구하겠다!"라 외
친다고 상상해보라.

슈퍼맨은 자신이 차지하는 공간에서 더 크고 더 강력해 보이
도록 몸을 쫙 편다. 당당히 서서 어깨를 뒤로 젖히고 불끈 쥔
주먹을 엉덩이에 얹는다. 다리를 힘차게 뻗고 고개를 치켜든다.
자세와 신체적 존재감은 좋은 인상의 핵심 요소이며 사람들이
당신을 기억하는 데 결정적인 역할을 한다.

모든 사람은 내면에 에너지를 갖고 있다. 우리가 내면의 에
너지를 분명하고 특별한 계획 없이 내버려두면 의도치 않게 긴
장감이나 불편함으로 나타날 수도 있다. 이런 무의식적 경향은

나쁜 버릇이나 습관이 되어 당신의 인상을 해칠지도 모른다. 당당하고 침착하고 적극적으로 보이도록 자세를 바꿀 수 있는 방법들을 살펴보자.

선 자세

어깨를 쫙 펴고 발을 땅에 단단히 딛은 채 체중을 고르게 싣고 서 있는 모습에서는 자신감이 느껴진다. 몸으로 '표현'하지 않으면 당신을 보는 사람들은 당신이 불편하거나 떨고 있을 수도 있다는 사실을 전혀 모른다.

'양손이 서로 닿지 않게 하라'는 말은 서 있을 때 다리에도 적용될 수 있다. 나는 한쪽 다리를 다른 쪽 다리와 교차해 선 자세를 '프레첼(매듭·막대 모양의 짭짤한 비스킷 — 옮긴이) 다리'라고 부른다. 사진을 찍으려는 게 아니라면, 이런 자세는 존재감을 작아지게 만들고 인상을 해칠 수 있다. 피해야 하는 다른 자세들도 있다. 흔히 불편하거나 긴장해서 자신도 모르게 취하게 되는 자세다.

- 한쪽 엉덩이에 기대어 비스듬히 서기
- 두 발목을 붙이고 서기. 이럴 경우 발 간격이나 발을 딛는 구역이 훨씬 더 좁아진다.

일터의 대화법

- 몸을 계속해서 움직이거나 흔들기

- 발을 꼼지락거리기

- 딱딱하게 서 있기

'가만히 서 있기' 대 '딱딱하게 서 있기'

가만히 선 자세는 편안함과 차분함 그리고 집중된 에너지를 반영한다. 또한 움직일 이유가 생길 때까지 당신이 자기 몸을 잘 통제하고 있다는 것을 보여준다. 이 자세는 당당하고 열성적인 태도를 유지하도록 도와주고 청중을 발언 내용에 집중시킨다. 시각적으로 주의를 산만하게 하는 것은 아무것도 없다. 딱딱하게 선 자세는 불편과 초조, 어색함을 반영하며 부자연스러운 움직임과 긴장한 몸, 형식적 표정을 통해 드러나는 경우가 많다.

당당하게 열린 자세를 보이고 존재감을 해치지 않기 위한 한 가지 방법은 '힘찬 자세 취하기Power Posing'라는 개념을 연습하는 것이다.

힘찬 자세 취하기

사회심리학자 에이미 커디는 약 2분 동안 자세를 힘차게 유지하고 나면 더 당당한 인상을 만들어낼 수 있다고 말한다.[2] 직접 연습을 해봤는데, 나는 이 기법의 근본적인 원리에 동의하게 되었다. 이 자세는 몸과 마음을 차분하게 하고 내면의 에너지를 중앙으로 모아준다. 침착하고 집중력 있는 태도와 함께 능력과 자신감, 신뢰성을 나타낼 수 있게 돕는다. 두 발을 어깨 너비보다 약간 좁게 벌리는 것으로 시작하라. 체중을 양쪽 다리에 고루 나누고 두 손으로 주먹을 쥔 다음 그 주먹을 엉덩이에 얹는다. 이 때 팔은 '날개' 형태를 만들어내게 된다. 이 날개를 양옆으로 향하게 한 뒤 단단히 고정하고, 그 다음 고개를 치켜들며 당당하게 선다.

에이미 커디가 힘찬 자세 취하기에 대한 연구 결과를 발표한 이후로 연구의 타당성에 대해서는 현재 약간의 논란이 있다. 그의 의견에 동의하든 안 하든 중요한 회의나 강연, 긴장되는 협상 전에 '힘찬 자세'를 시도해보라. 그리고 이 방법이 당신의 마음가짐과 신체에 변화를 주는지, 당신에게 어떤 영향을 미치는지 확인하라.

👆 한 뼘 더

당신은 어떤 상황에서 초조한가?
누구와 있을 때 자신감이 제일 많이 필요한가?
긍정적인 마음으로 자신감을 발휘하기 위한 당신의 전략은 무엇인가?

일터의 대화법

주문mantra, 呪文을 외우는 것도 힘찬 자세를 취하며 몸과 마음을 준비하는 데 도움이 된다. 이 강력한 말의 목표는 당당하게 최선을 다하도록 자신을 격려하는 것이다. 주문을 만들 때는 다음과 같이 긍정적인 맥락으로 표현하라.

"할 수 있어."
"전에도 잘 해냈으니까 이번에도 할 수 있을 거야."
"일에 뛰어들어. 힘내, 이 일의 지배자는 너야. 이 일은 네 거라고."

부정적인 말이나 자신이 하지 않을 일은 넣지 마라.

"이건 아무것도 아니야."
"걱정하지 않을 거야."
"지금은 어떤 나쁜 생각도 해선 안 돼."

지지와 인정, 긍정적인 격려로 당신의 몸과 마음을 감싸라. 통제력과 침착함, 자신감을 느낄 때까지 필요한 만큼 오랫동안 힘찬 자세를 취하며 주문을 생각하거나 외워라.

○━━

몸은 생각하는 대로 반응한다.

앉은 자세

선 자세와 마찬가지로 앉은 자세와 자리 또한 아주 많은 정보를 전달한다.

자세 잡기

- 구부정하거나 너무 편한 자세는 피하라. 의자 등받이에 기대지 말고 몸을 약간 앞으로 기울여라.

- 탁자 가장자리에서 30㎝ 정도 떨어져 앉는 것이 가장 좋다. 대략 손목과 팔꿈치 사이의 거리다. 이 공간은 시각적 장벽 뒤에 갇히는 것을 막고 당신의 모습을 더 많이 드러날 수 있게 해서 존재감을 키운다.

- 발을 바닥에 단단히 고정해도 되고 다리를 꼬아도 된다. 둘 중 당신에게 가장 편한 자세를 취하라. 다리를 곧게 세워 꼬는 자세는 몸을 똑바로 세우게 해서 매우 딱딱하다는 인상을 줄 수도 있다. 다리를 꼰 뒤 한쪽으로 기울여보라. 그러면 좀 더 편안한 자세를 취하고도 여전히

적극적인 자세를 취할 수 있다.

- 의자 팔걸이를 이용하거나 노트나 커피 잔 같은 닻을 책상에 놓아 '양 손이 닿지 않게' 유지한다. 손이 닿는 곳에 닻을 두면 가끔 무릎 외에 의식적으로 손을 둘 또 다른 지점이 마련된다. 이 방법은 두 손으로 깍 지를 껴서 무릎에 놓는 대신 차분하고 열성적이고 열린 자세를 유지하 는 데 도움이 될 수 있다.

자리 선택과 배치

- 회의 장소에 일찍 도착하면 원하는 자리를 선택할 수 있다. 회의실에 들어오는 사람들과 담소를 나누며 친분을 형성할 수도 있고, 회의가 시작하기 전에 잠깐 최신 정보를 교환하는 것도 가능하다.
- 구석 자리나 벽 쪽은 피하라. 그런 자리에 앉으면 잘 보이지 않아 대화 의 흐름에서 소외되기 쉽다.

가까움에서 생기는 존재감

- 지도자나 유명 인사, 중요한 참가자 옆에 앉을 기회를 찾아라. 가까이 있는 것만으로도 위신을 세울 수 있다.

좌석의 질과 높이

- 높이 조절이 가능한 의자라면 발이 바닥에 닿은 상태에서 최대한 편 안한 지점까지 의자를 높여라.

- 키가 작다면, 발을 대롱거리게 두거나 의자 다리에 얹는 것을 피하라. 그런 모습은 당신을 더 작아보이게 한다.

앉아 있든 서 있든 상관없이 이런 자세에 흔히 동반되는 자세가 바로 팔짱 끼기다. 이는 무의식적으로 하는 경우도 많고 잘못 해석되는 경우도 많다. (《여기서 꿀팁!》을 참고)

💡 **여기서 꿀팁!**

팔짱을 끼는 자세

수년 동안 만나온 많은 세미나 참가자들은 추워서, 혹은 편안해서 팔짱을 끼게 된다고 말했다. 이해는 된다. 하지만 염려스러운 점은 사람들이 이 자세를 늘 그런 식으로 해석하지는 않는다는 사실이다. 실제로 수백 명의 참가자는 팔짱이 방어적이고 다가가기 힘든 자세로 느껴진다고 응답했다. 팔짱 낀 사람을 짜증이 났거나 관심이 없거나 쌀쌀맞아 보인다고도 답했다. 만약 당신이 리더의 위치라면, 팔짱을 끼는 자세는 당신이 불만을 느끼거나 언짢거나 못마땅해 한다는 신호를 보낼 수도 있다. 혹은 당신을 위협적으로 보이게 해서 팀원들과의 관계에 분열을 일으킬 수 있을 것이다.

🔑━━

어떤 자세든, 당신이 원하는 인상을 뒷받침하는 자세를 의식적으로 선택하는 것이 중요하다.

움직임

몸짓언어의 마지막 요소는 움직임이다.

움직임의 속도가 일정해야 한다. 그런 움직임은 자신감과 집중력이 있다는 인상을 주고 모든 일이 잘 되어 간다는 평온함을 전달한다. 늘 바쁘게 뛰어다니는 모습을 보이면 체계적이지 못하거나 성급하거나 극성맞다는 꼬리표가 붙을 수도 있다. 반대로 너무 천천히 움직이면 무관심하거나 주도력이 부족하고 일처리가 느리다는 인상을 풍길 수도 있다. 극단적 행동에는 오해가 따르게 마련이다. 게다가 사람들은 당신이 움직이는 모습만으로 이런 특징들을 추정한다.

○━━

목적을 가지고 움직이는 것이 핵심이다.

당신의 몸짓언어는 어떤 정보를 전달하는가?
당신이 보내는 비언어적 메시지에 대해 피드백을 받아본 적이 있는가?
당신이 선택해 사용하고 있는 몸짓언어 중에 당신의 인상을 해칠만한
것이 있는가?

몸짓언어와 존재감은 당신이 말하기도 전에 벌써 메시지를
보낸다. 사람들이 당신의 자신감과 역량, 직업 의식을 판단하
는 데에도 근거가 된다.

질의응답   Q & A

비언어적 의사소통에 관해 자주 받는 질문들을 소개한다.

1. "가만히 있으면 화나 보인다고 해요. 어떻게 해야 하죠?"

자연스럽게 무표정한 얼굴로 있는데도 사람들에게 화났거나
짜증난 것으로 오해받는 사람들이 있다. 그들은 이런 얼굴
에 '뚱한 얼굴RBF, Resting B*tch Face'이라는 별칭을 붙였다.
내가 줄 수 있는 조언은 더 많이 미소 짓고 잡담에 참여하고

더 부드러운 시선으로 바라보려고 의식적으로 노력하라는
것이다. 이런 변화가 당신에 대한 혹은 당신의 강렬한 표정
에 대한 오해를 줄여줄 것이다.

2. **"회의에 지각했을 때 체계적이지 못하거나 산만한 사람으로 오해
받고 싶지 않다면 어떻게 해야 하나요?"**

회의에 늦었다면 문 앞까지 뛰어간 다음 차분하고 당당하게
조용히 걸어서 들어가라. 늦은 것에 대해 사과해야 할지 말
지는 회의실 안의 상황에 따라 결정된다. 동료들이 회의를
시작하기 위해 당신을 기다리는 중이라면 당연히 사과해야
한다. 그러나 이미 토론이 진행 중이라면 사후에 간단히 회
의 주최자에게 당신이 늦었다는 것을 인정하는 것으로 충분
할 수도 있다.(4장, '사과하기' vs. '인정하기' 부분을 참고) 어쨌든
절대로 예민하거나 성급한 모습을 보이지 말고 차분함과 침
착함을 유지해야 한다.

3. **"원래 잘 웃지 않는 사람이라면 어떻게 해야 미소를 더 많이 지
을 수 있을까요?"**

진심 어린 미소는 긴장을 완화하고 주변 사람의 마음을 편
안하게 만들 수 있다. 당신이 상냥하고 다가가기 쉬운 사람
이라는 것도 보여준다. 가능하면 옅은 미소를 띠고 좀 더 다

가가기 쉬운 얼굴 표정과 상냥한 태도를 나타내보자. 그 과정에서 저절로 미소를 짓게 될 수도 있다. 혹은 미소를 짓고 있지 않은 상황을 표정과 태도로 보완할 수도 있다. 진심 어린 미소를 짓거나 쉽게 말을 걸 수 있는 기회로 다음과 같은 상황이 있다.

- 사람들을 만날 때
- 자신을 소개할 때
- 여러 사람이 참여하는 대화에 낄 때와 그런 대화에서 빠질 때
- 프레젠테이션을 시작과 끝 혹은 질의응답 순서에서
- "여러분과 이런 좋은 소식을 공유하게 되어 기쁩니다."처럼 긍정적인 내용을 말할 때

4. "얼굴표정에 대한 말이 나온 김에 화장과 관련된 주제에 대해서는 어떻게 생각하나요?"

화장은 자신의 이목구비를 강조할 수 있는 멋진 방법이다. 세련된 외모를 만들어내고 당신이 전체적 외모에 세심히 신경 썼다는 사실을 알린다. 화장을 꼭 해야 할까? 그렇지는 않다. 다양한 외모를 연출해보고 싶다면 유튜브에서 유명 메이크업아티스트가 올린 영상을 찾아볼 수도 있다. 아니면 백화점의 화장품 판매대를 출발점으로 삼는 것이 덜 부담스러울지도 모르겠다.

지금까지 첫인상과 인지, 타인에게 심어주고 싶은 정확한 인상을 만들어내는 법 그리고 신체를 이용해 자신감과 존재감을 나타내는 법에 대해 탐구해보았다. 이제 언어적 의사소통을 활용해 그 인상을 유지해보자.

4장

의도에 맞게 말하기

THE COMMUNICATION HABIT

정확한 단어가
효과적일 수도 있지만,
어떤 단어도 시기적절한 '멈춤'만큼
효과적이지는 않다.

마크 트웨인Mark Twain
미국의 소설가이자 언론인

앞에서 우리는 대면 의사소통 방식 중 첫 번째로 비언어적 의사소통을 살펴보았다. 이번 장에서는 다른 두 방법인 음성 전달과 단어 선택에 초점을 맞출 것이다.

누군가가 본인의 생각을 엉망으로 늘어놓는다거나 연신 '미안하다'고 말하는 것을 보고 당혹스러웠던 적이 있다면, 그때 당신은 음성 전달과 단어 선택이 인지에 미칠 수 있는 영향을 알아챈 것이다. 목소리와 말의 내용에 따라 당신이 원하는 인상을 즉시 뒷받침하거나 해칠 수 있다. 음성 전달법과 단어 선택법을 알고 있으면 청중의 관심을 휘어잡거나 당신의 생각을 누군가에게 설득하거나 외교적이고 재치 있는 사람으로 보이고자 할 때 큰 도움이 된다.

당신은 자신감 있고 목적에 맞게 의사소통하는가?

당신에게 해당하는 대답에 동그라미를 쳐라.

1. 일정한 속도로 말하는가?

    전혀 그렇지 않다.　　가끔 그렇다.　　늘 그렇다.

2. "…일 걸?", "…인 느낌이 들어.", "…인 것 같아."라는 표현을 사용하는가?

    전혀 그렇지 않다.　　가끔 그렇다.　　늘 그렇다.

3. 상황이나 장소, 사람에 따라 의식적으로 성량을 조절하는가?

    전혀 그렇지 않다.　　가끔 그렇다.　　늘 그렇다.

4. 마치 질문하는 것처럼 말끝에서 자신도 모르게 음성을 높이는 경우가 자주 있는가?

    전혀 그렇지 않다.　　가끔 그렇다.　　늘 그렇다.

5. 사과를 지나치게 많이 하는가?

    전혀 그렇지 않다.　　가끔 그렇다.　　늘 그렇다.

6. 또렷하게 들리도록 전체 단어나 구절에 두루 힘을 싣는가?

    전혀 그렇지 않다.　　가끔 그렇다.　　늘 그렇다.

7. "음", "기본적으로", "말하자면", "그래서" 같은 추임새filler words를 사용하는가?

    전혀 그렇지 않다.　　가끔 그렇다.　　늘 그렇다.

8. 설명을 너무 많이 하는가?

    전혀 그렇지 않다.　　가끔 그렇다.　　늘 그렇다.

9. 청중의 주의를 쉽게 끄는가?

    전혀 그렇지 않다.　　가끔 그렇다.　　늘 그렇다.

당신이 사용하는 의사소통 방식의 한 측면이 가끔 자신감과 역량을 포함한 당신의 전반적 인상에 영향을 미칠 수 있다. 따라서 언어적 측면에서 타인이 당신을 어떻게 인지하는지 아는 게 중요하다.

한 뼘 더

사람들은 당신의 의사소통 방식을 어떻게 인지하는가?
사람들이 당신을 묘사할 때 사용할 법한 구문에 동그라미를 쳐보자.

> 자신 없는 목소리다.
> 어조가 공격적이다.
> 너무 감정적이다.
> 단조로운 목소리로 말한다.
> 너무 직설적이다.
> 목소리가 작다.
> 지나치게 세심하다.
> 반응이 빠르다.
> 매우 빠르게 말한다.

위의 두 평가에서 자신의 인상을 해칠 수도 있는 영역뿐 아니라 장점에도 주목하자.

이 장에서는 당신의 의사소통을 뒷받침하거나 방해할 수 있는 여섯 가지 음성 전달 요소를 살펴볼 것이다. 그런 다음 당신의 메시지에 부정적 영향을 미치는 상용어와 상용 문구에 초점을 맞출 것이다. 목적에 맞게 말하고 긍정적 인상을 주는 주요 전략도 다룬다. 이제 시작해보자.

음성의 가시성

나는 '음성의 가시성可視性, visibility'을 '음성의 존재감'이라고도 부른다. 이 존재감은 시각적인 존재감만큼 중요하다. 음성 전달을 구성하는 여섯 가지 요소는 당신의 자신감과 명확성, 사교술을 사람들에게 즉각 전달할 수도 있고 당신이 전하는 메시지의 영향력을 축소시킬 수도 있다.

1. 높이
2. 속도
3. 어조
4. 억양
5. 발음
6. 성량

이 여섯 가지 음성 전달 요소와 각각의 중요성을 구체적으로 밝혀보자.

1. 높이Pitch ― 당신의 목소리는 얼마나 높은가 혹은 낮은가

음성의 높이는 듣는 이의 주의를 끌고, 분위기를 약간 가볍게 하고, 질문을 나타내며, 말에 신뢰와 무게감을 주는 데 전략적으로 사용할 수 있다.

일터에서 사람들은 계속 높은 음성으로 말하는 동료보다 비교적 자연스러운 음성으로 말하는 동료를 더 진지하게 대한다. 우리의 목표는 바로 그 자연스러운 높이를 찾는 것이다. 당신이 자신의 음성 높이를 바꾸고 싶다면, 바꿀 수 있다. 게다가 그런 사람은 당신뿐이 아니다. 배우와 뉴스 진행자 그리고 사업가도 자신이 원하는 인상 혹은 연기하는 역할에 맞추어 음성 높이를 바꾸는 지도를 받는 경우가 많다.

음성 높이 바꾸기

자신의 자연스러운 음성 높이를 모를 때 시도할 수 있는 한가지 방법은 입을 다물고 코로 소리를 낸 뒤 같은 높이로 몇 문장을 말하는 것이다. 이때 들리는 소리가 당신의 자연스러운 음성일 가능성이 크다. 높이를 바꾸고 싶다면 입을 다문 채 코로 더 높게 혹은 더 낮게 소리를 낸 뒤 같은 높이로 말해보자.

음성 높이와 관련하여, 평서문의 끝을 올려 말하는 '업토크uptalk'에 대해 알아두는 것도 중요하다. 업토크는 '업스윙upswing'으로 불리기도 한다.

업토크

이것은 발언자가 문장의 끝을 높게 올려 질문으로 바꾸는 발성 습관이다. 문장이 질문이어서는 안 되는 경우라면 업토크는 당신이 하는 말의 중요성과 영향력을 떨어뜨릴 수 있다. 자신이 전하고자 하는 바로 그 메시지에 의문을 제기하는 것으로 보일 수 있기 때문이다.

업토크는 초조하거나 불안하거나 확신이 없는 상황에서 자주 무의식적으로 나타난다. 신뢰를 형성하거나 아이디어를 내거나 보상금 협상처럼 어려운 대화를 시도할 때 특히 업토크가 인상을 해칠 수 있다. 또한 너무 자주 쓰면 청중에게 짜증을 유발해 주의를 분산시키고 흥미를 잃게 할 수 있다.

―○━━

적절한 음성 높이는 당신이 의도하는 메시지를 바르게 전달할 수 있도록 뒷받침한다.

일터의 대화법

2. 속도 Pace — 당신의 말하기 속도는 빠른가, 느린가?

말하는 속도를 전략적으로 조절하면 청중의 주의를 끌고 활기를 북돋우며 중요한 내용을 강조할 수 있다. 발언 내용의 흐름과 청중의 이해력도 일정하게 유지한다. 지역과 직업은 말의 속도에 큰 영향을 미친다.

말하는 속도 측정하기

사람은 평균적으로 1분에 125단어에서 150단어를 말한다. 아래의 기준은 자연스러운 말하기 속도를 측정할 때 참고가 될 수 있다.

- 느림: 분당 110단어 미만

- 일상 대화 속도: 분당 120~150단어

- 빠름: 분당 160단어 이상

비교해보면 라디오 진행자는 분당 150~160단어를 말하고 경매인과 스포츠 중계자는 분당 250~400단어를 말한다.[1]

빠른 속도로 말하는 것은 자신감과 지식, 열정과 신뢰성을 나타낸다. 그러나 발언자가 초조하거나 불편하거나 거만하게 보일 수도 있다. 은연중에 청중에게 시간을 들일만한 메시지가 아니라는 느낌을 전달할 수 있으며 심지어 발언자가 그 자리에 있고 싶어 하지 않는다는 느낌마저 줄 수 있다. 말이 너무 빠른 사람은 웅얼거리는 것처럼 들리기도 한다. 단어가 명확성을 잃는데다 문장은 섞이고 구절은 빠지기 시작하며 말끝이 사라지기 때문이다. 복잡한 정보를 지나치게 빠른 속도로 말하면 발언 내용이 가치를 잃게 되고 음성 전달이 단조롭거나 잘난체하는 것으로 들릴 수 있다.

반대로 비교적 느린 속도로 말하는 것은 신중함과 성의, 공감과 신뢰를 나타낼 수 있다. 또한 청중이 흥미를 빨리 잃거나 발언자의 자신감에 의문을 제기할 수 있다. 흐름을 따라가지 못해 메시지를 이해하기가 너무 어려워지면 청중이 내용의 타당성을 의심하게 될 수도 있다.

속도를 전략적으로 이용해야 한다. 다양성이 발언 내용에 생기를 불어넣어 청중의 참여를 이끌어낼 수 있기 때문이다.

O—┅

청중의 성향과 발표자의 궁극적 목표에 맞추어 일정한
속도로 말하는 것이 핵심이다.

속도 바꾸기
중간에 말을 멈춰서 속도를 높이거나 줄이는 방법을 알고 있으면 더 큰 효과를 낼 수 있다.

멈추기

멈추기에는 적극적 멈추기와 소극적 멈추기가 있다.

'소극적 멈추기'는 대개 망설여서 생기며, 의도된 것이 아니다. 이럴 경우, 당신은 말을 멈추고 다음에 말할 내용을 '찾고 있는' 것처럼 보인다. 할 말을 잊어버리거나 무슨 말을 해야 할지 모르거나 긴장한 상태라면 소극적 멈추기를 경험할 수도 있다.

'적극적 멈추기'는 의도적으로 말을 멈추는 경우다. 청중에게 미소를 짓고 친밀감을 쌓거나 중요한 개념 강조하고 청중에게 당신의 말을 음미할 시간을 주는 등 특정한 목적을 가진다. 적극적 멈추기를 전략적으로 배치하면 청중의 참여를 높일 뿐 아니라 당신이 발표 내용과 전달을 잘 통제하고 있다는 사실도 나타낼 수 있다.

멈추지 않고 계속 말하면, 대화를 독점하거나 독백을 늘어놓거나 쉴 새 없이 떠드는 강연자로 보일지도 모른다. 게다가 들은 내용을 처리할 시간도 주지 않고 그저 받아들이도록 청중을 몰아붙인다면 대다수는 지치고 힘들 것이다. 사람들의 정보 처리 속도는 각자 다르다. 따라서 가끔씩 멈춰주면 이처럼 다양한 경청과 학습 방식을 적절히 수용할 수 있다.

속도 줄이기

말하는 속도를 자연스럽게 줄이기 위한 한 가지 방법은 말할 내용을 미리 연습하는 것이다. 자신감이 붙으면 자신이 전할 메시지를 더 잘 제어할 수 있다. 긴장감도 조절할 수 있고 발언 속도를 유지하는 데에도 도움이 된다. 말이 빨라지는 것은 공개적인 자리에 있을 때와 긴장된 상황에 처했을 때 몸이 보이는 자연스러운 반사작용이다.

속도 높이기

말하는 속도를 자연스럽게 높이고 말에 흐름을 만들어내기 위한 전략은 추임새를 빼는 것이다. 상관없는 단어를 추가하는 것은 시간을 빼앗고 문장을 늘어지게 만들고 생각을 흩트린다. 또한 자주 멈추지 말고 대신 전략적으로 멈춰라.

3. 어조Tone — 말 뒤에 숨은 분위기나 감정

어조는 음성 전달 요소 중 가장 많이 오해받는 요소다. 폭넓은 감정을 표현하고 발언자가 정말로 어떻게 느끼는지 즉각적으로 나타낼 수 있다. 어떤 사람들은 목적에 맞추어 어조를 선택한다. 말할 때 자신의 실제 감정을 감출 수 있는 사람이 있는 반면 무의식적으로 내면의 생각과 느낌을 고스란히 드러내는 사람도 있다.

누군가가 당신의 어조를 비판한다면 그것은 당신의 말이 화난 것처럼 들릴 때가 많다는 뜻이다. 그런 어조는 당신이 의도한 것일 수도 있고 아닐 수도 있다. 당신은 그저 완전히 집중한 상태였는지도 모른다. 간결하게 말하거나 빠른 속도로 말한 것일 수도 있고 본래 미소를 잘 짓지 않는 사람일 수도 있다. 이런 행동 하나하나가 즉시 당신의 어조를 성급하거나 적대적이거나 짜증스럽거나 방어적이거나 잘난 체하는 것으로 오해받게 만들 수 있다. 당신이 어조에 대해 지적을 받은 적이 있다면 사람들은 당신을 피하거나 두려워할지도 모른다. 혹은 공격적이거나 무례하거나 다가가기 힘들거나 적대적이라 여길 수도 있다. 따라서 다른 의도가 있는 것이 아니라면 상냥한 어조로 말하도록 노력하라.

당신이 누군가의 어조를 지적한다면 그 사람의 말이 어떻게 들리는지 알려주어야 한다. 그래야 어떤 점이 당신을 불편하게 하는지 상대방이 더 잘 이해한다. 그리고 그 사람이 자신의 음성 전달 방식을 조정하는 계기가 될 수도 있을 것이다.

4. 억양Inflection ― 음성에 다양성 담기

억양은 목소리에 담긴 다양성이다. 속도와 성량은 물론 높이와 어조를 전략적으로 바꿀 때 억양이 생겨난다. 억양은 당신의 말이 흥미롭게 들리도록 돕는다. 말하는 속도를 높여서 주의를 끌기도 하고 어떤 항목을 강조하기 위해 속도를 줄일 수도 있다. 더 잘 들리도록 강한 목소리를 내기도 하고 관심을 사로잡기 위해 경쾌한 어조로 말하기도 한다. 억양은 발언자와 발언 내용에 흥미를 불러일으켜 영향력을 키운다.

목소리에 억양을 더 많이 넣어 말하고 싶다면 다음 방법들을 시도해보라.

- 당신의 음성이 심장 박동 측정기에 연결되었다고 상상해보자. 건강히 살아있을 때 당신의 심장 박동은 그래프의 최고점peak과 최저점valley에 반영된다. 이와 같은 변동성은 당신이 억양을 넣어 말할 때도 적용될 수 있다. 말소리에 변화를 주는 것은 당신의 말을 흥미롭게 들리도록 만드는 데 도움이 된다.
- 중요한 단어를 강조하라. 특정한 단어들을 강조하는 것은 일반적으로 음성 높이에 변화를 일으켜 따분하게 들리지 않도록 도와준다.
- 목소리는 악기와 같다. 당신은 자신이 원하는 소리를 내기 위해 목소리를 조정할 수 있다.

심장 박동 측정기에 반대되는 관점은 당신이 죽었을 때 혹은 활기 없이 들리는 음성을 사용할 때다. 음성에 변화를 거의 주

　　　　　　　일터의 대화법

지 않는 것은 내용을 단조롭게 만든다. 이는 청중의 주의를 끌어야 하는 발언자에겐 죽음이나 마찬가지다.

> ☀️ **여기서 꿀팁!**
>
> **단조로운 목소리**
>
> 억양은 청중의 주의를 단숨에 끌 수 있다. 목소리에 억양이 부족하거나 흥미로운 구석이 거의 없으면 단조롭게 들린다. 활기가 없거나 지루하게 들리는 음성 혹은 기계처럼 딱딱한 음성은 청중의 주의를 끌고 유지하는 능력뿐 아니라 발언자의 영향력까지 해칠 수 있다. 의도한 게 아니라면 단조로운 목소리는 피하라.

━━○━━

청중의 관심을 끌려면 당신도 그만큼 관심을 보여야 한다.

5. 발화Articulation ─ 당신은 얼마나 명확하게 말하는가

최근에 한 고객이 고등학생인 자신의 아들에게 좀 더 명확히 말하는 법을 지도해달라고 내게 부탁했다. 그는 대학 면접을 앞둔 아들에게 좋은 인상을 주는 법을 가르치고 싶었다. 나는 미소를 지으며 이렇게 말했다. "돈은 아껴두고 그냥 미소를 더 많이 지으라고만 말하세요." 고객은 의아한 표정으로 나를 바라봤다. 나는 덧붙였다. "입술이 굳어있으면 말이 나올 공간이 좁아집니다. 미소를 지으면 공간이 열려서 말이 더 자유롭게 나올 수 있고 발음이 개선되는 효과를 낳을 때도 많죠." 게다가 말하는 속도를 늦추는 것에 집중하면 발음하는 데 더 많은 시간이 걸리므로 말소리가 그만큼 더 명확해질 수 있다.

발화 연습을 하고 싶다면 아래와 같이 해보자.

- **각각의 단어에 힘주며 기사 한 꼭지를 큰 소리로 읽어라.** 이와 같은 방식으로 더 천천히 말하는 연습이 가능하다. 단어를 의식적으로 힘주어 발음하기 때문이다. 이런 느낌이 몸에 깊숙이 배게 되면 새로운 습관이 형성될 수 있다.
- **자신의 말을 녹음하라.** 이렇게 하면 당신이 말할 때 사람들이 듣는 것을 당신도 똑같이 들을 수 있다. 녹음을 재생해서 소리가 불명확해지는 부분이나 웅얼거리는 것처럼 들리는 부분을 찾아 그 부분을 수정해서 연습하라.
- **발음하기 힘든 어구tongue twister를 연습하라.** 이 연습을 하다보면 까다로운 운율의 단어를 발음하기 위해 어쩔 수 없이 말하는 속도를 늦추게 될 것이다.

세련된 전문가의 면모를 드러내는 발음에는 두 가지가 있다. 또렷한 발음enunciation과 정확한 발음pronunciation이다.

또렷한 발음

또렷한 발음은 단어의 끝을 확실하게 말하는 것이다. 단어의 끝까지 에너지를 실으면 발언자의 명확성이 높아지고 듣는 이의 이해도가 향상되면서 '음성의 가시성'이 더 높게 형성된다.

단어의 끝이 들리지 않는 것은 에너지가 단어나 문장 끝까지 전달되지 않기 때문이다. 이런 경우, 청중은 당신의 말을 듣기가 훨씬 더 힘들어진다. 이 문제를 해결하기 위한 방법으로는 성량을 꾸준히 유지하기, 숨을 충분히 모아 문장을 편안하게 마무리할 수 있도록 횡격막을 이용해 호흡하기, 뒤에서 누군가가 당신의 말을 빠짐없이 수월하게 듣고 있다고 상상하기가 있다.

정확한 발음

발음의 범주에 속하는 두 번째 요소는 정확한 발음, 즉 단어를 정확하게 말하는 것이다. 단어를 정확하게 말하지 못하면 교육 수준과 지식 그리고 능력에 대한 오해를 받을 수 있다.

6. 성량Volume — 당신은 얼마나 큰 소리로 혹은 작은 소리로 말하는가

큰 소리로 통화하는 현상은 스마트폰 시대의 부산물이다. 어떤 이유에서인지, 사람들은 전화기에 대고 말할 때 훨씬 더 큰 소리로 말한다. 나도 예외는 아니다. 언제 어디서든 전화를 받을 수 있어서 편리하기는 하지만, 이처럼 큰소리로 통화하는 게 늘 적절하거나 편안한 행동은 아니다.

큰 소리로 말하는 사람은 보통 자기 인식이 부족한 사람으로 인지되는 데 반해 작은 소리로 말하는 사람은 자신의 말을 중요하게 여기지 않는 사람으로 보인다. 전략적으로 성량을 조절한다면 더 쉽게 올바른 인상을 만들 수 있을 것이다.

누군가에게 더 큰 성량으로 말해야 한다는 사실을 일깨워주려 할 때는 '더 크게 말해달라고' 요청하는 것을 피하라. '더 크게'라는 표현이 늘 적합한 것은 아니며 발언자가 소심하거나 조용한 성격일 경우 불쾌하게 느낄 수 있다. 그 대신, '더 강한 목소리'를 사용해 달라거나 '더 멀리까지 들리게' 말해달라고 요청하라. 이를테면,

"발표 내용이 잘 들리게 더 강한 목소리로 말해주세요."
"모든 사람이 들을 수 있도록 좀 더 멀리까지 들리게 말해주세요."

성량을 키울 때 효과가 꽤 좋은 두 가지 방법이 있다.

방법 1: 가슴이나 코로 숨 쉬는 대신 횡격막 호흡을 하라. 횡격막 안까지 숨을 깊이 들이쉬면 호흡의 도움을 더 많이 받아 더 강한 목소리를 낼 수

있다. 반대로, 가슴을 이용하는 호흡은 너무 얕아서 말할 때 숨소리가 섞인다. 코로 숨을 쉬면 호흡을 좁은 공간에 유지해서 음성이 높아진다.

방법 2: 가능하면 늘 일어서서 말하라. 일어서면 몸의 중심부가 길게 펴져 숨을 횡격막 안으로 더 많이 들이쉴 수 있고 목소리를 그만큼 더 쉽고 강하게 낼 수 있다.

얼마나 크게, 얼마나 오래 말해야 하는지 유념하여 주변 사람들에게 예의를 지켜라. 특히 개방형 공간이나 공유 공간에서는 더욱 조심해야 한다. 감정이 달아오르거나 흥분하면 무의식적으로 소리가 커진다. 물론 열정과 에너지는 주의를 끄는 데 중요한 역할을 한다. 하지만 누군가는 당신과 같은 에너지를 공유하지 않을 수 있고 당신의 성량이 마음에 들지 않을 수도 있다. 그럴 때 이런 좋은 의도는 왜곡된다. 오히려 당신은 감정적이고 강압적이고 고함치는 사람으로, 어조에 따라서는 공격적인 사람으로 보일 것이다.

당신이 본래 열정적이고 명랑하고 큰 목소리를 가졌다면 자신의 목소리를 밝기 조절이 가능한 전등 스위치 혹은 자동차의 속도계로 상상하라. 100%는 과할 수도 있으니 어떤 사람에게는 당신의 성량을 70%로, 또 다른 사람에게는 40%로 줄여야 한다.

O──★

자신의 성량을 제대로 인식해야 메시지를 효과적으로 전달하고 자신이 원하는 올바른 인상도 뒷받침할 수 있다.

어느 한 가지가 인상을 해칠 때도 가끔 있지만, 여러 측면이 혼합되어 인상을 해치는 경우가 더 흔하다. 어떤 사람이 작은 목소리로 빠르게 말한다면 초조해 하고 자신감 없는 사람으로 보인다. 퉁명스러운 어조로 크게 말하는 사람은 공격적이거나 위압적이거나 약자를 못살게 구는 사람으로 오해받을지도 모른다. 집에 돌아와서도 여전히 일에 정신이 빠진 직장인은 무심코 '업무적인 말투'를 사용해 가족들에게 거리감을 느끼게 하거나 짜증을 불러일으키기도 한다.

☞ 한 뼘 더

당신이 완벽하게 익힌 음성 전달 요소는 어느 것인가?
당신의 음성 전달 방식에서 의사소통에 장애 요인은 무엇인가?

자신의 음성이 어떻게 들리는지 유념하고 음성 전달 요소 여섯 가지를 완전히 익힌다면 메시지를 효과적으로 전달할 수 있다. 이에 힘입어 사람들에게 자신이 원하는 올바른 인상도 심

일터의 대화법

어줄 수 있을 것이다.

매년 전국에 있는 수천 명의 직장인에게 강연하는 나는 그들의 이야기를 듣고 질문에 답하면서 직장에서 나누는 대화와 발생하는 상황에 도움이 될 기회를 얻었다. 그리고 이 과정에서 특정 단어와 구절이 발언 내용의 중요성을 얼마나 키우거나 줄일 수 있는지 깨닫게 되었다. 언어적 의사소통 방법 중 마지막 세 번째는 단어 선택이다.

☞ 한 뼘 더

당신이 사용하는 단어 중에 메시지를 부드럽게 만들거나 아는 체하는 것처럼 들릴까봐 걱정되는 단어가 있는가?

인상을 해치는 단어

어떤 단어를 선택하느냐에 따라 당신의 발언은 힘을 얻을 수도, 의미가 약해질 수도 있다. 말이나 글에서 당신이 선택한 단어가 애매하거나 약하면 메시지의 긴급함이나 중요성을 해칠 수도 있다. 누군가가 말할 때마다 '음', '알다시피'와 같이 의미 없는 추임새를 넣는다면 듣는 이는 집중력이 흐트러져 발언의 핵심 메시지를 듣지 못한다. 업무 장소에서 사용하는 것을 피해야 하는 단어와 구절을 몇 가지 소개한다.

- **피상적인 말.** 실제보다 더 친한 사이로 보이기 위해 사용된다.
- **게으른 말.** 단어 끝을 생략하는 데서 이런 이름이 붙었다.
- **속어.** 속어를 사용하는 것은 여러 업무 환경에서 교양과 직업 의식의 부족을 나타낸다. (이메일에 문자 메시지 은어처럼 지나치게 일상적인 말을 쓰는 경우)
- **부적절하거나 경멸적인 단어와 유머.** 당신의 의도와 상관없이 다른 사람들이 불쾌할 수 있다. 조금이라도 오해받을 만한 단어나 유머는 삼가야 한다.
- **단어 남용.** 어떤 단어나 구문이 짜증이 날 정도로 남용되는 것을 뜻한다.
- **업종이나 직위에 특화된 용어 또는 은어의 남용.** 당신의 업무 환경과 산업에만 있는 특정한 단어를 사용하는 것은 적절하지 않다.
- **부정적인 말과 험담.** 극적인 상황을 만들어 내거나 극적인 분위기를 조성하는 말은 쓸모없을 뿐더러 사람들에게 당신에 대한 올바른 인상을 심어주지도 못할 것이다.
- **발음 실수.** 잘못된 발음은 즉시 당신의 신뢰성을 떨어뜨릴 수 있다.
- **아이들이 쓰는 말.** 이런 말은 당신이 실제보다 더 어리거나 미숙하다

는 느낌을 준다.

당신의 인상을 해치는지 아닌지 확실치 않은 단어와 구문도 있다. 그런 단어와 구문은 다음 범주에 속한다.

지나친 사과	약한 단어
추임새	지우개 단어
자기 파괴적 단어	감정이 실린 단어

이 범주들을 각각 자세히 살펴보자.

지나친 사과

당신은 끊임없이 미안하다고 말하는 사람인가? 아니면 늘 다른 누군가가 잘못한 것도 없는데 미안하다고 말하는 것을 들어서 짜증이 나는가? 그렇다면 당신은 지나친 사과의 덫에 빠진 것이다.

일부 문화권에서는 다양한 이유로 '미안하다'는 말을 사용하며 의미와 빈도에 대한 견해도 다르다. 영국과 일본에서는 대체로 미안하다는 말을 자주 하는 것을 중시한다. 영국인은 미안하다고 말하는 것을 예의바르다고 여기고 일본인은 경의를 표하는 것으로 받아들인다. 반대로 미국적 업무 환경에서 미안하다고 계속 말하는 것은 무의식적인 반응이거나 감정을 의도적으로 누그러뜨리기 위한 행동으로, 유약한 사람이라는 인상을 줄 수 있다.

"앞으로 어… 미안합니다… 20분 동안…"
"그레이스, 미안한데 잠깐 시간 있으면…"
"미안하지만, 질문이 하나 있는데요…"

연구에 따르면, '미안하다sorry'라는 단어의 어원은 고대 영어 단어 'sarig'로 거슬러 올라간다. sarig의 뜻은 '괴로워하는', '슬퍼하는', '슬픔에 찬'이다.[2] 이 의미대로라면 우리는 실수해서 잘못을 바로잡을 필요가 있을 때에만 '미안하다'는 단어를 사용해야 한다. 하지만 오늘날 '미안하다'라는 단어는 '실례하다', '내 탓이다', '불편하다', '무슨 말을 해야 할지 모르다'라는 뜻으로 바뀌었다. 발언자가 생각을 되살리거나 평정을 되찾고자 할 때 자동 응답처럼 나오는 말이 되기도 했다.

'미안하다'는 말은 특히나 업무 환경에서 너무 자주 쓰여서 많은 사람에게 무의미하고 공허한 표현이 되었다. 정말로 사과가 필요할 때는 더욱 그렇다. '미안하다'라는 단어가 추임새가 되어버린 점을 고려하여, 진정한 사과를 확실하게 전달할 수

일터의 대화법

있는 방법들을 특히 눈여겨보자.

- **"미안합니다" 대신 "사과합니다"라는 표현을 사용하라.** "미안합니다"는 과도하게 사용되는 표현이 되었으므로 "사과합니다"라는 표현이 더 많은 의미를 전달하고 더 강력하게 들릴 수 있다.

- **직접 사과하라.** 누군가의 앞에 서서 태도나 행동에 대해 책임을 지는 것은 긴장되는 일이다. 하지만 사과는 관계를 유지하고 관계의 회복과 재형성, 재확립 과정을 촉진하는 좋은 기회이므로 매우 보람 있는 일일 수도 있다. 직접적 상호작용은 다른 의사소통 수단에 없는 치유 기능을 갖고 있다. 강력한 세 가지 신호인 몸짓언어, 음성 전달, 단어 선택이 결합되기 때문이다. 이렇게 결합된 세 가지 신호는 사과를 받는 사람에게 더 강력한 메시지를 보낸다.

- **얼굴을 맞대고 사과할 수 없다면 전화로 사과하라.** 전화로 사과할 수 없다면 기다려라. 이메일로 사과하면 상대방이 당신의 몸짓언어를 볼 수도 음성을 들을 수도 없으므로 효과가 약해진다.

- **개별적으로 사과하라.** 다수의 사람에게 사과해야 한다면 개별적으로 접촉하라. 모든 사람에게 한꺼번에 사과하면 각자 받아들이는 메시지가 달라서 사과의 효과가 약해질 수도 있다. 여러 명이 당신을 면접했을 때 면접 후에 개인 별로 감사 편지를 보내는 것과 마찬가지다. 개별적으로 사과하는 것 또한 자신의 행동이 각자에게 미쳤을지 모를 영향을 당신이 인식했다는 사실을 입증한다.

한 집단에게 혹은 여러 사람 앞에서 한 사람에게 사과해야 하는 상황이 생긴다면 가능한 한 개인적으로 사과하라. 이를 위한 방법으로 눈을 맞추며 사과하기와 각자에게 사과한다고 말하기가 있다.

- **'유효기간'이 있다는 사고방식을 버려라.** 사과해야 한다고 판단되면 이는 해결하거나 수정해야 하는 뭔가 중요한 일이 일어났다는 것을 뜻한다. 이유가 무엇이든 사과하지 못한 채 혹은 사과하지 않기로 한 채 시간이 흘렀다면 늦게라도 사과하는 게 낫다. 맡은 업무가 바뀌었거나 어색하고 민망하게 느껴지거나 상대방이 여전히 그 일에 신경을 쓰는지(여전히 신경 쓸 가능성이 크다.) 모른다 해도 그렇다. 감사 편지처럼 사과에도 유효기간이 없다.

  상대방이 그 일을 그냥 넘겨버렸거나 당신이 그 일을 다시 되새기고 싶지 않거나 당신이 직감하기에 해결될 상황이 아닌 경우도 있다. 이런 경우에는 당신의 판단을 믿어라. 당신이 신중히 생각해서 결정을 내렸고 그 결정을 뒷받침하는 특별한 이유가 있다면 무조건 사과하기보다는 당신이 판단한 대로 행동하는 것이 낫다.

- **사과에 골몰하지 마라.** 사과가 진실하다면 같은 잘못에 대해 계속 사과할 이유는 없다. 그런 행동은 당신을 나약해보이게 하고 많은 사람을 짜증스럽게 한다. 게다가 당신의 취약함을 이용하는 사람이 있을 수도 있다.

- **전달 방식을 숙고하라.** 단어 선택은 몸짓언어 및 음성 전달과 함께 당신의 사과를 의미 있게 만들 것이다.

의미 있는 사과를 전하기 위해서 '사과 양식Apology Template'의 주요 세 단계를 이용해보자. 사과를 받는 사람에게 당신이 상황을 두고 심사숙고했으며 스스로 책임을 지겠다는 의지를 나타낼 수 있다. 당신이 예의 바르고 사려 깊고 자기 인식을 지녔다는 점도 보여준다.

사과 양식

당신이 팀원 두 명과 함께 이번 주 간부 회의에 참석해야 한다고 가정하자. 하지만 당신은 길이 막혀 회의에 빠졌고 팀원들에게도 피해를 주었다. 고위 임원들 앞에서 자신들이 만든 자료를 발표해 능력을 발휘할 기회를 잃었기 때문이다. 게다가 당신의 불참이 팀의 전반적 신뢰성을 반영하는 상황이 됐을 수도 있다. 따라서 사과를 해야 한다.

- 1단계: **구체화하라.** 이름을 부르며 사과하고 이유를 한두 문장으로 확실하게 말하라. 핑계는 대지 마라.

  "앨리, 오늘 아침 간부회의에 빠진 것에 대해 사과하고 싶어요."
- 2단계: **바로잡아라.** 가능하면 당신이 상황을 어떻게 즉시 바로잡을 것인지 말하라. '즉시'가 핵심어다. '즉시'라는 말은 두 가지 요소, 즉 행동과 시간을 나타낸다.

  "발표하기로 했던 조사 자료를 45분 안에 모든 회의 참석자에게 이

메일로 보낼게요."

상황을 바로잡는 것이 불가능할 때도 있다. 그런 경우에는 사과하고 나서 이 사실을 인정하는 것이 중요하다. 사실을 인정하는 것은 당신이 상황의 중요성을 알고 있고 곤란한 대화와 골치 아픈 결과를 처리할 자신감과 원숙함, 직업 의식을 지녔다는 점을 보여준다.

"앨리, 오늘 아침 간부회의에 빠진 것에 대해 사과하고 싶어요. 임원이 오늘 하루만 뉴욕에 있기 때문에 회의에 빠지는 일은 절대 없어야 했는데. 내가 상황을 인식하고 있다는 점을 알아줬으면 좋겠어요."

- **3단계: 방지하라.** 어떻게 재발을 방지할 것인지 구체적으로 밝혀라. 핑계를 대는 것은 상대에게 좌절감을 주고 당신의 메시지를 약하게 만들 수 있으니 피하라. 간단히 사실만 언급해야 한다. 약속한 것은 반드시 지켜야 한다. 그렇지 않으면 진실성과 신뢰도가 의심받게 될 것이다.

"앞으로는 출근 시간대의 교통 혼잡을 피할 수 있게 대중교통을 이용할 겁니다. 그리고 다음 두 회의에는 30분 일찍 도착하겠습니다."

전체 사과
"앨리, 오늘 아침 간부회의에 빠진 것에 대해 사과하고 싶어요. 발표하기로 했던 조사 자료를 45분 안에 모든 회의 참석자에게 이메일로 보낼게요. 앞으로는 출근 시간대의 교통 혼잡을 피할 수 있게 대중교통을 이용할 겁니다. 그리고 다음 두 회의에는 30분 일찍 도착하겠습니다."

일터의 대화법

- **선택사항 - 4단계:** 확인하라. 사과한 후 일의 맥락과 상황의 심각성, 관련 인물에 따라 네 번째 단계를 포함해도 좋다. 사과 받은 사람의 생각을 아는 것이 중요할 수도 있다. 그러려면 위와 같이 구체적으로 사과한 다음 "괜찮아요?" 혹은 "그러면 되겠죠?"라고 물어보라. 질문을 던지면, 상황을 바로잡고 재발을 방지하겠다는 당신의 계획이 충분한지 혹은 그 사람이 당신을 용서할 수 없을 정도로 기분이 상한 상태인지 알게 될 수도 있다. 이렇게 얻은 지식은 앞으로 그 사람과 교류하는 데에 영향을 미칠 수 있을 뿐 아니라 그 사람을 이해하는 데에도 도움이 될 것이다.

⚊⚊

일을 원만히 해결할 방법을 제시해서 친분을 유지하거나 양쪽 모두 상황을 잘 넘어갈 수 있어야 한다.

'사과하기'와 '인정하기' 사이의 차이점을 구별할 줄 알아야 한다. 정확히 사용하면 둘 다 꽤 의미 있는 행동이다. 다른 사람에게 부정적 영향을 미쳤을 때는 사과가 필요하며 그밖에 다른 상호작용에 대해서는 인정하는 것으로 충분하다.

인정하기

인정하는 행위는 당신이 상황의 중요성을 알고 있고 (공식적인 사과가 필요하지 않을 때조차) 자신의 행동을 책임질 자신감과 원숙함, 주도력과 직업 의식을 지녔다는 것을 보여준다. 인정 혹은 사과가 필요한 몇몇 상황을 자세히 살펴보자.

상황 1: 회의에 늦었을 때

당신이 회의에 늦게 도착했고 동료들이 회의를 시작하지 않은 채 당신을 기다렸다면, 늦은 것에 대해 사람들에게 사과하는 것이 적절하다. 사과하지 않으면 그들의 시간이 당신의 시간보다 덜 귀중하다는 의사를 간접적으로 전달하게 될 위험이 있다. 사과하는 방법은 다음과 같다.

"늦은 점 사과드립니다. 이전 회의가 길어졌어요. 기다려주셔서 감사합니다."

사람들이 당신을 기다리지 않고 회의를 시작했다면, 회의가 끝난 뒤 주최자에게 당신이 회의에 늦은 사실을 인정하는 것이 중요하다. 이는 높은 수준의 직업 의식과 함께 회의 주최자에 대한 당신의 존중도 전달할 것이다. 뒤이어 주최자는 상황을 말해준 것에 대해 당신에게 감사를 표할 수도 있다.

"조앤, 내가 회의 시간에 늦은 것 알고 있어요. 이전 회의가 길어졌거든요.

다음에는 회의에서 몇 분 더 일찍 나오도록 할게요."

사과하기나 인정하기에서 가장 중요한 점은 당신이 말하는 단어에 편안함을 느끼는 것이다. 그래야 말이 자연스럽고 솔직하게 들린다. 당신이 '인정하다acknowledge'라는 단어를 자주 쓰지 않는다면, 사용하려고 시도해보라. 때로는 익숙한 것에서 벗어나 무언가 새로운 것을 연습하는 과정에서 기회가 생기고 자기 성장이 이루어지기도 한다. 또 다른 단어로는 '시인하다recognize'도 있다.

"조앤, 내가 회의 시간에 늦었다는 걸 시인하고 싶어요. 이전 회의가 길어졌거든요."

일부 직장인은 '인정하다'와 '시인하다' 대신 '알다realize'를 쓸 수 있는지 질문하기도 한다.

"조앤, 내가 회의 시간에 늦었다는 거 알아요. 이전 회의가 길어졌거든요."

문제해결 과정의 필수요소인 책임요인이 줄어들었다. "_____을 안다"는 "_____을 시인하고 싶다"만큼 마음에서 우러나오는 인식과 배려를 반영하지 못한다. 오히려 "_____을

안다"는 '그걸 알아서 뭘 어쩌겠다는 거지?'라는 생각이 들게 한
다. "_____을 안다"는 타인이 아닌 자신에게 초점을 맞춘 말
이기 때문이다. 사과하거나 인정할 때 당신이 초점을 맞추어야
하는 대상은 타인이다.

상황 2: 다른 사람이 저지른 잘못에 대한 주인의식

당신이 관리하는 팀에서 누군가가 잘못을 저질렀다면, 곧
바로 당신이 사과할 필요는 없다. 당신의 잘못은 아니기 때문
이다.

⊙━ ━━━━━━━━━━━━━━━━━━━━━━━━

당신이 직접 저지른 실수에 대해 주인의식을 가져야 한다.

다른 사람의 실수에 책임을 지면 사람들이 당신에게 떠넘기
기 시작할 수도 있다. 그보다 실수를 수습하는 데 앞장서고 손
해를 막는 것이 훨씬 더 중요하고 유익하다. 실수를 인정하고
즉시 상황을 바로잡으려고 노력해라. 그러려면 독창적으로 생
각하거나 당신의 직무 범위를 넘어서거나 상황을 개선할 방법
을 묻는 것이 필요할 수도 있다.

"안와르, 당신이 우리에게 전화를 건 다음 제때에 회신을 받았는지 확인

하는 과정에서 우리의 실수가 있다고 들었습니다. 이것은 우리가 제공하는 고객 서비스가 아닙니다. 우리 측에서 이 상황을 어떻게 바로잡으면 될까요?"

예문에 "…우리가 실수를 저질렀다고…"로 나와 있다. 특별한 사정이 없다면 누군가를 희생양으로 만들 필요는 없다. 행동을 언급하고 책임을 지우고 사건을 기록하기 위해 내부적으로는 이름을 말해야 할 수는 있을 것이다. 내부에서는 팀원에게 책임을 묻되, 외부적으로는 단합된 태도를 보여야 한다. 이런 접근법은 당신의 우선순위가 책임 전가가 아닌 빠른 문제해결과 고객이라는 점을 입증한다.

관련 인물과 특수한 상황, 어떤 잘못이냐에 따라 누군가의 잘못에 대해 당신이 대신 사과하는 것이 최선이라고 느껴지는 경우도 있을 수 있다. 그런 경우에는 습관에서 나온 자동적 사과가 아니라 신중하게 결정한 의도적 사과라는 점이 변별 요인이 될 것이다.

상황 3: 애도의 뜻 표하기

'sorry'는 이제 잘못을 저질러 다른 사람에게 사과할 때 사용하는 단어로 더 널리 쓰이게 되었다. 따라서 공감이나 애도를 표하고 싶다면, "그런 일을 겪게 되어 유감입니다I'm sorry for your loss"라고 말하는 대신 다음 표현들을 써보자.

- "힘든 시간 동안 마음이나마 함께 하겠습니다."
- "당신이 어떤 심정일지 상상도 안 됩니다."
- "심심한 조의를 표합니다."
- "당신을 생각하며 기도할게요."
- "제 깊은 애도의 뜻을 받아주세요."
- "당신과 당신의 가족에게 깊은 조의를 표합니다."

당신의 잘못 때문에 상대방에게 얼마나 부정적인 영향을 끼쳤는지 잘 알고 있다는 사실을 상대방에게 알리고 싶다면, 공감하는 태도로 사과하거나 인정을 목표로 삼아야 한다.

공감을 담은 사과하기와 인정하기

공감하는 사과는 다음과 같이 표현될 수 있을 것이다.

"내가 우리 팀과 임원들 앞에서 당신의 실수(발언자가 공유한 핵심 메시지)를 지적한 것 때문에 화가 났다(발언자가 말한 감정)는 거 압니다. 그런 상황에서는 나도 속상했을 겁니다. 사과할게요. 앞으로 내 행동을 어떻게 바꿀지 생각해봤어요. 내 생각은…"

일터의 대화법

딱히 사과할 필요는 없어도 무언가 말해야 한다고 느껴진다면, 상황에 대한 공감적 인정이 해결의 열쇠일 수도 있다.

> "_____(발언자가 공유한 핵심 메시지) 때문에 _____(발언자가 말한 감정)한 상태라는 거 이해합니다. 그건 내 의도가 아니었다는 걸 알아줬으면 좋겠어요."

☞ 한 뼘 더

당신이 사과해야 하는 사람이 있는가?
지금까지 언급한 요소를 감안하여 어떻게 사과하고 인정하겠는가?

약한 단어

약한 단어는 발언 내용의 영향력과 가치를 즉시 축소할 수 있다. 그렇게 되면 다른 사람의 눈에 비친 당신의 자신감과 역량도 타격을 입을 것이다. 널리 사용되는 세 가지 예시가 있다.

"_____인 것 같다I think."

> "팀 월례회의 횟수를 줄여야 할 것 같아요."

> "제 장점은 _____ 인 것 같아요."

"＿＿＿일 것이다I believe.**"**

"이번 일로 우리는 고객 앞에 두각을 드러낼 수 있을 겁니다."

"보고서에 나온 숫자로 충분한 설명이 될 겁니다."

"＿＿＿인 느낌이 든다I feel.**"**

"금요일마다 간편한 옷을 입기로 한 것은 잘한 결정이라는 느낌이 듭니다."

"이 일을 계속하지 않으면 문제가 될 수 있다는 느낌이 듭니다."

특정한 업종이나 상황에서는 이런 표현이 적절할 수 있다.

단어를 사용하는 장소와 시간, 즉 목적에 맞게 단어를
선택하는 것이 핵심이다.

이러한 말은 듣는 사람에게 의심이나 불안감을 주고 당신은
우유부단하게 비칠 수 있다. 말할 때 더 당당하고 유능하고 효
과적으로 들리도록 약한 단어를 사용하지 않아야 한다고 하면
가장 많이 나오는 반응은 두 가지다.

"분명한 답을 갖고 있거나 강압적인 사람처럼 보이고 싶지 않아요."

"부드럽게 말하려는 겁니다."

　　　　　　　　　　　　일터의 대화법

충분히 이해한다.

핵심 메시지를 '약한 단어'로 포장하지 않아 그 메시지가 사람들에게 잘 받아들여지지 않으면 이는 심각한 위험처럼 느껴질 수 있다. 이런 염려를 부분적으로 해소하는 방법은 음성 전달을 조정하는 것이다. 이 방법은 강압적이거나 오만하게 들릴지도 모른다는 두려움을 줄일 수 있다. 단어 뒤에 숨은 의도와 의미의 전달 방식 및 음성 전달이 단어 선택과 맞물려 어조를 정한다.

메시지를 전달할 때 음성 전달의 중요성은 이미 강조했으니 이제는 단어 선택에 초점을 맞춰보자. 발언내용의 가치가 낮아지는 것을 피하려면, 약한 단어를 더 실질적인 단어로 바꿔보자. 실질적인 단어는 자연스럽게 말에 무게를 실어주고 확신을 반영한다. 생각을 보여주고 가치를 더한다. 생각에 대한 믿음도 해치지 않는다. 내가 즐겨 쓰는 단어 중에 강함과 겸손함 사이에 균형을 유지해주는 몇몇 단어가 있다. 이 단어들이 위의 세 가지 약한 구절을 대신할 수 있을 것이다.

- 생각thought: "그 문제에 대한 제 생각은…"
- 아이디어idea: "그 조사를 기반으로 했을 때 제 아이디어는…"
- 추천recommendation: "지금까지의 정보를 토대로 추천하는 것은…"
- 제안suggestion: "여기에서 제가 제안하는 것은…"

- 지침guidance: *"모든 사람이 말한 내용을 기반으로 했을 때 제 지침은…"*

- 관점perspective: *"그 일에 대한 제 관점은…"*

약한 단어를 더 많은 실질적인 단어로 바꾸는 것에 주의를 기울이면서, 다음에 나오는 대응과 그에 따라 생겨날 수도 있을 느낌을 비교해보자.

약한 단어 사용 느낌: 불확실함	약한 단어 생략가능한 느낌: 확정적 혹은 강압적	약한 단어 교체의도하는 느낌: 강함과 겸손함
"팀 월례회의 횟수를 줄여야 할 것 같아요."	"팀 월례회의 횟수를 줄여야 합니다."	"제 아이디어는 팀 월례회의 횟수를 줄이자는 것입니다.""제 지침은 우리가 팀 월례회의 횟수를 줄여야 한다는 것입니다."
"이번 일로 우리는 고객에게 두각을 드러낼 수 있을 겁니다."	"이번 일로 우리는 고객에게 두각을 드러낼 수 있습니다."	"제가 생각하기에 이번 일로 우리는 고객에게 두각을 드러낼 수 있습니다.""고객에게 두각을 드러낼 기회는 무엇이든 잡아야 한다는 것이 제 관점입니다."
"이 일을 계속하지 않으면 문제가 될 수 있다는 느낌이 듭니다."	"이 일을 계속하지 않으면 문제가 됩니다."	"제 아이디어는 우리가 이 일을 계속해야 한다는 것입니다.""이 일을 계속하자는 것이 제가 추천하는 방향입니다."

당신은 다음 중 어떤 말을 가장 자주 사용하는가?

"_____인 것 같다."   "_____일 것이다."   "_____인 느낌이 든다."

그 말을 대체하려 한다면 다음 중 어떤 실질적 단어가 어울리겠는가?

생각	아이디어	추천
제안	지침	관점

자신도 모르게 사용하기 쉬운 다른 약한 단어들로 '그냥', '혹시', '바라건대', '추측건대', '일종의', '어쩌면'이 있다.

약한 단어나 구문은 삭제하거나 대체하여 내용에 대해 불필요한 의혹을 없애야 한다. 예를 들면 다음과 같다.

- "~~그냥~~ 5분만 시간 내줄 수 있어요?"

- "~~어쩌면~~ 효과가 있을지도 모를 또 다른 아이디어가 있습니다."

- "~~혹시~~ 만나서 이 숫자들을 더 자세히 살펴볼 수 있을까요?"

- "~~추측건대~~ 이 문제의 해결 방법은 판매 회사에 전화를 거는 겁니다."

- "~~그냥~~ 질문이 하나 있는데요."

- "~~제가 추측하거에~~ 이 사람은 매우 중요한 고객입니다."

- "~~제 추측으로는~~ 다른 선택사항이 정말 하나도 없습니다."

- 약한 단어: "~~바라건대~~(삭제하고 곧장) 이제 그 부분은 충분히 설명됐습

니다."

바꾸어 말하기: "질문에 답이 됐나요?"

바꾸어 말하기: "더 듣고 싶은 설명이 있습니까?"

☞ 한 뼘 더

당신이 사용하는 구절 중에 다른 사람들에게 좋지 않은 인상을 주는
구절은 무엇인가?
이제 당신이 얻은 지식을 바탕으로 그 구절들을 어떻게 더 실질적으로
바꾸겠는가?

인상을 해칠 가능성이 있는 구절:

더 실질적인 구절:

추임새

자신도 모르게 자주 입에 올리는 또 다른 단어는 '추임새filler
words'다. 추임새는 '긴장된 말투nervous language'와 '어수선한 말
투speech clutter'로도 불린다. 추임새란 당신의 말을 긴장되게 혹
은 불명확하게 만들고 메시지를 흐리는 의미 없는 단어다. 추
임새는 귀중한 발언 시간을 잡아먹는다. 아이디어 전개에 도움

이 되지 않을 뿐 아니라 핵심 메시지를 전달하고 이해하는 데에도 방해가 될 수 있다. 이 단어들을 지속적으로 사용하는 것은 알게 모르게 발언자의 능력을 무색하게 만들 수 있다.

추임새로는 잘 알려져 있지 않은 단어들을 소개한다.

- 음(um)
- 어(uh)
- 이를테면
- 그래서
- 그러니까
- 기본적으로
- 사실
- 분명히
- 확실히
- 좋다
- 말 그대로
- 궁극적으로
- 본질적으로
- 응
- 자
- 그리고 — 말이 늘어지거나 과장된다.

- 맞다 — 질문이 아니지만 문장 안에 혹은 끝에 습관적으로 붙는다.

  "맛있네요, 맞아요."

  "좋은 말이에요, 맞아요, 그렇기 때문에 우리가…"

👉 한 뼘 더

당신은 추임새를 사용하는가?
그렇다면, 어떤 추임새를 가장 많이 사용하는가?

대화할 때와 발표 도중에 추임새를 한두 개 사용하는 것은 괜찮다. 우리는 인간이므로 항상 완벽하게 말할 수는 없다. 이 책의 목적은 당신을 완벽한 의사 전달자로 만드는 것이 아니라 효과적인 의사 전달자가 되도록 돕는 것이다.

중요한 문제는 의사소통을 할 때 추임새를 슬며시 끼워 넣는 버릇을 고치는 것이다. 추임새를 사용하는 것은 말버릇이고 다행히 고칠 수 있다. 추임새를 줄이고 없애기 위한 몇 가지 방법을 소개한다.

- **당신이 작성한 이메일에서 추임새를 빼라.** 시각적으로 추임새의 사용을 인식하는 것은 말에 삽입된 추임새를 알아차리는 데 도움이 된다.
- **추임새로 말을 시작하지 마라.** 추임새를 줄이고 없애는 것을 연습할

때는 우선 쉽고 빠르게 달성할 수 있는 목표를 세워라. 즉, 당신이 말하는 첫 마디가 추임새여서는 안 된다. 한 연구에 따르면 성인의 평균 집중 지속 시간은 약 5분이다.[3] 이 시간 동안 청중은 계속 귀를 기울일 것인지 아닌지 판단한다. 그러니 말로 그들의 주의를 끌어라.

- **다른 사람들이 추임새를 사용하는지에 귀를 기울여라.** 다른 사람들이 어수선한 말투를 사용할 때 이를 알아차릴 수 있다면 당신은 자신의 말투를 더 쉽게 깨달을 수 있다. 타인에 대한 인식은 자기 자신을 바꾸기 위한 힘이자 기폭제이다.

- **사적으로 대화할 때 자신이 추임새를 사용하는지 아닌지 파악해라.** 친구 또는 가족과 대화할 때, 즉 매우 편안한 상태에서 말할 때 추임새를 사용한다면 다소 긴장해야 하는 직장에서 추임새를 사용할 가능성은 훨씬 더 크다.

- **일할 때 언제 어디에서 추임새를 사용하는지 인식하라.** 가끔은 초조하고 불안한 상황에서 혹은 특정 인물이나 위협적인 인물과 있을 때 추임새를 더 많이 쓰게 된다. 이런 경우에 해당한다면, 이런 특정한 환경에서 당신이 말하고 싶은 내용을 미리 연습하자. 말하는 것이 편안해지면, '긴장된 말투'를 덜 사용하게 된다.

- **하고 싶은 말을 연습하라.** 사람들은 대개 생각하는 속도가 말하는 속도보다 더 빠르다. 뇌에서 생각을 정리하고 그 생각을 실시간으로 말에 반영하는 사이 '긴장된 말투'가 무의식중에 생겨날 수도 있다. 말이 형성되는 속도가 생각의 속도를 따라잡지 못하기 때문이다. 당신이 하

고 싶은 말을 미리 생각하고 연습하는 것은 추임새를 줄이는 데 도움이 될 것이다.

- **멈춰라.** 무슨 말을 해야 할지 모를 때는 '적극적으로' 멈춰서 잠깐 숨을 고르거나 미소를 짓거나 청중에게 주의를 돌려라. 그 사이에 생각을 정리하면 '어수선한 말투'를 덜 사용하게 된다. 계속 이야기하며 '긴장된 말투'를 사용하는 것보다 잠깐 멈추고 해야 할 말을 생각하는 것이 더 효과적이다.

- **책임 파트너accountability partner를 구하라.** 책임 파트너는 당신의 목표가 어떻게 달성되어 가는지 평가하는 데 도움을 줄 수 있는 사람이다. 이 역할을 맡길 사람은 신중히 골라야 한다. 당신이 신뢰하는 사람은 누구인가. 누가 당신의 자신감을 평가해줄 것인지, 누가 당신에게 가장 마음을 쓰는지, 원하는 대로 행동을 바꾸려면 누가 도움을 줄 수 있는지 생각해보라. 당신이 추임새를 사용하는 것을 들을 때마다 지적해달라고 그에게 부탁하라. 어떤 식으로 지적을 받고 싶은지(추임새를 사용하는 순간에 혹은 사후에), 어떤 상황에서 혹은 누구와 있을 때 지적받는 것이 편할지에 대한 지침을 제시하라. 보통은 추임새를 사용하는 순간에 지적을 받는 것이 언제 어떤 추임새를 사용하는지 이해하는 데 가장 많은 도움이 된다.

- **당신의 말을 녹음하라.** 회의나 프레젠테이션 전에 발표를 연습하고 녹음하라. 자신의 말소리를 귀 기울여 듣는 것은 인상을 해치고 청중에게 짜증스러울 수 있을 긴장된 말투나 다른 말버릇에 대한 인식을 높

일터의 대화법

이는 출발점이 될 수 있다.

지우개 단어

연필 끝에 달린 지우개를 떠올려 보자. '지우개 단어'는 앞에 나온 긍정적인 혹은 중요한 내용을 지우거나 없앤다. 지우개 단어의 예시는 다음과 같다.

- 하지만
- 그렇지만
- 그래도
- 그럼에도 불구하고
- 반면에
- _____이긴 하지만
- 그렇기는 해도
- 어쨌거나
- 그렇지 않으면

사람들은 대부분 자신들이 지우개 단어를 문장에 집어넣어 의미를 바꿨다는 사실을 깨닫지 못한다.

"아이디어가 하나 있어요. 그렇지만 효과가 없을 수도 있어요."

"당신 말에 동의해요. 그렇긴 해도 우리에게는 선택지가 두 개 있잖아요."

말은 설득력 있어야 하고 견해는 타당해야 한다. 지우개 단어를 사용하면 메시지를 구성하는 다양한 요소가 듣는 이에게 동등한 영향을 미치지 못한다. 반대로 듣는 이는 지우개 단어가 없어야 각각의 견해에 담긴 나름의 중요성을 인지할 수 있다. 특히 경영진에게 아이디어를 제안하거나 중요한 회의나 발표를 준비할 때는 지우개 단어를 반드시 삼가야 한다. 이때 당신은 청중의 주의를 끌고 자신의 말에 비중을 두어야 한다. 이는 업무 평가를 실시하거나 피드백을 교환할 때도 똑같이 중요하다.

지우개 단어와 피드백

조사에 따르면 직원들이 일을 그만두는 가장 큰 이유는 인정을 받지 못한다는 것이었다. 국제적 기업 정보 공유 소프트웨어 회사인 리워드게이트웨이Reward Gateway가 실시한 새로운 설문조사에서는 조사에 응한 영국과 미국, 호주의 직장인 5,812명 중 69%가 외부의 인정이 부족해서 업무에 의욕을 잃는다고 대답했다.[4]

관리자들은 자신들이 칭찬을 자주 하는 편이라고 답한 반면 많은 직원은 자신들이 인정받지 못한다고 말했다. 이러한 단절은 피드백을 전달할 때 지우개 단어를 무의식적으로 삽입해서 생기는 것일 수도 있다.

> *"프레드, 고객 제안서를 기한에 맞춰 마무리한 것은 정말 잘했어요. 하지만 앞으로 그런 일을 처리할 때 어떻게 하면 시간을 더 절약할 수 있을지 이야기해봅시다."*

위 문장에서 '하지만'은 프레드가 받은 긍정적 피드백을 지워버렸다. 오히려 프레드는 앞으로 무언가 일을 다르게 처리할 필요가 있다는 뜻으로 들었을 가능성이 크다. 자신이 잘 처리한 일에 대해 왜 인정받지 못하는지 의아해하며 짜증을 냈을 수도 있다.

피드백을 독립된 두 문장으로 만들어야 한다.

긍정적인 피드백이나 칭찬을 듣고 싶은 마음이 추가적 방향이나 생각의 공유를 존중하는 마음과 균형을 이루도록 만들어야 한다. 위의 피드백에서 지우개 단어인 '하지만'을 없애고 피드백을 독립된 두 문장으로 전환하라. 그러면 프레드는 긍정적 피드백을 즐기면서 개선할 부분도 듣게 된다.

"프레드, 고객 제안서를 기한에 맞춰 마무리한 것 정말 잘했어요. 앞으로 그런 일을 처리할 때 어떻게 하면 시간을 더 절약할 수 있을지에 대해 같이 이야기해봅시다."

'그리고' 사용하기

피드백을 독립된 두 문장으로 만드는 대신 '그리고'를 사용해 두 생각을 연결해도 괜찮을까?

"프레드, 고객 제안서를 기한에 맞춰 마무리한 것 정말 잘했어요. 그리고 앞으로 그런 일을 처리할 때 어떻게 하면 시간을 더 절약할 수 있을지에 대해서도 이야기하고 싶습니다."

찬성하는 편에서 보자면 '그리고'를 사용하는 것이 지우개 단어를 사용하는 것보다 훨씬 낫다. 그러나 반대하는 편에서 '그리고'를 사용하는 목적은 생각들을 연결하는 것이다. 생각이 연결될 때 뇌는 이따금 여러 생각을 마구 결합해버린다. 그 결과 듣는 이는 자신이 들은 내용이나 중요한 부분을 알아서 처리하게 된다. 칭찬과 발전적 피드백 사이에 균형을 맞추고자 할 때는 두 견해에 똑같은 무게와 효과를 주어야 한다. '그리고'를 사용하는 것은 두 견해를 결합해서 한 견해의 중요성이 다른 견해의 중요성을 축소하는 결과를 낳을 수도 있다.

대화하면서 혹은 이메일로 중요한 점을 지적하거나 피드백을 주거나 생각을 공유할 때 지우개 단어를 없애자. 그런 다음 상대방의 대응에 변화가 있는지 확인하라.

자기 파괴적 단어

가끔 어떤 상황이나 어떤 사람 때문에 긴장하고 불편해지면 자신을 믿지 못하게 된다. 이처럼 불편하고 초조하거나 의심스러운 느낌이 말에 묻어날 때 당신은 자신의 인상을 해치거나 파괴하는 것처럼 보일 수 있다. 그런 일은 미리 방지해야 한다!

당신의 역량과 자신감, 신뢰성을 스스로 깎아내리는 구문에는 다음과 같은 것들이 있다.

- *"양해해 주세요. 난 이 일에 권한이 없어요."*
- *"내가 말했다고 하면 안 돼요."*
- *"잘은 모르지만…"*
- *"내가 전문가는 아니지만…"*
- *"여담입니다."*
- *"그냥 나만 그렇게 생각하는 것일 수도 있습니다."*
- *"제 소견으로는…"*
- *"솔직히 말해도 될까요?" / "솔직히"*

- *"미안하지만…"*
- *"저는 이렇게 생각하는데… 맞죠?"*
- *"괜찮으면 좋겠어요."*
- *"20년 동안 이렇게 해왔어요."*
- *"나도 내가 미숙해 보이는 거 알아요."*
- 딱 잘라 *"몰라요."* 혹은 *"아니오."*
- *"이게 틀릴 수도 있지만…"*
- *"내가 틀리면 지적해주세요…"*
- *"이것은 바보 같은 질문일 수도 있습니다만…"*
- *"이것은 그리 좋은 생각이 아닐 수도 있지만…"*
- *"당신이 이미 말했을 수도 있습니다만…"*
- *"당신이 바쁜 건 알지만…"*
- *"방해하고 싶지는 않지만…"*

몇몇 구문은 설명과 대안이 모두 필요하다. 어떤 것들인지 살펴보자.

- **"귀찮게 하고 싶진 않지만…"**

발언자는 상대방이 바쁘다는 사실을 인정하여 존중을 표하고자 한다. 하지만 실제로 전달되는 메시지는 존중과 정반대다. 지우개 단어 '하지만'이 들어가서 메시지는 "당신이 바쁘다는 거 알지만, 그런 건 중요하지 않으니 나는 계속 당신을 귀찮게 할 겁니다"가 된다. 게다가 발언자가 타당한 이유 없이 바쁜 상대방에게 말을 건다면 상대방은 "거 참, 알면서 왜 귀찮게 하지?"라고 생각할 수도 있다. 이 경우에는 상대방이 바쁘다는 사실에 대해 배려를 보여주는 두 가지 선택 방안이 있다.

"긴급한 문제가 있습니다. 시간 좀 내주시겠어요?"

이 말은 대화의 목적이 급한 일이라는 사실을 전달한다.

"바쁘신 거 압니다. 이 일을 계속 진행할 수 있게 5분만 시간을 내주시겠어요?"

이 말은 일의 진척 상황을 전달한다. 사람들은 보통 일이 지연되거나 방해받는 것을 원하지 않으므로 일의 진척 상황은 상대방에게 말을 거는 타당한 이유를 만들어낸다. 상대방이 지금 당장 이야기할 수 없을지도 모른다. 그런 경우에는 다른 시간을 제안하라.

- **"질문해도 될까요?"**

  허가를 구할 필요 없으니 그냥 질문하자. 주의를 끌거나 대화 도중에 질문할 틈을 만들려고 이 구문을 이용하는 거라면, 그 대신 다음 방법들을 시도해보라.

  ― 발언자가 있는 쪽을 향해 몸을 약간 앞으로 기울여라. 당신의 몸짓언어를 좀더 '적극적인' 혹은 몰두한 자세로 바꾸는 것은 흔히 사람들에게 무언가 할 말이 있다는 신호를 보낼 수 있다.

  ― 발언자와 눈을 마주쳐라.

  ― 표정으로 질문이 있거나 첨언하고 싶다는 의사를 나타내라.

  ― 우선 발언자의 이름을 불러 대화를 자연스럽게 멈춘 다음 당신의

생각을 덧붙여라.

— 당신이 말하고 싶은 내용으로 이어지도록 화제를 옮길 수 있는 말을 찾아내라.

— '다리 기법Bridge Technique'을 이용하라.(자세한 내용은 5장을 참고)

• **"이해가 안 됩니다."**

무언가를 이해하지 못하는 것은 당연히 있을 수 있는 일이다. 하지만 설명을 요청할 때 상황과 관련 인물에 따라 이 구문을 사용하지 않는 것이 좋을 수도 있다. 이 구문이 당신의 능력과 지식 기반에 나쁜 영향을 미칠지도 모르기 때문이다. 내용이 당신의 업무에 포함되는 것이어서 사람들이 당신은 이해할 수 있어야 한다고 느끼는 경우에는 특히 이 구문을 사용하면 안 된다. 당신의 인상을 해치지 않으면서도 이 구문 뒤에 숨겨진 의미를 그대로 담은 대안 표현을 소개한다.

"그것에 대해 좀 더 설명해줄 수 있나요?"

"무슨 뜻인지 좀 더 이야기해주시겠습니까?"

"_____에 대해 더 구체적으로 설명해줄 수 있을까요?"

자기 파괴적 구문은 당신이 말하는 내용에 중요성이나 가치, 효과를 더해주지 못한다. 오히려 어떤 경우에는 당신의 불안감을 은연중에 드러내고 당신의 발언을 불확실함과 의문이라는 틀에 가두어 오히려 내용의 중요성이나 가치, 효과를 떨어뜨리기도 한다.

은어Jargon의 남용

직장인이 스스로를 깎아내리는 또 다른 방법은 은어를 남용하는 것이다. 회사 내부의 은어, 특정 업계에서만 쓰이는 말투, 기술 용어 등을 남발하면 다른 사람들에게 위협적이고 거만하며 잘난 체하는 것처럼 들린다. 타인에게 열등감을 느끼게 하지 않으면서 당신의 역량과 능력에 대한 믿음을 심어줄 수 있어야 한다.

감정이 실린 단어

당신의 인상을 해치는 단어 및 구문의 마지막 범주는 '감정이 실린 단어charged words'다. 이 장에 나오는 다른 단어 및 구문과 비슷하게 감정이 실린 단어 또한 당신이 사람들에게 심어주고 싶은 인상을 해치는 힘을 가졌다. 나는 감정이 실린 단어를 '손가락질하는finger-pointing' 단어라고도 부른다.

환경과 특수한 상황, 의사소통의 맥락과 상대에 따라 말하는 것만으로도 이 단어들은 영향력을 갖는다. 감정이 실린 단어끼리 함께 짝을 이루거나 특정한 음성 전달 요소와 함께 사용되면, 악의 없는 의견이 공격적이거나 위협적 또는 비난하거나 잘난 척하는 메시지로 바뀔 수 있다.

- _____ 할 필요가 있다

- _____해야 한다

- 지금

- _____을 원한다

- 당신

- 당신의

- 말하다

- 논의하다

- 언제나

- 절대

- 그만하다

- 진정하다

- 숨을 돌리다

- 당신의 심정은 잘 안다

직장에서 우리가 흔히 듣는 문구에는 대부분 감정이 실린 단어가 포함되어 있다. 그리고 감정이 실린 단어는 의사소통에 오류와 오해를 일으키는 원인이 될 때가 많다. 특정한 언어 전달 요소나 몸짓언어와 짝을 이룰 때 이런 문구들은 곧바로 의사소통 장벽을 만들어낸다. 당신이 듣는 이에게 말로 상처를 주면 그 사람과의 사이에 허물기 힘든 장벽이 생겨날 수 있다.

○━ 🗝

전략적 선택이 아니라면 감정이 실린 단어는 피한다.

손가락으로 가리키는 몸짓이 공격적으로 인지되거나 상대방에게 방어 태세를 취하게 할 수 있는 반면에 펼친 손을 이용하면 시각적으로 미묘하게 환영하고 포용한다는 느낌을 준다. 이와 마찬가지로 말에서도 감정이 실린 단어를 '사려 깊은' 혹은 '완곡한' 단어로 대체할 수 있다.

완곡한 단어

보통 더 완곡하고 재치 있는 단어를 사용하면 당신의 메시지를 부드럽게 만드는 데 도움이 된다. 그렇다고 해서 의미가 바뀌거나 메시지가 약해지는 것은 아니다.

- 잠시 멈추다
- 교환하다

- 처리하다

- 존중하다

- 인정하다

- 공유하다

- 강조하다

- 살펴보다

아래 표의 왼쪽 열에 열거된 상용구를 보라. 그리고 오른쪽 열에 있는 더 완곡하고 재치 있는 대안 문구와 비교해보자.

상용구	완곡하고 재치 있는 대안 문구
"틀렸어요." "당신은 몰라요." "이해하지 못하는군요." "도움이 안 되네요."	• "내가 바라보는 시각은 다릅니다." • "다시 한 번 살펴봅시다." • "어떻게 그런 결론에 이르게 되었는지 말해주세요." • "나는 그 문제를 좀 다르게 봅니다." • "당신이 그렇게 느끼는 이유를 강조해주시겠어요?" • "상황을 다른 각도에서 바라봅시다." • "원하는 결과에 초점을 맞추고 어떻게 그것을 달성할 수 있을지 알아봅시다." • "다 같이 이해할 수 있도록 분명하게 설명하겠습니다." • "다른 것을 시도해봅시다." • "이렇게 해보는 건 어떨까요?" • "자세한 내용을 설명해 주세요."

상용구	완곡하고 재치 있는 대안 문구
"반대합니다." "_____라고 반박하겠습니다."	그 자체로 어조를 정하고 불안감을 조성할 수 있는 단어들이 있다. '반박하다', '반대하다' 같은 단어들은 갈등이나 분쟁이 일어날 것 같은 느낌을 만들어낸다. 본래 긴장감을 나타내거나 긴장감을 높이는 단어는 사용하는 것을 피하라. • "그렇군요. 저는 관점이 다릅니다." • "다른 선택 방안이 있다는 것을 인정합니다. 제 생각도 공유해드리겠습니다." • "나는 그 문제를 다르게 봅니다." • "내가 보는 관점을 강조해보겠습니다." 상사에게는 말을 질문으로 바꿔서 존중을 표하라. • "제가 보는 관점을 공유해도 되겠습니까?" • "또 다른 방안을 강조하고 싶은데, 괜찮을까요?" • "다른 선택 방안들을 살펴보면 _____이 맞다는 것을 알아낼 수 있습니다."
"알아들었습니까?" "이해가 갑니까?" "알아듣고 있는 거죠?"	이런 질문들은 잘난 체하는 것으로 오해받을 때가 많다. 질문을 없애거나 다음 구문들로 대신하는 것이 낫다. • "가능할 것 같습니까?" • "다음 단계는 어떻게 보십니까?" • "여러분이 보기에 다음 단계는 무엇입니까?" • "무슨 설명을 더 해드릴까요?" • "정보는 충분히 드렸는데, 질문 있으신가요?" • "더 자세히 설명해야 하는 부분이 있습니까?" • "제가 설명 드린 내용에 대해 여러분은 어떻게 생각하시나요?"
"그럼, 동의한 겁니다." "동의하십니까?"	이런 구문들은 동의를 강요하는 것으로 오해받기 쉬우므로 꼭 필요한 게 아니라면 사용하지 않는다.

상용구	완곡하고 재치 있는 대안 문구
"전에도 말했듯이…" "이미 언급한 바와 같이…" "내가 말한 바와 같이…" "아까 말씀드린 것처럼…" "내 이메일에 의하면…" "내가 이메일에 썼듯이…"	이런 말들은 잘난 체하거나 꾸짖는 것처럼 들릴 수 있으니 없애는 것이 더 좋다. 했던 말을 그냥 반복하거나 다음과 같은 말로 메시지를 시작해도 충분하다. • "나는 _____의 중요성을 강조하고 싶습니다." • "여러분이 내 이메일을 볼 기회가 있었다면…"
"시키는 대로 해요." "내 말을 못 알아들었다면…"	이런 구문은 적대적이고 모욕적으로 들릴 수 있다. 가급적 사용하지 말아야 한다.
"미안한데 그것도 중요하지만…"	• "중요한 지적입니다. 이야기가 주제와 다른 방향으로 가고 있으니 나중에 살펴보는 게 좋겠어요."
"마음을 가라앉히세요." "모두 진정하세요." "나 참, 숨 좀 돌리시죠."	• "나는 여러분이 느꼈을 좌절감을 인정합니다." • "5분 동안 휴식합시다." • "대화가 꽤 열정적으로 오간 듯 보입니다. 잠시 쉬었다가 다시 모입시다." • "잠시 시간을 갖고 생각을 정리한 다음 이 주제를 다시 논의하기로 합시다." • "잠시 휴식 시간을 가집시다."
"그건 우리가 일하는 방식이 아닙니다." "솔직히 말해도 될까요? 여기서는 그런 식으로 일하지 않습니다."	• "당신의 아이디어도 인정할 필요가 있습니다." • "내게 효과가 있었던 부분을 공유하게 해주십시오." • "그거 좋은 방법이네요. 다른 상황에 적용해봅시다." • "좋은 제안입니다. 그건 상황이 _____일 때 실행합시다." • "이걸 시도해봅시다." • "그건 다음을 위해 기억해둡시다." • "일반적으로 _____이 주효합니다." • "여기에서는 보통 _____을 달성해야 좋은 평가를 받습니다." • "아이디어를 내주셔서 감사합니다. 그에 대해 함께 이야기를 나눠봅시다."

일터의 대화법

상용구	완곡하고 재치 있는 대안 문구
"그냥 넘어갑시다." "당신의 말을 좀 끊을게요." "계속 진행합시다."	• "무슨 말인지 알겠습니다. 그럼 이 문제로 다시 돌아가 봅시다." • "아이디어를 공유해주셔서 감사합니다. 그 부분에 대해서는 안건을 모두 논의한 후 얘기할까요?" • "이 문제로 돌아갑시다." • "당신이 우려하는 점도 인정할 필요가 있습니다. 당신의 시간을 존중하는 차원에서 그 문제는 다른 시간을 잡아 살펴봅시다." • "당신의 의견을 듣기 위해 그 문제를 다음 회의에 주요 안건으로 올리겠습니다."
"지금 당장 이 일을 끝내야 합니다." "퇴근 전까지 이 일을 마쳐야 합니다."	• "내게 중요한 사안이 하나 있는데, 당신이 처리해주었으면 좋겠어요." • "지금 해야 할 일이 산더미처럼 많다는 거 인정해요. 난 당신이 이 일을 먼저 해주면 좋겠어요." • "무척 바쁘다는 거 압니다. 이 일을 짧은 시간 안에 해낼 수 있는 사람이 우리 중에 당신밖에 없어요." • "오늘 퇴근 전까지 _____을 마칩시다. 문의 사항이나 기타 용건이 있으면 내게 오세요." • "기한은 퇴근 전까지입니다. 기한에 맞추는 것을 목표로 삼아 _____을 처리해주세요."
"ASAP(가급적 빨리)" "Let's table that. (그 문제는 보류합시다.)" "Let's put that in the parking lot. (회의 후에 관련자끼리 따로 논의합시다.)"	남용이 심한 구문, 즉 '단어 팽창(word inflation)' 구문을 사용하면 상대방이 무시당한다는 느낄 수 있다. 이런 구문들은 없애는 것이 낫다.

가끔은 당신이 좋은 의도를 갖고 한 말에도 부정적인 딱지가 붙는다. 이는 메시지가 뒤엉켜서 빚어진 결과일 수 있다. 미소

를 지으면서 손가락으로 가리키는 동작을 취하거나 자신감 넘치게 말하면서 시선을 피하는 것은 어떤 메시지를 믿어야 할지 듣는 이를 혼란스럽고 의아하게 할 수 있다.

한 걸음 더 나아가보자. 당신이 긍정적 의도를 가지고 무언가를 말하는데도 상대방이 당신의 말을 다르게 해석한다면 당신의 메시지는 여전히 부정적으로 들릴 수 있을 것이다.

혼합된 언어적 메시지의 예를 들면 다음과 같다.

- *"나는 절차를 무시하거나 이 프로젝트의 질을 떨어뜨리는 일은 거부하겠습니다."*
  발언자의 의도는 자신이 높은 수준의 청렴함과 직업 윤리를 지녔음을 보여주지만 '거부하다'라는 단어는 완고하고 비타협적이라는 오해를 불러일으킬 수 있다.
- *"나는 이 아이디어에 대해 강한 확신을 갖고 있습니다."*
  발언자의 의도는 충실함과 헌신, 깊은 믿음과 확고한 신념을 전달하는 것인 반면에 '확신'이라는 단어는 융통성이 없거나 옹졸하거나 엄격하다고 인식될 수 있다.
- *"문제를 해결하기 위한 방법으로 이 해결책의 진가를 방어할 수 있어 기쁩니다."*
  '방어하다'라는 단어는 '싸우려는' 심리, 즉 적대적이라는 오해를 불러일으킨다. 실제로 발언자의 의도는 해결책에 대한 사실과 가치, 증거

를 설명하는 자신의 능력을 전달하는 것인 반면 '방어하다'라는 단어
는 발언자가 자신의 의견을 철회하지 않을 작정이라는 것을 암시하기
때문이다.

당신의 선택을 다양한 관점에서 바라보는 것이 중요하다. 당
신이 사람들에게 어떻게 보일지 의문이 든다면 "이건 어떤 식
으로 오해받을 수 있을까?"라고 자문해보라. 이 접근법은 당신
의 말이나 행동이 어떻게 보일 수 있을지에 대한 인식을 높이
는 데 도움이 될 것이다.

모든 사람을 기쁘게 할 수는 없다는 생각이 들 것이다. 나도
여러분이 그러기를 바라는 것은 아니다. (그건 불가능한 일이다.
내가 시도해봐서 안다!) 자신의 모든 행동에 의문을 제기하기를
바라는 것도 아니다. 당신의 행동과 시간이 흐르면서 적응하게
된 의사소통 습관에 다양한 관점을 제시하여 당신의 성공을
뒷받침하려는 것이다.

이 책에서 내내 강조한 바와 같이 약하게 들리거나 권위를
잃거나 인상을 해치지 않으면서 메시지를 부드럽게 만들 수 있
는 효과적인 방법은 많다. 당신은 벌써 그런 단어나 구문 중 일
부를 계속 사용하기로 다짐했을 수도 있다. 일정한 어조를 정
해주고 당신의 메시지를 구체적으로 전달해주기 때문이다. 핵
심은 자신의 의사소통에 대해 신중한 판단을 내려 세심한 의

사 전달자가 되는 것이다.

O┈━

올바른 인상을 해치는 습관들을 없애고 자신감을 전달하고
목적에 맞게 말할 수 있도록 당신의 말과 의사소통 방식을
자각해야 한다.

질의응답   Q & A

목적에 맞게 말하는 문제와 관련해 내가 가장 흔하게 받는
질문들 중 몇 가지를 소개한다.

1. "추임새를 없애려면 얼마나 오래 걸리나요?"

언어적 습관이 생길 수 있다면 없어지는 것도 가능하다. 추
임새를 없애는 데 도움이 되는 방법은 의식하기와 연습하기
다. 당신은 코칭이 진행되는 1시간 만에도 사용을 줄일 수
있다. 추임새를 완전히 안 쓰는 일은 이 장에서 언급된 방법
을 얼마나 열심히 시도하느냐에 달려있을 것이다.

당신의 발전 계획은 다음과 같다.

- 자신이 어떤 추임새를 언제 사용하는지 파악해라.

- 자신의 습관을 관찰해라. (추임새를 사용하는 소리가 들리면, 적극적 멈추기를 이용하거나 머릿속으로 추임새 없이 문장을 재생해보라. 그러면 원하는 대로 변경된 문장이 머릿속에 각인된다.)
- 인상을 해치는 단어를 유익한 선택 사항들로 대체해보자. (편안히 앉아 대응하는 것과 해결책을 찾기 위해 주도적으로 노력하는 것은 다르다. 말하고 연습할 기회를 더 많이 찾아낼수록 결과는 더 좋을 것이다.)

2. "누군가의 이메일을 더 일찍 봤어야 하는 경우나 이메일 또는 전화에 회신이 늦은 경우에는 사과해도 괜찮나요?"

당신의 대응이 현재 당신이 맡은 일에 문제를 일으키지 않았다면 미안하다고 말할 필요 없다. 실질적인 설명 없이 사과만 하는 것은 무의미하다.

"미안해요, 당신이 보낸 이메일을 방금 봤어요."

"미안해요, 당신이 전화한 줄 몰랐어요."

당신이 누군가의 이메일을 더 빨리 보지 못한 합당한 이유가 있을 수도 있다. 이유가 있든 없든, 핑계를 듣고 싶어 하는 사람은 없다. 사람들은 자신이 중요하다는 사실을 인정받고, 알고 싶어 한다. 따라서 다음과 같이 대응해보자.

"이메일을 보내주셔서 고맙습니다. 더 빨리 답변 드리고 싶었습니다."

"전화하셨다는 걸 알고 기뻤습니다. 몰랐습니다. 앞으로는 이메일과

포스트잇에 모두 메시지를 받아두도록 비서에게 당부하겠습니다."

"당신의 이메일은 늘 제 우선순위 목록에 들어있습니다. 이제 막 이

메일을 보고 곧바로 회신 드립니다."

알아차렸을지 모르겠다. 위의 예문들은 단순히 '미안하다'고

말하는 것보다 더 많은 노력과 시간을 필요로 한다. 게다가

훨씬 진지하다.

3. **"'미안하다sorry'는 단어를 사용하지 말아야 한다면, 실수로 누군가와 부딪쳤을 때 어떻게 존중과 예의를 표할 수 있나요?"**

"어머, 미안해요."라고 말하는 대신, 그에 못지않은 관심

과 존중을 표할 수 있는 말들이 있다.

- "실례합니다."
- "괜찮으세요?"

4. **"프레젠테이션 중 잡담하지 못하게 하려면 어떻게 해야 하나요?"**

이 질문은 보편적 관심사다. 당신이 발표하는 동안 (특히 발표

내용이 주제에서 벗어났거나 당신의 주장을 뒷받침하는 데 도움이

되지 않는 경우) 몰래 잡담하는 사람들은 주의력이 흐트러져

당신에게 집중하지 못한다. 이처럼 몰래 잡담하는 것은 발표

에 지장을 주는 아주 무례한 행동이다. 제발 '그런 사람'이 되

지 말자. 잡담을 억제하기 위해 다음 방법들을 시도해보라.

- 잡담하는 사람을 프레젠테이션에 참여시켜라.

  "그레이스, 당신도 비슷한 일을 하는 걸로 알고 있어요. 이 부분에 대한 설명이 끝난 후 의견을 내주시면 정말 감사하겠습니다."

  "오늘 _____에 대해 다룰 예정입니다. 그레이스, _____부분이 나오면 당신의 생각을 공유해주겠습니까?"

- 프레젠테이션을 상호작용할 수 있게 구성하라.

  "정보 공유를 마쳤으니 이 계획의 어떤 부분들을 업무에 적용할 수 있을지 다 함께 토론해보고 싶습니다."

- 신체, 목소리, 시각 자료 등을 이용하여 주의를 끌어라.

- 미리 시간을 정하라.

  "우리에게 시간이 30분밖에 없는 것을 아실 겁니다. 여러분의 시간을 존중하는 의미에서 우리가 안건을 모두 처리할 수 있도록 발언자에게 계속해서 주의를 집중해주시기 바랍니다."

  "오늘 제가 중요한 정보를 공유할 수 있는 시간은 단 5분입니다. 휴대폰을 무음으로 설정해주시고 컴퓨터 작업을 잠시 멈춰주십시오."

  "다음 부분은 모두 집중해서 들어야 하는 내용입니다."

우리가 말하고 행동하는 것은 모두 어떤 메시지를 전달한다. 당신의 첫인상부터 취하는 행동에 이르기까지, 당신의 비언어적 및 언어적 의사소통부터 당신의 가치를 전달하는 능력의 핵심은 바로 당신의 역량을 알리는 것이다.

5장

나의 능력 알리기

THE COMMUNICATION HABIT

입을 열어 모든 의혹을 없애는 것보다
침묵을 지키는 바보가 되는 것이 낫다.

에이브러햄 링컨Abraham Lincoln
미국의 제16대 대통령

　일터에서 동료들과의 능력이 서로 비슷한 수준이라면, 여러분은 그 와중에 어떻게 본인을 차별화할 것인가? 역량이란 표면적 의미로는 업무를 수행하는 능력이다. 당신의 핵심 가치를 평가하기 위한 토대이기도 하다. 직장에서 두각을 나타내고 성공하려면 이 토대 위에 반드시 단계별 핵심 역량을 쌓아야 한다.

단계별 핵심 역량

4단계: 다른 사람의 '언어'로 말하는 능력

3단계: 어려운 대화를 재치 있게 풀어 나가는 능력

2단계: 일터에서 흔히 생기는 곤란한 상황을 처리하는 능력

1단계: 자신의 평판에 흠집 내지 않고 스스로 홍보하는 능력

토대: 업무를 수행하는 능력

각 단계를 더 자세히 살펴보자.

토대: 업무를 수행하는 능력

자신이 맡은 업무를 성공적으로 수행하려면 요령과 능력, 기술과 전문지식이 중요하다. 당신은 업무의 모든 측면 또는 그중의 일부조차 완벽히 처리할 준비가 되어있지 않을 수도 있다. 그런 문제는 본인의 노력과 교육, 시간에 따라 자연스럽게 해결될 것이다. 업무를 맡기로 했다면 당신은 그 직책에 대한 책임을 받아들이고 전적으로 전념할 것을 약속한 것이다.

자신의 장점을 알고 맡은 일과 업무 환경에 가치를 더하는 것은 중요하다. 열린 마음으로 능력의 한계를 개선하는 것도 마찬가지다. 이러한 노력들은 모두 성공을 위한 기회와 밑거름이 된다.

○━━━━━━━━━━━━

역량의 토대를 단단히 다지기 위한 열쇠는 당신의 자리에서 발휘하는 핵심적인 능력을 자각하는 것이다.

기초적인 업무 능력을 강화하려면 어떻게 해야 할까?

- **직무 능력 개발 프로그램에 참가하라.** 점심 시간에 짬을 내어 배우거나 외부 교육에 참가하는 것은 동료들과 친분을 쌓고 전문적 네트워크를 확장하며 업무 지식과 기술을 향상하기 위한 훌륭한 방법이다.
- **평가를 받아라.** 셀프 프로필SELF Profile성격 검사, 디스크 종합 심리검사DiSK Assessment, 마이어스 브릭스 성격 유형 지표MBTI, 인사이트 인벤토리 성격 평가INSIGHT Invnentory 등 의사소통과 직업, 성격을 평가하는 방법은 많다. 이런 평가들을 통해 당신의 장점을 더 정확히 알아내고 개인적 성장과 업무적 발전이 필요한 영역도 파악할 수 있다.
- **자질을 갖춘 멘토를 찾아라.** 아무나 멘토가 될 수 있는 것도, 누구나 멘토가 되고 싶어 하는 것도 아니다. 누군가를 지도하고 조언하는 것은 시간이 드는 일이다. 따라서 멘토가 되려는 사람은 자신이 상대방의 가치를 높여줄 수 있을 것이라는 확신이 있어야 한다.

  멘토를 찾을 때도 마찬가지다. 누구에게 멘토가 되어달라고 부탁할지 명확히 정하고 그 이유가 무엇인지도 알아야 한다. 그렇게 해도 상대편에서 개인적 이유나 시간상 제약 때문에 제안을 거절할 수도 있지만 괜찮다. 일이란 양쪽 사정이 꼭 들어맞아야 성사되는 법이니까.

적합한 멘토를 찾을 때 고려할 다른 중요한 사항도 소개한다.

- 업계 안팎에서 일하는 사람

- 당신의 신뢰를 존중해줄 사람

- 편견 없이 지도해줄 수 있는 사람

- 도전과 질문에 대해 조언해줄 사람

- 당신이 존경하고 흠모하는 자질을 갖춘 사람

- 높은 수준의 전문 지식과 기술을 가진 사람

- 개인적, 직업적으로 모두 발전하도록 뒷받침해줄 수 있는 사람

- 꾸준히 만나면서 지속적으로 지원해줄 수 있는 사람

지도를 청하고 질문하고 아이디어를 교환하기 위해 찾아갈 수 있는 누군가가 있다는 것은 매우 값진 일이다. 그 사람과 교감하여 친분을 형성하고 교류를 최대한 활용하는 것이 중요하다. (멘토와 멘티 사이의 관계에 대해 더 자세한 설명은 2장을 참고)

- **자신을 CHAMPS(챔피언들)로 둘러싸라.** CHAMPS는 더 높은 경지에 도달하도록 당신에게 동기를 부여하는 사람들이다. 또한 그들은 자신의 역량을 통해 당신이 무엇을 더 해야 원하는 목표를 이룰 수 있을지 직간접적으로 강조해 보여준다. CHAMPS는 다음에 나오는 핵심 특징들을 모두 지닌 사람이다.

  C=Connectors (사교성) C에 해당하는 사람들은 소개와 협력, 대화를 통해 사람들을 한데 모으는 것에 능숙하고 심지어 그런 일에 열중하기

도 한다. 상호작용을 하면서 에너지를 얻는다. 이들에게 친분을 형성하는 것은 귀찮은 일이 아니라 기회다.

H=Honest (정직성) H에 해당하는 사람들은 투명성, 진실성, 청렴함, 윤리의식에 대해 자부심을 느낀다. 어려운 대화를 완곡하면서도 재치 있게 처리한다. 높은 직업 윤리를 가진 신뢰할 만한 사람들이다. 쉬운 일이 아닌 옳은 일을 한다.

A=Accomplished (뛰어난 기량) A에 해당하는 사람들은 꾸준히 성과를 올려서 명성을 쌓고 고유한 자기 가치를 확고히 다진 이들이다. 그들의 실적은 성공적이다. 그렇다고 해서 그들이 늘 결과에 초점을 맞추거나, 무조건 목표 중심적이라거나 세우는 목표를 전부 달성한다는 뜻은 아니다. 단순히 그 과정을 이해하고 그에 전념한다는 뜻이다.

M=Motivated (자발성) M에 해당하는 사람들은 당신이 한 번쯤 만나봤을 수도 있다. 이들은 스스로 동기를 부여하고 업무에서 우수한 결과를 내고 싶어한다. 주도적이고 적극적인 자세로 업무에 참여하여 문제를 해결한다. 어려운 상황이나 문제가 생겨도 쉽게 기죽지 않는다.

P=Professional (전문성) 당신은 P에 해당하는 사람들을 즉시 알아볼 수 있다. 그들은 전형적인 전문가다. 외모, 말, 개인적 행동, 특히 다른 사람들과의 상호작용에서 전문가다운 모습을 보인다. 자기 자신과 회사, 자신과 연관된 사람들을 대변한다는 것에 큰 자부심을 느끼며 항상 세련되고 예의바른 태도를 보인다.

S=Smart (명석함) S에 해당하는 사람들은 아주 똑똑하다. 자기 능력에

자신감이 있고 창의적으로 생각한다. 즐거운 마음으로 문제를 해결하고 어떤 사안이나 문제를 다른 각도에서 바라볼 수 있다. 자신의 업무를 잘 파악하고 있다는 게 의사소통을 하면서 바로 드러난다.

> ☞ **한 뼘 더**
>
> 당신 주변에 있는 CHAMPS는 누구인가?

CHAMPS는 대부분 그들의 자질 덕분에 자연스레 자신감을 갖고 있다. 그들의 또 다른 주요 특성은 공손함이다.

겸손의 미학

> 당신이 만날 모든 사람은 당신이 모르는 무언가를 알고 있다.
> — 윌리엄 샌포드 나이William Sanford Nye, 미국의 과학교육자이자 기계공학자
> <빌 아저씨의 과학 이야기Bill Nye the Science Guy>라는
> 어린이 과학 프로그램의 진행자 빌 나이Bill Nye로도 유명하다.

성공을 추구하는 과정에서 아무도 당신에게 말해주지 않는 작은 비밀이 하나 있다. 그것은 바로 겸손의 중요성이다. 겸손은 당신의 평판과 인간관계, 당신이 쥐고 유지하는 권력에 궁

극적인 차이를 만들어낼 수 있다. 이 세상에서 성공한 많은 사람을 떠올려보자. 그들을 묘사할 때는 그들의 성공과 평판이라는 두 가지 인상이 늘 따라다닌다. 따라서 성공을 드러내는 방식은 매우 중요하다.

크게 성공을 거둔 사람은 성공을 제대로 드러낼 줄 아는 사람과 그렇지 못한 사람 두 부류로 나뉜다. 전자는 자신의 능력에 대해 큰 자신감을 갖고 있다. 자신의 성공은 혼자 힘으로 이루어진 것이 아니라는 점도 이해한다. 따라서 성공을 타인과 공유하고 감사를 표한다. 성공을 빨리 얻은 만큼 빨리 빼앗길 수도 있다는 사실을 항상 잘 알고 있다. 이런 사람은 공손하게 성공을 드러낸다.

능력 + 공손함 = 자신감

그런데 별로 성공한 것 같지 않은 데도 자신의 능력에 대해 큰 자신감을 갖는 경우가 있다. 다른 점은 미묘하게 혹은 공공연하게, 솔직하지 않거나 무시하는 느낌을 준다는 것이다. 이런 사람은 우월감을 갖거나 자신의 출세와 성공을 더 빨리 이루려는 욕심에 사로잡혔을 수도 있다. 실제로는 원하지 않으면서 관계를 트는 척한다. 느긋한 것 같으면서도 치열하게 경쟁에 뛰어든다. '너무 바빠서' 자기 문제가 아닌 다른 일에는 집중하지 못해서 정신이 다른 데 팔린 사람으로 보일 수도 있다. 남과의 차이점을 끊임없이 입에 올려 겸손에 대한 잘못된 인식을 보여주기도 한다. 이런 사람은 거만하게 성공을 드러낸다.

능력 - 공손함 = 거만함

거만함은 결국 사람들의 관심을 앗아간다. 관계는 훼손되고 평판은 타격을 입으며 기회가 점차 줄어든다. 능력이 무색해질 때도 많다. 하지만 정반대로 지나친 겸손함 역시 해롭다. 그런 태도로 살면 자신을 비하하는 사람이나 약한 사람, 짜증나는 사람으로 오해받기 쉽다.

○━━

성공과 공손함 사이에 균형을 찾는 것이 핵심이다.

이제 튼튼한 토대를 닦았다면, 다른 사람들이 당신의 가치를 높이 평가하도록 하는 핵심 역량 1단계로 넘어가보자.

1단계: 자신을 파괴하지 않고 스스로 홍보하는 능력

남의 눈길을 끄는 것, 즉 가시성可視性, visibility은 성공의 중요한 요소이다. 1단계 역량 및 조직이나 업계에서 자신의 가시성을 평가할 때 이 역량을 강화해야 한다는 결과가 나왔다면 스스로 누군가의 레이더에 포착될 방법을 생각해보라.

자신의 가치를 알리는 일은 다양한 형태와 강도로 실현될 수 있다. 이와 같은 선택지를 알고 있으면 자신에 대해 이야기하는 것이 더 편하게 느껴질 것이다. 다음 방법들을 통해 자신의 가시성을 더 높이고 가치를 드러내보자.

- **커피를 마시자.** 누군가에게 커피를 마시자고 청한 뒤 각자의 역할과 책임에 대해 구체적인 이야기를 나누자. 서로 무슨 일을 하는지 배워라. 음료나 음식은 장벽을 허물어줄 수 있다. 주의를 집중할 또 다른 대상을 제공하고 1대1로 만나는 상황의 어색함이나 부담을 줄여줄 수 있기 때문이다.
- **자신을 소개하라.** 단순히 이름과 직함만 말하지 말고 신뢰성 소개문(더 자세한 내용은 2장을 참고)을 이용해 자신을 소개할 기회를 찾아라. 이는 상대방에게 당신을 더 자세히 알리는 데 도움이 될 것이다.
- **프로젝트에 적극적으로 참여하라.** 세간의 이목을 끌거나 이름 있는 프로젝트 중 당신을 필요로 하는 것을 찾아라. 그런 프로젝트에 자원

하거나 참여 제안을 받아들이면 당신은 프로젝트에 가치를 더하는 동시에 가시성도 높일 수 있다.

- **제안를 받아들여라.** 상사가 추천하거나 지원하는 직무 능력 개발 과정에 참여하라. 여기에서 배운 요점을 회사로 가져와 당신이 속한 팀이나 부서와 공유하면 가시성을 삼중으로 얻게 될 것이다.
- **자발적으로 당신의 전문지식을 제공하라.** 조직이나 학교에 당신의 시간과 지식, 경험을 제공하라. 다른 사람을 진심으로 돕는 일은 당신에게 도움이 된다. 업계와 조직 바깥의 사람들에게 당신의 일을 알리는 계기가 되기 때문이다.
- **지식을 공유할 기회를 창출하라.** 점심 시간을 활용해 서로 가르치고 배워보자. 혹은 표준 업무량 외에 어려운 프로젝트에 당신의 전문지식으로 도움을 주라. 이런 교류를 통해 당신은 자신의 지식을 공유하고 그 과정에서 새로운 지식을 배울 수 있다.

당신의 가시성을 높일 활동은 신중하고 확실하게 선택해야 한다. 일을 지나치게 많이 벌이면 화가 났거나 가식적이거나 만만한 사람으로 오해받을 수 있다. 단지 가시성을 위해서가 아니라 그 일의 가치를 믿어서 하는 것으로 보여야 한다.

성공으로 이끌어줄 핵심 역량 1단계의 또 다른 중요한 측면은 당신의 가치를 스스로 깎아내리지 않는 것이다.

보이지 않는 배낭

모두가 '보이지 않는 배낭'을 메고 있다는 사실을 아는가? 나역시 메고 있다. 모든 사람들은 전부 그런 배낭을 하나씩 갖고 있다. 배낭에는 상처, 업적, 외부 영향, 모욕, 인생 경험, 보상, 칭찬, 인간관계 등 많은 것이 들어있다. 우리는 아주 어릴 때부터 인생을 살면서 자신도 모르게 계속 배낭을 채워나간다.

이 보이지 않는 배낭의 도움 덕분에 당신은 많은 사람 앞에서 침착하고 열정적으로 이야기할 수 있다. 새로운 모험을 시도하고 실패에 대한 두려움 없이 위험을 무릅쓸 수 있다. 목표를 달성하기 위해 노력하고 타인의 권리를 존중한다. 어려운 대화에 임하고 정서적으로 유연한 태도도 가질 수 있다. 하지만 이 똑같은 배낭이 당신의 인상을 해치고, 대응하는 대신 반응하게 하며, 자책하면서 무의식적으로 자신을 파괴하게 하고, 타인을 비판하고, 자기 능력을 의심하게 할 수도 있다.

당신이 이 배낭에 넣어 가지고 다니는 경험과 영향은 중요한 렌즈가 된다. 이 렌즈를 통해 당신은 자기 자신과 세상, 세상에 존재하는 모든 사람과 사물을 바라본다. 여기에서 얻은 생각과 느낌이 긍정적일 때 그것들은 당신이 노력하고 성장할 수 있도록 이끌어준다. 그러나 부정적일 때는 정신적, 감정적 소음이 되어 당신을 짓누르다 결국에는 장애물이 된다.

당신의 보이지 않는 배낭과 그 안에 든 생각과 느낌을 다루기 위한 방법들이다.

- **인식하라.** 내면의 생각과 느낌이 당신의 현재 행동에 영향을 미친다.
- **이분법을 인지하라.** 당신의 생각과 느낌이 가진 이중적 힘을 인식하라. 어떤 것은 긍정적이고 치유를 촉진하지만 또 다른 어떤 것은 부정적이며 내면을 곪게 한다. 생각과 느낌은 당신의 대응과 선택, 상호작용과 대화는 물론 자신을 바라보는 방식에도 영향을 미친다.
- **자신에게 친절해라.** 중요한 변화는 시간이 걸릴 수 있다.
- **분석하고 질문하라.** 경험이나 사람, 상호작용에 대해 생각할 때 다음과 같이 자문해보라.

  "내 인상을 해칠 수도 있는 생각이나 느낌은 무엇일까?"

  "그런 생각이나 느낌은 언제 시작되었지?"

  "그것은 어떤 식으로 나를 파괴해왔을까?"

  "왜 그런 생각이나 느낌이 내게 도움이 되지 않는 걸까?"

- **결심하라.** 평생 품고 있던 부정적 판단과 생각, 느낌이 더는 미래의 성

과를 좌우하게 두지 않겠다고 다짐하고 각오를 다져라.

교육에 참여한 고객들과 대화할 때 나는 그들의 성공에 걸림돌이 되는 생각과 느낌을 금세 알아본다. 개인은 특정한 느낌이 자신의 인상을 어떤 식으로 해칠 수 있는지 인식하기 시작한다. 이제 그들은 이 부정적인 느낌이 담긴 보이지 않는 배낭을 벗어서 회의실 캐비닛에 넣은 뒤 문을 닫아야 한다. 요컨대 보이지 않는 배낭을 벗어버리는 상상은 강력한 이미지가 되어 개인의 내면에서 자기파괴를 일으켜온 판단을 제거하는 셈이다. 이를 기점으로 사고방식과 행동에 변화가 일어난다.

연구에 따르면, 시각화視覺化, Visualization는 당신의 목표 달성을 돕는 매우 강력한 도구일 수 있다. 실제로 자신의 목표를 마음 속에 그려보는 사람이 그렇지 않은 사람보다 목표를 이룰 가능성이 1.2~1.4배 더 크다고 한다.[1]

많은 사람의 보이지 않는 배낭에는 '가면 증후군Imposter Syndrome'으로 알려진 두려움도 함께 들어있다.

가면 증후군

경력을 쌓다가 어느 시점에 이르면 많은 사람이 자신에 대한 회의를 경험하고 "내가 이걸 할 수 있을까?"라고 생각한다. 자기 회의는 특정한 사건이나 임무, 프로젝트나 사람 때문에 일시적으로 드는 느낌이다. 그러나 가면 증후군은 다르다.

가면 증후군은 당사자의 마음 속에 훨씬 더 깊이 자리잡은 두려움이며 말로 표현되지 않을 때가 많다. 가면 증후군은 당신이 현재 있는 곳에 속하지도 않고 그럴 자격도 없다고 믿는 현상이다. 당신이 가짜인 데다 자질이 부족해서 일을 맡을 자격이 없다는 사실을 누군가가 알아낼지도 모른다는 두려움인데, 보통은 아무런 근거가 없다. 가면 증후군에 시달리는 사람들은 대부분 충분한 능력을 갖춘 이들이다. 따라서 보이지 않는 배낭이 당신의 생각을 그릇된 방향으로 끌고 가는 시점을 알아차리는 것이 중요하다.

가면 증후군을 해결하려면 감정적인 혼돈을 없애고 부정적 생각에 맞서 긍정적인 혼잣말에 집중해야 한다.

혼잣말

혼잣말Self-talk은 '내적 독백'으로도 알려진 강력한 내면의 목소리다. 긍정적 혼잣말은 부정적 생각을 중화할 수 있는 반면에 부정적 혼잣말은 긍정적 생각을 억누를 수 있다.

일부 전문가는 부정적 생각이 끝내 사라지기를 기대하며 그런 생각을 단순히 무시하라고 한다. 그러나 내 견해는 다르다. 무언가를 무시하려고 노력하면 그것은 흔히 더 강해져서 돌아온다. 당신의 주의를 훨씬 더 많이 분산시키고 굴복할 때까지 집요하게 붙는다. 내 지침은 부정적 생각을 인정한 다음 즉시 긍정적 혼잣말로 부정적 생각에 맞서라는 것이다. 긍정적 혼잣말을 사용할 때는 구체적 성공과 자질, 긍정적 피드백을 예로 드는 것이 중요하다. 그래야 부정적 생각을 반박하고 중화할 수 있다.

긍정적 혼잣말로 부정적 생각 중화하기

- **부정적 생각**: *나는 이번에 승진하지 못할 거야.*

  긍정적 혼잣말: 아니야, 난 자격이 있어. 마케팅 분야에서 경력을 15년이나 쌓았고 6년 동안 관리자로 일하며 팀원 세 명을 감독해왔잖아. 작년에 업무 평가도 좋게 받았어.

- **부정적 생각**: *나는 사람들 앞에서 연설을 잘 못해. 형편없을 거야.*

  긍정적 혼잣말: 난 프레젠테이션을 많이 해봤고 상사들에게 긍정적 피드백도 받았어. 사람들도 꽤 잘 집중시키지. 난 잘 해낼 수 있어.

- **부정적 생각**: *난 이 일을 할 수 없어. 나보다 더 뛰어난 사람이 너무 많아. 어쩌지?*

  긍정적 혼잣말: 할 수 있어. 난 디지털 미디어를 전공했고 10년 동안 관련 업계에서 경력을 쌓았어. 내가 할 수 없다고 생각했다면 사람들

은 내게 이 프로젝트를 맡기지도 않았을 거야. 그들은 내가 여기에서 이 팀을 이끌기를 원해.

생각의 부정적 영향을 중화했다면 이제는 더 긍정적으로 생각할 차례다. 긍정적 사고는 사고방식 자체를 긍정적으로 바꿔서 장기적으로는 정신적, 정서적 혼란을 없애는 데 도움이 될 것이다. 성공을 이어가기 위해서는 사고방식을 바꾸는 능력이 매우 중요하다.

사고방식 바꾸기

너무 오랫동안 부정적 생각을 갖고 살면 그 생각이 당신을 규정하게 된다. 결국에는 사람들도 당신을 부정적으로 인지하고 당신에게 부정적인 사람이라는 꼬리표를 붙일 것이다. 사고방식을 바꾸고 뇌를 재훈련하여 부정적으로 생각하는 경향에서 벗어나 더 긍정적으로 생각해야 한다. 생각, 특히 처음에 드는 생각을 고치면 거기에 얽힌 감정도 변할 것이다. 그리고 이 변화는 궁극적으로 다른 행동이나 결과로 이어진다. 이를 위해 알아두어야 할 중요한 차이점이 있다. 사고방식을 만들어내는 것은 사건이나 상호작용, 대화 자체가 아니라 그것에 대해 우리가 자신에게 말하는 내용이다.

늘 감정보다 생각이 먼저다. 사건을 어떻게 느끼고 보고 처리할지 좌우하는 것이 바로 이 처음 생각이다. 생각이 감정으로 이어지고, 감정은 행동을 창출한다.

- **처음 생각**: *이 새로운 직위에서 뭘 어떻게 해야 할지 하나도 모르겠어. 배울 게 너무 많아.*

  관련된 감정: 걱정, 무서움, 짜증, 절망, 좌절, 자기 회의

  나타날 수 있는 행동: 퉁명스럽게 말하기, 스스로 고립시키기, 자신이 그 직위에 부적합하다는 깊은 우려를 상사에게 전달하기, 승진에 대한 의욕 버리기, 급하고 어수선한 상태로 돌아다니기, 의기소침하기, 결정에 의문 제기하기

- **처음 생각**: *왜 그는 항상 내 말을 끊는 걸까?*

  관련된 감정: 짜증, 화, 좌절, 앙심, 속상함, 분노

  나타날 수 있는 행동: 분노 억제하기, 말 멈추기, 화난 표정으로 노려보기, 팔짱 낀 채 가만히 앉아있기, 누군가 끼어들어도 계속 말하기, 다른 사람이 말할 때 끼어들기, 불평하기, 타인에게 그 상황에 대해 털어

놓기, 비난하기, 핀잔주기, 대놓고 말하기.

부정적인 생각에서 벗어나는 일이 항상 쉬운 것은 아니다. 생각과 감정이 행동에 부정적 영향을 미치는 악순환을 영원히 이어가든, 훨씬 생산적이고 건전한 생각을 갖고 살겠다고 다짐하든 선택은 당신의 몫이다. 후자의 방식을 택하려면 우선 생각을 고쳐야 한다. 생각을 고치면 그 생각에 얽힌 감정도 바뀔 것이다. 그리고 이 변화는 또 다른 행동 양식을 끌어내 다른 결과를 낳을 확률이 높다. 다음과 같이 사고방식을 바꿔보자.

- **처음 생각**: *이 새로운 자리에서 뭘 어떻게 해야 할지 하나도 모르겠어. 배울 게 너무 많아.*

  사고방식 바꾸기: 그래, 배울 게 많지만 난 그럴 만한 능력이 있어. 유능하고 노련한 경영진이 나를 승진시켰잖아. 내가 이 일을 해내고 압박도 감당할 수 있으리란 사실을 알고 나를 승진시켰다고 믿어야 해. 그들의 결정이 옳았다는 것을 증명해 보이려면 무엇을 해야 할까?

  관련된 감정: 희망, 걱정, 안심, 집중, 결의, 허락

  나타날 수 있는 행동: 일을 시작하기, 멘토 찾기, 경영진에게 피드백 요청하기, 팀원들에게 권한 위임하기, 친구와 고민 나누기.

- **처음 생각**: *왜 그는 항상 내 말을 끊는 걸까?*

  사고방식 바꾸기: 그는 늘 모든 사람의 말을 끊어. 자기 일에 정말 열정

적이야. 어렸을 때 사람들이 그의 말을 끊거나 방해했었는지도 몰라. 그러니까 자신도 아무렇지 않게 남의 말을 끊지. 아니면 자기 행동을 알아차리지 못하는 것일 수도 있어. 남의 말을 끊는 건 무례한 행동이야. 나는 내 말을 마칠 권리가 있어.

관련된 감정: 단호함, 짜증, 공감, 의욕, 관용, 확신

나타날 수 있는 행동: 생각 마무리하기, 그에게 잠시 후 발언권을 갖게 될 거라는 의사 전달하기, 다음 회의 전에 미리 분위기와 지침 정하기, 그와 잡담을 나누며 그의 행동에 대한 인식 높여주기, 그가 당신의 말을 끊도록 허락한 뒤 다시 대화에 끼어들 방법 찾기, 그의 생각을 발판으로 삼기.

👉 한 뼘 더

최근에 당신이 당황했던 상호작용이나 대화는 무엇인가? 감정에 좌우되어 다음 행동으로 넘어가기 전에 이렇게 자문해보라.

이 사람의 말이나 행동은 어떻게 달리 해석될 수 있을까?

이 사람의 말이나 행동이 나와는 아무 관련이 없고 전적으로 그에게만 관련된 것일 수 있을까?

이 사람의 말이나 행동을 해석하는 방식에 나의 보이지 않는 배낭이 영향을 미치는가?

위의 질문은 최근에 있었던 상호작용이나 대화에 대한 당신의 관점을 어떻게 바꾸었는가?

사고방식을 바꾸는 데 다음 방법들이 도움이 된다.

- **생각을 고치는 것을 연습하라.**

    처음 생각: *실수하면 엄청 당황스러울 거야.*

    고친 생각: *만약 실수한다면 고치면 돼.*

    처음 생각: *고함이라도 치고 싶은 기분이야.*

    고친 생각: *부끄럽게 고함치지는 않을 거야. 중요한 내용을 말하고 있으니 모두 들을 수 있도록 목소리를 크게 내야겠어.*

- **반대로 생각해보자.** 부정적 생각을 바꾸려면 그런 생각에 이의를 제기해야 한다.

    부정적 생각: *해야 할 말을 잊어버리면 난 신뢰를 잃게 될 거야.*

    반대 의견: *아니면, 계속해서 진행할 거야. 청중은 내가 무엇을 말하려고 계획했는지 모르니까.*

    부정적 생각: *가만히 있으면 사람들은 나를 멍청하다고 생각할 거야.*

    반대 의견: *혹은, 할 말이 없는 한 가만히 있어주는 것에 고마워하거나 성급하게 대답하지 않고 정확한 답이 떠오를 때까지 기다리는 내 태도를 존경할 거야.*

- **당신의 현재 사고방식이 유효한지 판단하라.** 부정적 생각을 바꾸는 능력의 중요한 측면은 그 생각이 여전히 유효한지 아닌지 파악하는 것이다. 이 방법은 예전의 사고방식으로 돌아가지 않도록 당신을 지켜준다. 그런데도 여전히 그에 따라 움직인다면 당신은 스스로를 파괴하고 있

는 것일 수 있다.

> **사고방식**: *예전엔 내 말의 억양 때문에 사람들이 알아듣지 못했어.*

> **유효성**: *그건 그때였고 지금은 달라.*

> **행동**: *더는 두려워할 필요 없어. 이제는 아니니까.*

- **최악의 상황을 생각하라.** 가끔은 부정적 생각에 심하게 사로잡힌 나머지 생각이 마비되기도 한다. 이럴 때 '최악의 경우 무슨 일이 벌어질까?'라고 자문하면 좌절감을 가라앉히고, 일어난 일에 더 이성적으로 대응하며 사건의 심각성을 균형 잡힌 시각으로 바라볼 수 있다.

- **'관점의 벽'을 넘으려고 시도하라.** 이따금 우리는 자신의 사고방식에 너무 깊이 박혀있거나 너무 바짝 또는 너무 오래 머문 탓에 균형 잡힌 관점을 잃기 시작한다. 한 발짝 물러나 멀리서 바라보자. 만약 당신이 그 일에 대해 다른 누군가에게 조언한다면 뭐라고 말할까? 어떤 해결책을 제시하겠는가? 역할을 바꾸거나 상황을 또 다른 각도에서 바라보니 당신의 관점이 바뀌는가?

- **두려워도 그냥 일단 하라.** 이 방법을 시도하면 당신이 생각하고 존재하는 방법이 달라지기 시작한다. 이런 변화는 무섭고 매우 압도적이고 불편할 수 있다. 당신이 전혀 상상하지 못했던 방식으로 무한한 성장 가능성을 만들어낼 수도 있다. 그러니 그냥 하자. 익숙한 영역에서 벗어나 일단 시작하라. 도저히 어쩔 수 없을 땐 두려워해도 괜찮다.

─○━━━

부정적인 생각이 당신을 좌우하게 놔두지 말고 더 긍정적인 길을 찾는 게 핵심이다.

💡 여기서 꿀팁!

정말로 그렇게 될 때까지 그런 체하라 Fake it until you become it.

'성공할 때까지 성공한 척하라Fake it until you make it'라는 유명한 문구가 있다. 하버드대학교의 유명한 연구원이자 사회심리학자인 에이미 커디는 '실제로 그렇게 될 때까지 그런 체하라'는 새로운 문구를 만들었다. 그렇다! 그런 척해라. 당신에게 자연스럽지 않거나 익숙하지 않은 무언가를 진심으로 믿고 지지하면서 더 쉽고 편해질 때까지 연습하면 정말로 그렇게 될 것이다. 심지어 즐기게 될지도 모를 일이다.

부정적으로 생각하는 습관을 버리고 더 긍정적인 사고방식을 갖도록 뇌를 재훈련하려면 지속적인 노력이 필요하다. 일터에서 흔히 생기는 곤란한 상황을 처리하여 당신의 역량을 2단계에 확립하기 위한 최선의 방법을 숙고할 때는 사고방식을 바꾸는 능력이 필수적이다.

2단계: 직장에서 흔히 생기는 곤란한 상황을
처리하는 능력

나는 일하면서 수많은 훌륭한 사람과 만나는 즐거움을 누렸다. 그리고 이런 상호작용을 바탕으로 실용적이고 효과적이며 오랜 세월에 걸쳐 입증된 의사소통 방법을 개발하여 개별 코칭과 단체 교육시간에 가르치고, 기조연설 중에 언급했으며 개인적인 대화와 상호작용에도 적용했다. 그렇게 수년 동안 갈고닦은 기법들이 지금 이 책에 실린 내용이다.

내 목표는 해묵은 문제를 다른 관점에서 바라보도록 도와주고 직장에서 일어나는 곤란한 상황을 좀 더 쉽게 처리할 수 있도록 하는 것이다.

안 된다고 말하기

어떤 사람들에게는 '안 된다'는 말이 너무 어려울 수 있다. 그들은 안 된다고 말하느니 차라리 업무를 추가로 떠맡아 녹초가 되도록 일하는 편을 택한다. 그러나 또 다른 사람들에게는 거절이 매우 편하다. 안 된다고 말하는 게 솔직하고 간결하며 효율적이기 때문이다.

당신은 마음 편히 거절하는가?
관계를 손상하지 않기 위해 당신은 어떤 식으로 안 된다고 말하는가?

상대방의 의사소통 방식을 파악해 완곡하고 재치 있게 메시지를 전달하는 것은 관계를 유지하는 데 중요하다. 안 된다고 말할 때 상대방의 감정을 상하게 하는 것도 피할 수 있다.

직접적 의사 전달자

직접적 의사 전달자들은 대개 '안 된다'는 말을 정면에서 들어도 신경 쓰지 않는다. 그것이 간결하고 솔직한 그들의 의사소통 방식과 일치하기 때문이다. 이런 유형의 사람들은 '안 된다'는 말을 듣는 것에 별로 개의치 않으므로 다른 사람들도 똑같이 느낀다고 생각할 때가 많다. 하지만 항상 그런 것은 아니다. 오히려 상대방은 직접적인 전달 방식이 퉁명스럽다고 여길지도 모른다. 이런 상황은 본인도 모르게 상대방을 언짢게 해서 역학 관계를 바꾸는 결과를 낳을 수 있다. 따라서 당신이 직접적 의사 전달자 유형에 해당한다면, 표현을 부드럽게 하는 설명을 시도해보라.

"안 됩니다. 이건 제가 추진할 수 있는 선택 방안에 포함되어 있지 않아요. 왜냐하면…"

"당신이 무엇을 원하는지 알겠지만, 안 됩니다. 우리는 그 요청을 들어줄 수 없어요. 왜냐하면…"

간접적 의사 전달자

간접적 의사소통 방식을 가진 사람들은 '안 된다'는 말을 사용하거나 듣는 것을 불편해한다. 이런 사람에게 '안 된다'고 말해야 한다면, 다르게 표현할 방법을 찾아야 한다. '안 된다'는 말은 제일 마지막에 해야 한다. 이 말을 맨 처음에 하면 거절하는 것처럼 느껴지거나 너무 거칠고 퉁명스럽게 들릴 수 있다.

"안타깝게도, 방침에 그럴 수 없도록 되어 있습니다. 왜냐하면…"
"방침에 그럴 수 없도록 되어 있어요. 안 됩니다. 왜냐하면…"

상사나 임원에게 안 된다고 말하기

(흠…. 일단 이것이 꽤 힘든 일이라는 점에는 다 같이 동의하자.) 많은 임원은 자신이 열심히 일했고 회사에 충실했으며 여러 가지를 이루고 자신이 책임지고 있는 자리를 얻을 자격이 충분하다는 사고방식을 갖고 있다. 그들은 자신의 직위와 함께 존경과 찬성 그리고 복종이 따라오리라 기대한다.

만약 상사가 당신이 감당할 수 없는 업무를 요청한다면, 당신의 의사소통 방식 및 상사와의 관계에 따라 거절을 표할 수 있는 선택 방안이 몇 가지 있다. 예를 들어 위계질서를 존중하기 위해 '안 된다'는 메시지를 의문형으로 만드는 것도 한 가지 방법이다.

> **간접적 대응**: *"제 현재 업무들을 살펴보시고 그중 하나를 이 새로운 업무와 바꿔주실 수 있습니까?"*
>
> **직접적 대응**: *"이 업무를 맡을 수 있도록 제가 현재 맡고 있는 프로젝트 목록을 살펴보시고 그중 하나를 재할당해주실 수 있나요?"*
>
> **직접적 대응**: *"제가 현재 맡고 있는 업무들의 우선순위를 다시 정해주시면 도움이 될 겁니다. 그래야 제가 이 안건을 준비하는 데 필요한 시간을 낼 수 있거든요. 괜찮으시겠습니까?"*

'안 된다'고 말하는 대신 상사에게 질문을 던지는 데에는 세 가지 장점이 있다. 첫째, 존중을 표한다. 둘째, 실제로 '안 된다'는 말을 할 필요가 없다. 어떤 사람들은 이 말을 불편하고 위협적으로 받아들일 수 있는 까닭에 유용하다. 셋째, 상사의 손에 일 처리를 맡긴다. 이렇게 하면 당신은 시간을 좀 벌 수 있다. 당신이 어떤 일을 넘길 수 있는지 생각해봐 달라고 부탁을 받으면 어떤 상사는 시간이 너무 많이 걸릴지도 모른다고 생각해 그 업무를 다른 사람에게 전달할 수도 있다.

안 된다고 말하기도 싫고 된다고 말할 수도 없다면 또 다른 선택 방안을 고려해보자. 이를 테면 그 업무를 또 다른 사람과 함께 처리하겠다고 제안하는 것이다. 또한 업무를 부탁하는 사람이 누구인지, 관련된 상황이 무엇인지 고려한 뒤 이렇게 자문해보라. '그 업무를 거절하는 것이 바람직한가?'

정말로 그 일을 맡을 수 없다면 분명한 이유를 댈 수 있어야 한다. 예를 들어 현재 업무량이 너무 많다거나 당신의 전문지식이 그 일을 하는 데 필요한 것과 다르다 등의 근거가 필요하다. 전문지식이 부족하다면 상사가 예상보다 더 많은 시간이 들 수도 있다.

동료에게 안 된다고 말하기

동료에게 거절하는 것은 상사나 임원에게보다 더 쉬울 수도 있지만, 아닐 수도 있다. 특히 그 동료와 친한 사이일 경우에는 쉽지 않다. 어떤 사람들에게는 안 된다는 말을 실제로 사용하지 않고 그 뜻을 전하는 것이 훨씬 더 편안하고 위협적이지 않을 수 있다. 요청의 중요성을 존중하는 것 또한 도와줄 수 없는 당신의 상황을 부드럽게 알리는 데 도움이 된다.

"들어보니 이건 당신에게 중요한 일이네요. 나는 현재 업무량 때문에 시간

이 전혀 나질 않아요."

"당신을 위해 이 일을 정말 맡고 싶은데, 그럴 수가 없네요."

"내 기준에 맞추어 일을 처리하려면 이 일에 충분한 시간을 할애하고 집중해야 하는데, 당장은 내 업무가 쌓여 있어서 그럴 수가 없어요."

부하 직원에게 안 된다고 말하기

상사에게 아이디어를 제안하거나 무언가를 요청하는 것은 쉽지 않다. 제안이나 요청에 대한 반응이 좋지 않을 수도 있다는 두려움 때문이다. 당신의 직속 부하 직원이나 당신보다 직급이 낮은 누군가에게 거절을 표할 때는 이 점을 유념해야 한다. 애초에 아이디어를 가지고 당신에게 올 때부터 매우 큰맘을 먹었을 텐데, 그 아이디어가 거절당하면 사기가 크게 꺾일지도 모른다. 그들에게 안 된다고 말할 때는 다음을 명심하라.

- **균형을 찾아라.** 상사로서 매번 안 된다는 대답만 하는가? 된다는 말은 언제 쓰려고 아껴두는가? 된다고 말할 수 있을 때마다 그렇게 말하라. 이렇게 하면서 당신의 대응은 더 균형을 잘 이루고 직원에게 지속적으로 동기를 부여할 수 있다. 당신이 정말 안 된다고 말해야 할 때 상대방의 마음에 일어날 수도 있는 부정적 감정을 상쇄하는 데에도 도움이 된다.
- **'안 된다'고 딱 잘라 말하는 것을 피하라.** 딱 잘라서 '안 된다'고 말하는

것은 의사 결정자가 질문자에게 다른 선택의 여지도 주지 않고 설명도 해주지 않은 채 '안 된다'고 답한 경우를 뜻한다. 이러한 대응은 질문자의 의욕을 크게 꺾고 질문자에게 무시당한 인상을 준다.

- **강조하고 알아보라.** 당신이 할 수 있는 일 혹은 해낸 일을 강조하는 것에 주력하고 질문자에게 긍정적 답변이 될 수도 있을 다른 해결책을 알아보자.

  "아니오, 당신의 급여를 최대한으로 올릴 수는 없었어요. 그래도 올리긴 했습니다."

  "우리는 그 방향으로 갈 수 없습니다. 우리가 할 수 있는 것은…"

  "난 _____할 권한이 없어요. 내 권한으로 할 수 있는 것은…"

- **메시지를 조정하라.** 상사는 일관된 메시지와 기준을 갖고 있어야 한다. 하지만 메시지를 전달하는 방법은 부하 직원의 '언어', 즉 그의 의사소통 방식에 맞추어 바꿀 수도 있다. 당신이 대응하는 사람이 누구인지에 따라 '안 된다'는 의사를 전달하는 방법도 달라질 수 있다.

의사소통 방식과 직위에 상관없이 안 된다는 말을 완곡하고 재치 있게 전하는 기술은 일터에서 흔히 일어나는 어색한 상호작용을 효과적으로 처리한다. 워런 버핏은 당면한 과제에 계속 집중할 수 있도록 모든 일에 안 된다고 대답하는 것으로 유명하다. 당신도 내심 워런 버핏을 따라하고 싶을 수도 있다.

완곡하고 재치 있게 안 된다고 말하기

'안 된다'고 대응할 때 재치와 화술을 발휘하기 위해 다음 기법들을 살펴보라.

- '내 음성 전달이 퉁명스럽거나 거칠게 들리나?'라고 자문해보라. '안 된다'는 말은 많은 사람이 듣기 힘들어 하는 대답이다. 따라서 듣는 이는 그 말이 전달되는 방식에 더 민감할 수도 있다.
- 안 되는 이유를 설명하는가?
- 대답이 '안 된다'여도 그 질문이나 요청의 가치를 인정하는가?
- 얼굴 표정이 부정적으로 보일 여지가 있는가?
- 안 된다고 말할 때 듣는 이와 듣는 이의 감정을 존중하는가?
- 핑계를 대는 것과 긴 설명을 늘어놓는 것, 사과하는 것을 피하라.
- '안 된다'는 말을 가벼운 대응으로 부드럽게 표현하려고 노력하라.
- 거절을 당하는 쪽이 되어봤는가? 그런 말을 들을 때 어떻게 전해 듣는 것이 더 좋을지 생각해보고 대답하라.

그밖에 실제로는 안 된다고 말하고 싶을 때 된다고 말하는 경우가 있다. 그럴 경우 당신은 결국 상대방이나 해당 업무를 원망하게 될 수도 있다. 그런 분노의 감정이 눈에 보일 정도로 드러나면 조직 내 역학 관계에 변화를 초래할 수 있다.

'안 된다'는 이 짧은 말은 큰 힘을 갖고 있다. 이 말을 해야 하는 사람에게는 불편함을, 듣는 사람에게는 무시당하거나 거절당한다는 느낌을 줄 수 있다. '안 된다'는 말을 어떤 식으로 다루고 배치하고 전달하는지와 누구에게 이 말을 하는지는 관계를 유지하는 데 중요한 역할을 한다.

비슷한 고민을 필요로 하는 또 다른 상황은 회의나 전화 회의에 참석해서 상사나 동료가 부정확한 정보를 말할 때다. 부정확한 정보를 바로잡아야 하는 곤란한 상황일 때는 매우 조심해야 한다.

부정확한 정보 바로잡기

부정확한 정보를 공유한 사람을 당황시키지 않으면서 동시에 잘못된 점을 바로잡을 수 있어야 한다. 세심한 균형이 필요한 일이다. 정보를 제공한 사람의 직위와 당신과의 관계에 따라 언제 어떤 식으로 부정확한 정보를 바로잡을지 정해야 한다.

동료와 부하 직원

부정확한 정보를 말한 사람이 임원일 때보다 동료일 때 바로잡기가 보통 더 편하고 부하 직원일 때는 훨씬 쉽다. 관계를 유지하고 싶을 때, 특히 다른 사람들 앞에서 대응하는 경우에 음성 전달의 중요한 요소는 늘 완곡함과 재치다.

상사/임원

(역시 쉽지 않다!) 당신이 다른 사람들 앞에서 상사나 임원이 틀렸다고 얘기한다면 상사나 임원의 심기를 건드리거나 도를 넘는 행동으로 보일 수 있다. 이런 경우에는 회의가 끝날 때까지 기다렸다가 상사와 만나 당신의 생각을 말할 것을 추천한다.

상사와의 관계가 매우 편안하고 신뢰가 두텁다면 그 자리에서 공손하게 상황을 처리하는 것도 또 다른 선택 방안이 된다. 상사의 정보가 틀렸다는 사실을 알고 있다면 다른 사람들 또한 그 사실을 알 수도 있기 때문이다. 당신이 그 자리에서 더 정확한 정보를 공유한다면, 이 행위는 상사가 늘 좋은 인상을 얻도록 신경 쓴다는 것을 보여주어 상사에 대한 존중을 강조해 줄 수도 있다. 이럴 때는 현재까지 이어오는 상사와의 관계, 상호작용, 상사의 인격까지 고려해야 한다.

이 상황을 어떻게 처리해야할지 혹은 당신의 상사가 어떤 방식을 선호할지 모르겠다면 직접 물어보라. 불편하거나 곤란한 상황에 누군가가, 특히 당신의 상사나 임원이 개입된 경우에는 혼자 추측하기보다 물어보는 편이 더 낫다. 다음에 상사와 단둘이 회의할 때 혹은 회의 후 함께 걸어 나오면서 다음과 같이 확인해보자.

"제가 이사님을 잘 도와드리고 있는 것인지 확실히 해두고 싶습니다. 정보

일터의 대화법

의 정확성과 관련된 문제도 그 중 일부라고 생각하는데요, 만약 이사님이 정확하지 않을 수 있는 정보를 말씀하신다면 이사님은 제가 그 상황을 어떻게 처리하기를 바라십니까?"

또는

"저는 늘 이사님을 잘 도와드리고 싶습니다. 이사님이 정확하지 않을 수도 있는 정보를 말하는 것을 들었을 때 이사님을 최대한 존중하려면 제가 어떻게 해야 하나요? 그 자리에서 첨언하고 정정할까요, 회의 후에 제 생각을 공유할까요, 아니면…?"

부정확한 정보를 말한 사람이 상사든 동료든 부하 직원이든 당신이 그 자리에서 부정확한 정보를 바로잡기로 마음먹었다면 다음과 같이 말하라.

- "계속 진행하기 전에 제가 다시 강조하고 싶은 점은…"
- "오늘 아주 많은 정보가 나왔습니다. 그 중에 제가 강조하려는 것은…"
- "정말로 기억해야 하는 핵심 정보는…"
- "_____을 강조하는 것이 매우 중요합니다."
- "_____에 대해 모두 의견을 같이하는 것이 제일 중요합니다."

간혹 당신은 부정확한 정보가 아니라 부적절한 언급이나 질문에 대응해야 할 때도 있다.

부적절한 언급이나 질문에 대응하기

유머는 보통 긴장을 풀고 어색한 상황을 푸는 전략이다. 나는 부적절하거나 어색한 질문에 대해 멋지게 대응하는 방법을 수년에 걸쳐 배우고 듣고 공유해왔다.

- *"몇 살이세요?"*

  대응: *"0살과 죽음 사이 어디쯤입니다."*(미소를 지으며)
- *"누가 회의 내용을 기록해주시겠습니까?"*

  대응: 침묵.

  본래 회의 내용을 기록하는 것이 주어진 업무가 아니라면, 그 일을 자원하는 행동은 당신의 역할을 축소할 수도 있다. 자발적으로 회의 내용을 기록하겠다 하면, 당신은 사람들의 잠재의식 속에서 입지가 줄어들고 앞으로도 계속해서 회의 내용을 기록해야 하거나 토론에 참여할 기회를 놓칠 수도 있다. 회의에서 당신의 역할이 바뀌었기 때문이다.
- *"리디아, 회의 내용을 기록해줄래요?"*

  대응: *"물어봐줘서 고마워요. 난 토론에 집중하고 싶은데, 내용을 기록해야 하면 그럴 수 없을 거예요."*

물론 상사가 부탁하는 경우에는 상황과 관계에 맞추어 최선의 결정을 내려야 한다.

- *"제가 생각했던 것보다 더 어리시네요."*

  대응: *"감사합니다. 노화에 면역이 되었다는 말을 듣는 건 언제나 기분 좋은 일이죠."*

  대응: *"감사합니다. 세월이 흘러도 변함없다는 말은 언제든 환영합니다."*

  대응: *"제가 청춘의 샘이라도 찾았나 봅니다."*

- *"어머, 손이 차갑네요."*

  대응: *"손은 차도 마음은 따뜻하답니다."*

- *"당신이 이렇게 작은/왜소한 줄 미처 몰랐어요."*

  대응: *"체구는 작아도 뇌는 커요."*

가끔은 상황이 역전되어 부적절한 언급이나 질문에 대응하는 대신 당신이 그런 언급이나 질문을 할 때도 있다.

말실수했을 때

그렇다, 어색하다. 보통은 고의로 그러는 것은 절대 아니지만, 그래도 여전히 어색하다. 말실수를 했을 때 기억해두어야 할 몇 가지 대응법을 소개한다.

- **고쳐 말하거나 설명하라.** 그 자리에서 만회할 방법이 있다면 그렇게 하라. 상황이 발생한 즉시 해명하거나 바꾸어 말하거나 말뜻을 설명하는 게 나중에 생각났을 때나 아무 조치를 취하지 않는 것보다 훨씬 더 진실하고 믿을 만해 보인다.
- **실수를 최소화하라.** 연관된 주제로 넘어가 실수를 최소화하라.
- **사과하라.** 고의는 아니어도 상대방을 불쾌하게 했다면 사과해야 한다.
- **분위기를 완화하기 위해 가벼운 유머를 이용하라.** 상대방의 실수에 대해 농담하는 것은 사태를 훨씬 더 나쁘게 만들 수 있다. 그 대신 가벼운 유머를 이용하여 긴장감을 해소하라. 예를 들어,

  "잠을 못 자서 그럴 거예요. 자주 실수하면 안 되니까, 다음에 실수 할 때는 내게 꼭 허락을 받으세요."
- **자기 자신에게 친절해라.** 우리는 인간이다. 인간은 누구나 실수하게 마련이다. 자책하지 말자.
- **용기를 내라.** 불편하거나 당황스러운 마음에 상대방을 피하고 싶어질 수도 있다. 욕구가 아무리 강해도 그런 행동은 삼가야 한다. 회피는 어색함만 키우고 사태를 악화시킬 것이다. 당신의 실수가 고의적이었던 것은 아닌지 혹은 당신이 정말로 자신을 싫어하는 것은 아닌지 상대방이 의심할 수도 있기 때문이다.

상황과 관련 인물에 따라 어색한 순간을 되돌리는 것이 매우 어려울 수 있다. 하지만 가로채인 대화는 되찾을 수 있다.

가로채인 대화 되찾기

사람들에게 가장 많이 받는 질문 중 하나는 이것이다. "누군가 중간에 말을 끊으면 어떻게 해야 하나요?"

2장에서 첨언하는 것과 말을 끊는 것 사이의 차이를 자세히 다룰 때 강조했듯이 그럴 경우 당신은 대화의 주도권을 되찾아 와야 한다. 말을 끊거나 대화를 가로채는 행위를 스스로 막지 못한다면, 당신은 그런 대접을 받아도 괜찮은 사람이 되어버린다. 사람들이 이런 행동을 계속한다면 '나는 왜 사람들이 내 말을 끊도록 허락하는 걸까?'라고 자문해봐야 한다. 자기 인식을 높이고 사람들에게 정확한 인상을 심어주고 당신의 전달할 방법을 고려할 때 중요한 것은 미흡한 조치의 원인을 깨닫는 일이다. 이 불편한 상황을 외교적으로 처리할 수 있는 방법 몇 가지를 소개한다.

- **자신감을 전달하라.** 미소를 지어라. 몸짓을 크고 대범하게 하라. 재치 있고 완곡한 음성 전달 방법을 사용하라.
- **행동을 이야기하라.** 말을 끊은 사람에게 "아직 제 말이 끝나지 않았습니다"고 말하기보다 "공유할 의견이 몇 가지 더 있습니다"고 말하는 것이 모범적인 태도다. 이처럼 예의바르고 재치 있게 당신의 행동을 이야기하면, 다른 사람들이 말을 끊지 못하도록 막을 수 있고 말을 끊은

사람과의 관계도 훼손하지 않을 수 있다.

"그레이스, 당신이 해야 하는 말이 무엇인지 듣고 싶어요. 제 생각을 다 공유하고 나서 (펼친 손을 상대방에게 향하며) 곧바로 당신에게 발언 기회를 넘길게요."

발언 기회를 누군가에게 넘기겠다고 말한 경우에는 그 말을 꼭 지켜라. 말한 내용을 실천하는 것은 당신이 약속을 지키는 사람이라는 사실을 즉시 나타내줄 것이다. '약속을 실행에 옮기는 일'은 늘 다른 사람들의 눈에 비치는 당신의 신뢰성을 강화하는 데 도움을 준다. 말을 끊은 사람이 다시 말을 끊는 것을 막는 데에도 도움을 줄 수 있다. 자신에게 말할 기회가 주어지리라는 것을 알고 있을 때 사람들은 말을 끊고 주장을 펼치려는 경향을 덜 보인다.

- **대화를 다시 넘어오게 만들어라.** 누군가가 당신의 말을 끊고 대화를 가로챘다면 발언권을 다시 찾아올 수 있어야 한다. 다리가 사람들을 한 지점에서 또 다른 지점으로 이어주듯 말도 똑같다. 다음 표현을 이용해 대화를 이전 내용으로 돌려보자.

  — *"새로운 주제로 넘어가기 전에, 제가 덧붙이고 싶은 말은…"*

  — *"제가 앞서 말씀드린 의견을 뒷받침하자면…"*

  — *"몇 분 전 이야기로 돌아가도 된다면…"*

  — *"여기에서 우리가 집중해야 하는 근본적 문제는…"*

  — *"_____는 중요합니다. _____로 돌아가는 것도 그에 못지않게 중요합니다."*

— "제가 처음에 제안했던 _____에 대해 다시 논의하고 싶습니다."

- **당신의 평판을 굳혀라.** 자신 있게 의사소통하고, 누군가가 말을 끊는 상황을 해결하고, 이름 사용과 같은 중요한 요소들을 잘 접목하고, 말을 끊은 사람도 회의에 기여하는 바가 있다는 사실을 인정하면 당신은 사람들에게 세 가지 강력한 메시지를 보내게 된다.

  — 첫 번째 메시지는 당신의 자신감을 드러낸다. 당신이 자신의 말을 가치 있게 여기고 자신의 의견을 마무리하고 싶어 한다는 사실을 보여준다.

  — 두 번째 메시지는 당신이 말을 끊은 사람을 '이해한다는' 사실을 전달한다. 당신은 말을 끊은 사람이 무언가 할 말을 갖고 있다는 사실을 인정하여 겸손과 너그러움, 자기 확신을 보여준다.

  — 세 번째 메시지는 당신의 직업 의식을 나타낸다. 이를 통해 당신은 어색하거나 불편한 상호작용을 정중하고 품위 있고 요령 있게 처리할 수 있다.

말을 끊은 사람이 상사인 경우

말을 끊은 사람이 상사라면 상황을 판단한 뒤 그에 맞게 대응하라.

- 당신이 계속 말해도 될지 상사에게 물어볼 수 있을 정도로 관계가 돈독하고 편안한가?

- 회의 전에 합의를 볼 수 있는가? 그럴 수 있다면, 당신이 먼저 생각을 공유한 다음 발언권을 상사에게 넘겨도 될지 회의 전에 미리 물어보라. 방해를 막는 데 도움이 될 수도 있다.
- 말을 꺼냈다가 나중에 불화나 곤란, 말썽이 생길 것 같다고 느껴지면 내버려두어야 할 수도 있다.

불편하거나 어색한 상황을 처리하면서 상황에 무관심하다는 인상을 주지 않는 것이 중요하다. 사람들은 미흡한 조치를 자칫 무관심으로 해석할 수 있다. 질문이 잘못된 사람에게 향한 상황을 처리할 때도 가로채인 대화를 되찾을 때 보여준 것과 같은 적극적인 자세가 필요하다.

당신이 아니라 당신의 상사가 질문을 받는 경우

담당자인 당신이 답할 수 있는 질문을 상사에게 던지는 데에는 많은 이유가 있다. 그중 일부는 당신과는 무관하게 자신을 돋보이려는 질문자의 의도와 관련된 것일 수도 있다.

이러한 상황에서는 상사와 대화하는 것이 중요하다. 이는 당신의 역량과 당신이 왜 그 질문에 답할 수 있는 적임자인지 재확인하는 기회가 될 수 있다. 치밀어 오르는 짜증을 참는 대신 앞으로 있을 상황에 대해 합의를 보고 당신의 성공을 뒷받침해달라고 상사에게 요청하는 것이므로 상사와의 관계를 강화할 수도 있을 것이다.

이런 이야기를 꺼낼 때는 당신과 상사 사이의 관계와 그의 의사소통 방식에 따라 음성을 잘 조절해서 공격적으로 들리지 않도록 주의해야 한다. 다음과 같은 말로 대화를 시작해보자.

- *"오늘 오전 회의에서 보니 존이 부장님께 질문을 던지더군요. 앞으로는 프로젝트 책임자인 제가 질문에 대답해도 될까요?"*
- *"제가 먼저 질문을 처리한 다음 부장님이 의견을 보탤 수 있게 발언권을 넘겨드려도 될까요? 제가 대답하지 않으면 다른 컨설턴트들이 궁금한 점을 누구에게 물어봐야 하는지 헷갈릴까 걱정됩니다."*
- *"지난 몇 차례 회의하는 동안 사람들이 제 말을 끊고 부장님께 대답을 들으려 한다는 것을 보았습니다. 다음 회의에서 이 프로젝트에 관한 질문은 모두 제가 받고, 제 업무 방향에 부장님의 견해가 반영된 것으로 분위기를 조성해주실 의향이 있습니까?"*
- *"아무 말 없이 있으면 제가 그 일에 대해 아무것도 모르는 것처럼 보일 것 같습니다. 제가 질문에 답변해도 괜찮겠습니까?"*

가끔은 질문에 대한 답을 모를 때도 있다. 괜찮다. 역량을 전달하기 위해 모든 답을 알아야 하는 것은 아니다. 답을 줄 수 있는 사람이 누구인지 혹은 어디에서 정보를 찾을 수 있는지만 알고 있어도 된다.

질문을 받았는데 답을 모르는 경우

질문을 받았는데 답을 모를 수도 있다. 많은 사람이 모인 자리나 팀 회의 또는 일상적인 대화에서 다음과 같은 행동은 당신의 역량을 보여줄 것이다.

- **차분하고 당당해라.** 특히 경영진이나 다른 사람들 앞에서 질문을 받으면 극도로 긴장되고 대답에 자신이 없을 수 있다. 몸짓과 목소리에 침착함을 유지하자. 당신이 '말로' 표현하지 않는 한 청중은 당신이 불편하다는 사실을 전혀 알지 못한다.
- **당신이 알고 있는 사실을 공유하라.** 답변의 한 측면을 이야기하거나 사안 혹은 주제에 관해 당신이 알고 있는 사실을 강조하라. 이는 질문자의 호기심을 채우고 불편한 상황을 요령 있게 처리하는 당신의 능력도 보여준다.

  "지금까지 우리가 알고 있는 사실에 비춰볼 때 제 생각은…"

  "지금까지 이루어진 조사에 따르면, 제 견해는…"
- **구체적인 조치와 시간을 제안하라.** 아무 답변도 떠오르지 않을 때는 일정한 시간 안에 어떤 조치를 취하겠다고 약속해야 한다. 질문자에 대한 당신의 존중과 직업 윤리, 역량을 나타낼 수 있다.

일터의 대화법

"정확한 답변을 드릴 필요가 있겠네요. 자세히 살펴본 뒤 오늘 오후에 다시 연락드리겠습니다."

"이 문제에 답하려면 추가 조사가 필요합니다. 내일 정오 전에 다시 연락드리겠습니다."

"질문에 대한 우리 측 정보에 확인이 필요합니다. 중요한 사람 몇 명과 연락해본 뒤 이번 주말까지 다시 연락드려도 괜찮을까요?"

가능하면 '정확한'이라는 단어를 사용하라. 정확한 정보를 주겠다고 제안하면 상대방은 반박하거나 답을 달라고 조르기가 매우 힘들다. 조치와 시간을 제안할 거라면, 반드시 두 가지를 모두 완수해야 한다. 그렇지 않으면 당신의 역량을 전달하기는커녕 그에 대한 의심만 사게 될 것이다.

- **치명적 실수를 피하라.** 모르는 질문을 받았을 때 특별히 피해야 할 것들이 있다.

  — 과장된 표현이나 거짓말, 근거 없는 추정을 바탕으로 한 답변

  — "모르겠습니다. 다시 연락드려야 할 것 같아요"라는 대답의 반복

  — 딱 잘라 "모릅니다"라고 말하는 것. 단호한 답변은 질문자에게 다른 선택지나 설명을 제공하지 않는다. 이런 대응은 신뢰성에 의문을 불러일으킬 수 있다. 그냥 모른다고 말하기보다는 누구와 연락해보겠다거나, 구체적으로 필요한 사실을 찾아보겠다거나, 생각을

취합해서 보내겠다고 질문자에게 알려주면 된다. 당신이 취할 조치와 거기에 걸릴 시간을 구체적으로 밝혀야 한다. 질문자에게 다시 연락을 취할 것인지 아닌지 혹은 언제 연락할 것인지에 대해 불확실한 느낌을 주어서는 안 된다.

가끔은 대화나 처한 상황보다 사람에 대한 문제가 당신을 더 불편하게 할 때도 있다.

'어려운' 사람 상대하기

최근 고객사 연례 회의에서 기조연설을 하기 위해 떠난 캐나다 출장에서 크리스를 만났다. 크리스는 30대 후반의 미국인으로, 확실히 술에 취해 있었다. 차문이 닫힌 순간부터 그는 자신이 이 여행을 즐겁게 만들겠다며 큰 목소리로 버스 뒷좌석에서 술을 권하기 시작했다. 그 다음엔 '단체 사진'을 찍기 위해 모두 미소를 지어야 한다고 우겼댔다. 한 시간 반 동안 상스러운 행동으로 동승자를 괴롭히고 시끄럽게 소란을 피우다 결국에는 버스에서 쫓겨났다. 나는 다시는 크리스를 보지 못했다.

여러분의 직장 동료 중에 비슷한 사람이 있을지도 모르겠다. 이는 그런 사람과 정기적으로 교류해야 한다는 뜻이기 때문에 걱정스러운 상황이다. 막돼먹거나 무례한 사람, 태도가 적대적이고 성숙하지 못한 사람, 약자를 괴롭히는 사람과 마주할 때 초연하기란 쉽지 않다. 그런 사람은 거짓말을 하거나 다른 사람의 실적을 빼앗거나, 말과 행동이 다를 수도 있다. 자기 문제를 당신에게 투영해 괴롭히거나 '직무 내용에 없는' 일이라는 이유를 들며 도와주지 않을 수도 있다. 나는 이런 사람들을 '유해한toxic 사람', '에너지 사냥꾼'이라고 부른다. 그런 사람들의 주변에서 상호작용해야 하는 상황은 의욕을 꺾고 진을 빼놓을 뿐 아니라 정서와 정신 건강에도 해롭기 때문이다.

이런 사람들이 당신에게 부정적 영향을 미칠 수 없도록 하는 건 상당히 어렵고 거의 불가능한 일이라는 사실을 인정해야 한다. 이런 사람들과 접촉할 때를 대비하고 스스로를 보호하려면 어떻게 해야 할까?

- **인식과 관용을 높여라.** 일부 '어려운' 사람들은 자신을 그런 식으로 보지 않을 수도 있다는 점에 대해 인식하자. 그들은 상황을 다른 사람과 다르게 보거나 소속감이 없거나 핵심적 요구 사항을 충족하지 못한다는 이유만으로 '어렵다'고 인식되는 것일지도 모른다. 이해와 관용과 공감을 높여 그들의 '언어'로 말하는 것은 이 사람들이 장벽을 허물고 태도를 바꾸는 데 큰 영향을 미칠 수도 있다.
- **평정을 유지하라.** 이 어려운 상황에서도 교양 있게 행동하여 당신의 인상을 위험에 빠뜨리는 것을 피하라. 간결하고 정중한 태도는 따뜻함

과 사려 깊은 예의를 나타내는 공손함과 다르다. 관계를 형성할 때는 교양 있는 태도가 필요하다. 이때는 사람들과 필요 이상의 관계를 맺는 것이 목표가 아니므로, 공손한 태도 대신 교양 있는 태도가 적절하다.

- **상호작용을 제한하라.** 어려운 사람들과 상호작용하는 기회를 최소로 줄여라. 이 사람들이 당신에게 영향을 미치도록 내버려두면 당신은 그들의 힘만 북돋아준 뒤 진이 빠지고 망가진 상태로 남게 된다.

- **기록하라.** 날짜, 장소, 같이 있었던 사람들, 부정적 상호작용, 상대방의 대응, 상대방의 기분 나쁜 행동 등을 기록하라. 상황이 악화되면 당신은 이 문제를 상사 혹은 인사부에 가져가야 할 수도 있다. 그들은 당신의 불만을 둘러싼 구체적 정황을 알고 싶어 할 것이므로 상황을 상세히 기록했다가 사실대로 말할 수 있다면 이는 당신에게 매우 유리하게 작용할 것이다.

고의로 무례하게 구는 사람

고의로 혹은 노골적으로 무례하게 구는 사람과 일하는 것은 고통스럽다. 힘들겠지만, 이런 사람들은 결국 자신을 파괴하고 부정적 평판을 얻고 소외된다는 사실을 떠올리자. 그런 사람과 일하며 극적인 상황을 연출하고 싶은 사람은 아무도 없기 때문이다. 이런 사람 때문에 생긴 스트레스를 줄이고 싶다면 다음 방법을 시도해볼 수 있다.

- **가까이 하지 않기.** 업무를 제외하면 이런 사람과 굳이 관계를 맺을 필요가 없다.

- **업무에 집중하기.** 업무상 이런 사람과 교류해야 하는 경우에는 오로지 업무에만 집중하라. 그 사람과 잡담을 나누거나 업무 외에 시간을 더 보낼 필요는 없다.

- **거리 두기.** 이 사람과 직접 접촉하는 업무를 다른 사람에게 배정하여 당신과 이 사람 사이에 간접적으로 거리를 두는 것이 가능하다면, 그렇게 하라.

- **그들을 상황에서 제거하라.** 이 사람이 당신의 부하 직원이라거나 이 사람에게 다른 업무를 맡기고 또는 이 사람을 다른 부서로 옮기거나 회사에서 내보낼 영향력을 갖고 있다면, 그런 조치를 취하는 것을 진지하게 고려해보라. 당신이 이 사람을 부정적으로 생각한다면 다른 사람들도 마찬가지다. 팀원을 위해 안정적인 업무 환경을 조성하는 것도 관리자의 역할이다.

- **그 상황에서 스스로 빠져나와라.** 이 사람이 불쾌하거나 무례하거나 영악하게 행동하는데도 경영진이 아무런 조치를 취하지 않는다면, 스스로 그 상황에서 빠져나와야 한다. 당신이 자리를 떠나거나 바꾸거나 물러나는 게 정당하지는 않지만 그래도 당신의 정신적, 정서적, 신체적 건강보다 더 중요한 것은 없다.

고의로 무례하게 구는 사람이 당신의 상사라면, 어려운 선택을 해야 한다. 직속 상사나 부서, 회사를 바꿔 온전한 정신 상태를 유지하고 자신을 보호하든 그대로 머물든 양자택일이 요구된다. 상사에 대해 불만을 제기하여 원하는 결과를 낳을 수도 있지만 아닐 수도 있다. 특히 상사가 그런 행동을 하면서도 지금까지 무사하다면 더욱 그렇다. 인사부에 가는 것은 기록으로 남는다. 잠재적 보복에 대비하는 것 또한 중요하다. 이 행동으로 당신의 삶이 더 힘들어질 수 있는 반면 당신은 이런 문제를 전문적으로 다루는 인사팀의 지원을 받게 될 것이다. 어느 쪽을 선택하든, 무엇이 옳은 선택인지 제일 잘 아는 사람은 바로 자신이다.

사무실에서 약자를 괴롭히는 사람

세계 어디에나 업무 환경에서 약자를 괴롭히는 사람은 어김없이 존재한다. 유일한 해결책은 관리자가 그런 행동을 용인하지 않고 괴롭힌 사람에게 책임을 묻고 그런 행동이 용인되지 않는다는 선례를 만드는 것이다. 그럴 경우에는 이견 없이 문제가 해결될 것이다. 하지만 애석하게도 이렇게 일이 처리되는 경우는 드물다.

문제는 일터에서 약자를 괴롭히는 사람이 존재하는 정도가 아니라 넘쳐난다는 사실이다. 직장내괴롭힘및트라우마연구소 Workplace Bullying and Trauma Institute, WBTI가 미국에서 실시한

조사에서는 6천만 명에 달하는 미국인이 직장 내 괴롭힘에 영향을 받고 있는 것으로 나타났다.[2]

약자를 괴롭히는 사람이 존재할 수 있는 이유는 무수히 많다. 가해자가 상사이고 그 윗선에서 아무런 조치를 취하지 않는 경우, 가해자의 실적이 우수하고 회사에서는 결과를 우선시하는 경우, 가해자가 그 분야의 유일한 전문가라거나 이전 고용주를 고소한 적이 있으므로 현재 회사에서 두려워하며 문제 처리를 꺼리는 경우, 혹은 일자리를 안전히 지킬 수 있을 정도로 어느 임원과 친분이 두터운 경우 등이다.

이유가 무엇이든 피해자는 출근을 두려워하고 불안에 사로잡힌다. 정신적, 정서적 고통을 겪고 잠도 이루지 못한다. 괴롭힘 때문에 소외감이 들고 우울하고 진이 다 빠져버리는 경우도 많다. 가해자를 더 오래 묵인할수록 피해자의 증상은 더 심각해진다. 이들은 흔히 외상 후 스트레스 장애에 시달리게 된다.

가해자를 다루는 방법을 통해 정신적, 정서적 건강을 유지하고 이 어려운 상황에서 빠져나오자. 조금이나마 도움이 될 수 있다.

- **겉으로 강하고 당당한 모습을 보여라.** 가해자가 동료들을 못살게 구는 데에는 그런 행동이 가능한 탓도 어느 정도 있다. 그런 행동을 감지하는 순간, 속으로는 겁이 나더라도 겉으로는 강하고 당당한 모습을

보여라. 먹잇감을 위협하거나 화나게 할 수 없다면 보통 그들은 지루해하며 괴롭힘을 멈출 것이다.

- **자신을 방어하라.** 피해자였던 사람이 가해자가 되는 경우도 있다. 응어리진 상처나 분노, 굴욕을 해소할 배출구를 찾는 그들만의 방식이 괴롭힘인 셈이다. 그들은 자신이 당했던 것과 똑같이 다른 사람들을 괴롭히고 싶어 한다. 이유가 무엇이든, 당신이 그들의 표적이 될 이유는 없다. 그런 행동을 용납하지 않는다는 메시지를 전해라.

- **상사에게 말하라.** 상사에게 알려라. 상사가 무관심하거나 괴롭히는 사람이 상사라면, 인사부에 말하자. 당신에게 일어나고 있고 다른 사람들에게도 일어날 수 있는 일을 의사 결정권자들에게 알려라. 또한 그동안 있었던 일을 기록하라. 구체적인 사례를 들거나 서류상 증거를 요청할 수도 있으니 이에 대비해야 한다.

- **지지 세력을 불러 모아라.** 경영진은 보통 높은 평가를 받는 사람들의 말에 귀 기울이고 그들을 지지한다. 따라서 사내 인적 네트워크 형성과 업무적 역량을 키우는 데 힘을 쏟는 것도 중요하다. 당신을 지지하는 사람들에게 상황을 처리할 수 있게 도와달라고, 상황을 바로잡을 수 있게 그들의 영향력을 빌려달라고 부탁하라.

- **스스로 상황에서 빠져나와라.** 괴롭히는 사람은 다른 사람을 위협해서 자기편을 들게 하려고 시도한다. 자기편이 더 많을수록 자신이 더 많은 힘을 행사할 수 있다고 느끼는 까닭이다. 다른 사람들의 지지를 강요해야 한다는 점에서 이 사람은 진짜 겁쟁이다. 위협이나 집단 괴롭

힘이 계속된다면, 스스로 그 상황에서 나와야 한다. 당신의 정신적, 정서적, 신체적 안전이 가장 중요하다.

가해자가 상사일 때는 어려운 선택을 해야 한다. 그대로 머물기를 선택했다면, 지휘 체계를 존중하는 동시에 인사부에 정식으로 불만을 제기하여 상황을 개선하기 위해 당신이 할 수 있는 모든 일을 해야 한다.

절대로 약자를 괴롭혀서는 안 된다.

계속해서 묵묵부답인 사람

누군가가 계속해서 묵묵부답일 때 당신이 할 수 있는 일은 없다. 그 사람과 의사소통하는 방법뿐이다.

- **그들의 '언어'로 말하라.** 묵묵부답인 사람을 다룰 때 좋은 방법은 그 사람이 선호하는 의사소통 방식을 선택하는 것이다. 그 사람이 IT부서에서 일하고 IT부서 사람은 모두 직접 만나 이야기를 나눌 시간이 없다는 사실을 알고 있다면, 이메일을 보내거나 수화기를 들어라. 상대방에게 무엇이 가장 적합한지 빨리 알아내는 방법은 물어보는 것이다.
- **다양하게 의사소통하라.** 각기 다른 의사소통 방식들을 동시에 시도하

라. 이 방법은 사안이 중요하거나 기한이 촉박할 때 한 가지 방식을 이용한 의사소통에 동반되기 쉬운 핑계들("이메일을 못 받았어요", "당신이 들렀을 때 난 자리에 없었어요", "전화를 받을 수 없었어요" 등)을 없애는 데 도움이 된다.

- **인정하라.** 대화 분위기가 편안할 때 당신이 상대에게 연락을 취하는 일이 어려웠다는 사실을 인정하고 그가 응답하지 않은 이유가 무엇인지 알아내라. 당신과 아무 관련 없는 이유일 수도 있다.

- **세 번 시도하라.** 긴급한 문제가 아니라면 이 사람에게 세 번까지 연락을 시도하라. 긴급한 문제라면 상황이 악화되는 것 외에 다른 선택 방안이 없을 수도 있다.

어려운 상황과 사람을 다룰 때 당신은 할 수 있는 일이 아무것도 없다는 생각이 들어서 당황스러울지도 모른다. 통제할 수 있는 것이 한 가지 있다는 사실을 기억하라. 그것은 바로 어려운 상황과 사람을 어떻게 다룰지 방식을 선택하는 일이다.

👉 한 뼘 더

인생에서, 특히 직장 생활에서 당신에게 기운을 북돋아주고 재충전할 기회와 영감을 주는 세 사람은 누구인가?

일터의 대화법

당신의 역량을 알리는 것 중 하나는 불편한 상황을 피하지 않는 능력이다. 불편한 상황은 대개 어려운 대화를 수반한다.

3단계: 곤란한 대화를 완곡하고 재치 있게 풀어나가는 능력

어려운 사람이든 당신이 정말로 좋아하는 동료든, 곤란한 말을 꺼내는 일은 결코 쉬운 일이 아니다. 이 능력이 3단계인 것도 그 때문이다.

곤란한 말 꺼내기

많은 사람들이 곤란한 이야기를 해야 하는 상황을 불편해한다. 그들은 어려운 대화를 갈등과 동일시하고 대부분 갈등을 피한다. 따라서 어려운 대화를 해야 할 때 사람들은 보통 긴장하거나 불편해하고 생각하는 것조차 끔찍해한다. 걱정 때문에 밤에 잠을 이루지 못하거나 아예 대화를 피하려 한다. 그렇게 해서는 감정이나 문제를 결코 해결할 수 없다. 불안이나 회피 속에 지내는 것은 견디기 힘든 일이다.

일부 전문가는 어려운 대화를 '격렬한 대화' 혹은 '용감한 대

화'로 부르면서 우리를 걱정하게 하는 것에서 힘을 실어주는 것
으로 어려운 대화에 대한 시각을 바꾸려 한다. 나도 이에 동의
한다. 기억하자. 사고방식의 변화가 다른 결과를 낳을 수 있다.

○━━

이런 순간을 감당하기 위한 전략을 세우고 진지한 대화를
미리 연습하는 것이 핵심이다.

전략을 세워라.

대화 시작을 위한 전략은 많은 직장인에게 힘을 실어줄 수
있다. 그들은 어려운 대화를 잘 이끌어야 문제를 해결할 수 있
다는 사실을 알고 있다. 어려운 말을 꺼내기 전에 고려해볼 만
한 전략들을 소개한다.

- **대화하기 전에 고려해야 할 사항.** 만남을 최대한 활용하기 위해 유념
  해야 하는 사항들이 있다.
  — **대화하기로 결심하기** 대화하는 내내 책임감과 자신감을 나타내는
    것이 중요하다. 이 접근법은 당신의 말에 영향력을 더해주고 진지
    한 분위기를 조성하는 데 도움이 될 수 있다.
    - 대화하는 이유를 숙지해라. 긍정적인 결과를 위한 두 가지 요소
      는 대화의 이유와 당신이 원하는 직접적 결과다. 목적이 무엇인

일터의 대화법

가? 인식을 높이기 위해, 문제를 해결하기 위해, 명확히 이해하기 위해, 정보를 제공하기 위해?

- 당신이 원하는 결과는 무엇인가?

— **직접 만나 대화하기** 대화하기로 했다면, 언제나 직접 만나는 것이 최선이다. 만나서 대화하면 당신의 생각과 감정을 전달할 때 몸짓 언어와 음성 전달도 함께 할 수 있으므로 의도하는 메시지를 나타낼 기회가 훨씬 더 많아진다.

- 직접 만나 대화할 길이 없는 경우 혹은 공개적으로 얼굴을 붉히거나 기가 죽는 상황을 피하고 싶어서 전화로 말하는 것이 더 효과적일 경우에는 당신에게 가장 적합한 방식을 택하라.

- 직접 만나 이야기하든 전화로 이야기하든, 특별한 이유가 없다면 상대방이 허를 찔렸다고 느끼지 않도록 주제에 대해 어느 정도 언질을 주어라.

- 곰곰이 생각해본 후 대화해도 소용없거나 결과적으로 당신에게 이로울 것이 없다고 판단되면 신뢰할 수 있는 친구나 멘토의 조언을 구하자. 그들이 필요한 해결책을 제공해줄지도 모른다.

— **장소 선택하기** 회의하는 장소도 메시지를 보낸다. 당신이 전달하려는 분위기와 일치하는 장소를 정하라. 대화하는 이유와 관련 인물의 직급에 따라 네 가지 주요 선택 방안이 있다.

- 당신의 사무실: 상대방을 당신의 사무실로 부른다면, 이는 일정 수준의 격식을 나타낸다. 상대에게 겁을 주는 것으로 느껴질 수

도 있다.

- 상대방의 사무실: 스포츠 팀과 비슷하게, 홈그라운드의 이점은 늘 더 편안하다는 것이다. 또한 상대방의 집중을 비교적 자연스럽게 방해할 수 있다. 상대방의 사무실에 잠깐 들르는 것은 좀 더 격의 없이 대화하고 싶다는 의사를 전달할 수도 있다.

- 중립 공간: 상대방에게 대등한 위치에 있다는 느낌을 주고 싶거나 백지 상태에서 대화를 새로 시작하고 싶다면, 중립적인 공간을 대화 장소로 선택할 수도 있다.

- 허물없는 분위기: 격식을 차려 만나기보다 격의 없이 다가가는 것이 더 효과적인 경우도 있다. 이럴 땐 점심을 먹으러 가면서 혹은 커피를 마시며 대화하는 것이 좋은 방법일지도 모른다.

── **대화 시간 잡기** 일이 발생한 시간과 최대한 가까운 시간에 대화할 때의 영향력이 더 강하다는 점을 명심하라.

- 행동이나 결정, 사건이 있은 후 최대한 빠른 시간 안에 대화를 시도하라.

- 상대방의 집중력이 가장 좋을 시간을 골라라. 점심 시간이나 금요일 오후, 월요일 아침이나 퇴근 무렵에 약속을 잡아 어려운 대화를 시도하는 것은 피해야 한다. 사람들은 점심 시간을 고대한다. 기운을 북돋우고 재충전할 시간도 필요하다. 또한 업무가 끝날 무렵에 사람들은 정신적으로 지쳐서 일을 제쳐둘 공산이 크다.

일터의 대화법

진중함을 나타내라.

불편한 상황에서 차분하고 분명하고 당당한 태도를 유지하는 것, 압박이 큰 상황에서 품위 있는 태도를 유지하는 것은 매우 어려울 수 있다. 이러한 태도는 긴장을 해소하고 대화 도중에 감정이 고조되는 것을 막아줄 수 있다.

- 진중함을 나타내는 방법
  — 마음의 준비를 하라. 차분함은 내면에서 나온다. 의도적으로 산만함을 없애고 정신을 현재에 집중하면 더 차분해보인다.
  — 자신감 있는 태도를 드러내라. 비언어적 메시지 전달은 많은 것을 의미할 수 있다. 존재감을 나타내기 위해 시선 처리에 집중하라. 차분하고 열려 있고 공간을 차지하는 몸짓언어를 보여주는 것에 역점을 두자.
  — 음성 전달 요소들을 이용하라. 목소리를 통해 당신의 당당한 존재감과 침착함을 강화하고 뒷받침하라. 비교적 낮은 목소리로 약간 느리게 말하는 것은 오해를 줄이고 차분함을 불어넣을 수 있다. 대화 분위기를 반영하는 목소리를 사용하라. 긴장되거나 힘없이 들리지 않도록 호흡을 안정적으로 유지하라.
  — 반응 대신 대응하라. 예상치 못한 말 혹은 동의하지 않는 말을 들었다면 잠시 멈추었다가 대응하라. 하고 싶은 말이 무엇인지 생각하라. 정보가 뇌의 감정 중추를 떠나 이성 중추로 이동할 수 있게 시

간을 벌어라. 당신의 말은 영향을 미친다. 듣는 이의 마음속에도 오래도록 남아있을 것이다. 그러니 단어 선택도 지혜로워야 한다.

— 경청하라. 비난을 받았다거나 누군가와 의견이 일치하지 않을 때 경청하는 일은 무척 힘들다. 상대방이 말하는 중에 끼어들어 동시에 말하거나 말을 끊는 행동은 화난 것처럼 보이기 때문에 당신의 존재감과 진중함을 해칠 것이다. 경청하는 태도는 당신이 말할 때도 이와 똑같은 수준의 존중을 원한다는 뜻을 전한다. 경청 수준은 대화의 맥락에 따라 결정될 것이다.

— 공손해라. 대화의 맥락에 따라 공손한 태도 혹은 최소한 교양 있는 태도를 유지하도록 자신을 통제하라. 상대방의 태도가 부적절하거나 무례하다면, 당신은 말을 이어가거나 신속히 결론을 내릴 때 스스로 품위를 유지했다는 사실이 뿌듯할 것이다.

대화를 미리 연습하라.

어려운 대화를 할 때 생각해야 할 네 가지 단계가 있다. 이 네 단계에 익숙해지고 실제로 대화하기 전에 내용을 익혀두면 대화에서 주관성을 배제하는 데 도움을 준다. 결과에 집중하고 자신감을 나타냄은 물론 당황하거나 무슨 말을 해야 할지 모르는 상황에 처하는 것을 피하는 데에도 도움이 될 것이다.

- **1단계: 대화를 시작하라.** 자리에 앉고 몇 분 안에 대화를 시작하자.

— 상대방과 그동안 있었던 일에 관해 잡담을 나누는 것을 피하라. 당신과 만나준 것에 대해 짧게 감사를 표하는 것으로 충분하다.

— 회의를 시작하고 5분 안에 바로 본론으로 들어가라. 사전에 회의 목적을 공유하지 않았다면, 상대방은 이미 불편하거나 미심쩍게 느낄지도 모른다. 한참이 지나도록 회의 이유를 말하지 않는 것은 대화를 필요 이상으로 길게 끌어 불안감만 더 커지게 만들 것이다. 어려운 대화의 목적은 상대방을 벌하거나 지나친 불안에 떨게 하려는 것이 아니다.

- **2단계: 관찰 결과나 우려 사항을 공유하라.** 이런 대화를 하는 이유는 당신의 관찰 결과나 걱정되는 점을 공유하는 것이다. 당신의 메시지를 사실에 입각하여 명확하고 간결하게 전달하라.

— 대화 상대방이 평가를 받는다는 느낌을 갖지 않도록 메시지를 분명히 표현하라. 대화의 목적은 문제를 해결하거나 정보를 제공하거나 상황을 명확히 하는 것이다. 평가나 비난을 받는다고 느껴지면 상대방은 가치 있는 결과가 도출되기도 전에 즉시 방어적인 태도를 취하며 말문을 닫을 수도 있다. 대화를 시작하기 위한 구문을 몇 가지 소개한다.

"이번 주 동안 내가 지켜본 바로는…"

"내가 우려하는 점은…"

"_____에 대한 내 생각을 공유하고 싶습니다."

"내가 느끼기에 어제 당신은…"

"_____을 알게 되었습니다."

— "_____을 알게 되었습니다."라는 표현을 자주 쓰지는 말자. 사람들은 즉시 누가 그 사실을 당신에게 알렸는지, 그 말을 믿는 이유는 무엇인지 궁금해 할 것이다. 이 표현을 너무 자주 사용하는 것은 당신의 신뢰성을 해칠 수 있다. 소문에 불과하기 때문이다. 편애하거나 편드는 것으로 인지될 수도 있다.

- **3단계: 영향을 분명히 말하거나 결과를 설명하라.** 상대방의 행동이 야기하는 영향이나 잠재적 결과를 분명히 말하는 것은 그가 대화의 심각성이나 중요성을 이해하는 데 도움이 된다. 대화를 이어가기 위한 구문들을 소개한다.

  "_____의 영향을 당신과 공유하고 싶습니다."

  "내가 보기에 _____의 영향은…"

  "_____은 우리에게 심각한 결과를 가져왔습니다. 그 결과 중 몇 가지를 당신과 공유하겠습니다."

  "우리가 _____ 할 경우 위험한 것은…"

— 영향과 결과는 간결하게 말하라.

— 상대방이 내용에 깊이 공감할 수 있도록 맞춰서 '영향 소개문impact statement'을 작성하라. 소개문을 어떤 식으로 정리해야 상대방이 당신의 말에 관심을 가질지 생각하라.

— 상대방의 업무 환경 중 세 가지 주요 영역(상대방 본인, 조직, 당신)에 미칠 결과를 설명하라. 상대방의 관심이 가장 큰 영역부터 시작해

서 각 영역에 미치는 영향을 공유해야 한다.

어려운 대화의 예: 1~3단계

우리에게 코칭을 받았던 어느 고객은 자신이 월례 이사회에 지속적으로 참석하지 못하고 있다며 고민을 털어놓았다. 본인은 반드시 참여해야 하는 회의라며 우려했다. 우리는 사람들을 귀 기울이게 하려면 어떻게 말해야 할지 함께 글로 써보았다. 앞에 강조된 단계들을 이용하여 보다 부드럽게 작성했다. 그 결과 그는 경영진과 이 문제를 더 수월하게 논의할 수 있었다.

"안녕하십니까. 함께 자리해주셔서 감사합니다.

월례 이사회에 대한 제 생각을 말씀드리고 싶습니다. 걱정되는 부분은 제가 이 회의에 지속적으로 참여 요청을 받지 못했다는 점입니다. 제가 회의에 참석하는 데에는 그만한 가치가 있을 것입니다.

곧 있을 재건축 프로젝트가 여러분에게 상당히 중요하다는 것을 알고 있습니다. 제가 회의에 빠지면 재건축 아이디어에 대해 제 의견을 드릴 수 없습니다. 여러분이 이 프로젝트를 클럽과의 전통을 이어가는 계기로 여긴다는 사실도 알고 있습니다. 불필요한 아이디어가 진행되면 회원들의 돈을 낭비하거나 어쩔 수 없이 클럽 예산을 초과하게 될 수도 있습니다. 프로젝트 책임자로서 제 생각을 공유할 수 없다면 저는 확신이 없는 일을 해야 할 겁니다.

제가 회의에 참석하여 무언가 일이 잘못되었을 때는 제가 그 일에 동의한 만큼 책임도 제가 질 것입니다."

- **4단계: 공감을 넣어라.** 강조된 바와 같이 공감은 강력한 도구다. 공감은 어려운 대화의 분위기가 격해지는 것을 막고 듣는 이의 자신감을 높여주며 관리자를 차별화할 수 있다.

  대화 상대방과 공감대를 잘 형성하면 중요한 정보를 빠르게 수집이 가능하다. 상대의 말을 경청하는 느낌을 전하면서 자칫 일방적인 강연이 되기 쉬운 대화를 쌍방 대화로 바꿀 수 있다.

우려를 표하고 잠재적 영향을 분명하게 말한 뒤 상대방에게 생각을 공유해달라고 청할 수 있다. 공감을 담아서 "~을 알고 싶습니다"라고 표현하면 된다.

— 대화 상대방에게 "당신도 그렇게 생각하십니까?"라고 물어보라. 상대방에게 응답할 기회를 주면 몰랐던 것을 알게 될 수도 있다. 이는 당신이 나머지 대화에 접근하는 방식을 바꿔놓을 수 있다. 상대방에게서 받을 수 있는 주요 응답은 세 가지다.

- "네" 상대방이 당신의 말에 동의한다면 됐다! 이제 당신은 다음 단계에 대해서도 합의를 보며 앞으로 나아갈 수 있다. 이 어려운 대화를 하는 것이 행동 문제 때문이라면, 함께 실행 계획을 세워라. 그러면 해당 직원은 당신이 자신의 성공을 지지한다는 사실과 변화에 대해 책임을 질 사람은 자신이라는 사실을 알게 된다.

- "아니오" 상대방이 당신의 말에 동의하지 않는다면 당신은 모르는 타당한 이유가 있을지도 모른다. '아니오'라는 대답을 들으면 사람들은 보통 곧바로 혹은 무의식적으로 대화를 중단해버린다. 그런 충동은 피하고 공감을 이어가며 상대방에게 "그럼 어떻게 생각합니까?"라고 물어보라. 당신이 상대방의 말에 동의하든 안 하든, 대답을 끊지 말고 끝까지 들어라.

- 자꾸 공격적으로 반응하거나 상습적으로 문제를 일으키는 사

람. 일부 어려운 대화는 일의 맥락과 관련 인물, 상황의 심각성에 따라 격해지거나 심지어 공격적인 분위기가 될 수 있다. 그런 경우에는 대화를 멈추고 나중에 다시 논의하거나 상대방이 어떤 책임을 지게 될지 즉시 말하는 것이 중요하다.

상습적으로 문제를 일으키는 사람이어서 전에도 그런 행동을 보이거나 실수를 저지른 적이 있다면, 공감대를 형성하지 마라. 대신 곧바로 상대방에게 어떤 책임이 따를지 고지하자.

그 사람에게 당신이 말한 대로 책임을 지우는 것은 신뢰성을 유지하는 데 매우 중요하다. 한 발짝 물러나 구경하는 사람뿐 아니라 당사자도 당신이 진지하다는 사실을 알게 될 것이다.

대화를 계획하고 연습할 때 주요 사항이 몇 가지 더 있다.

어려운 이야기를 듣게 되는 경우
당신이 어려운 이야기를 듣는 쪽일 때

- 상대방에게 공감하는 태도가 없고 당신의 생각을 공유할 기회도 주어지지 않는다면, 이렇게 말을 시작하라. "알겠습니다. 이제 제 생각을 말씀드리고 싶습니다."

상사와 대화하는 경우

어려운 대화를 해야 하는 상대가 상사 혹은 임원일 때

- '영향 소개문'을 전달하는 것이 너무 주제넘어 보일까봐 걱정되거나 의견을 낼 기회가 주어지지 않을 때 시도해볼 만한 접근법은 생각을 공유하고 존중도 표할 수 있게 다음과 같이 말을 시작하는 것이다. "제 생각을 공유해도 되겠습니까?" 또는 "제가 공유하고 싶은 생각은…" 또는 "_____의 영향을 공유해도 되겠습니까?"

- 이를테면 연봉 협상처럼 상사에게 무언가 요구할 것이라서 대화가 어렵고 공감대가 이미 형성되었다고 생각되면, 요구 사항을 말하라. 당신이 원하는 바를 명확하고 간결하게 표현하라.

- 또 다른 방법은 표정과 목소리 억양, 단어 선택을 동원해 '요구'하는 것이다. 이 방법은 상사에게 방향이 아닌 존중을 보여주고 그와 동시에 요구 사항 및 다음 단계에 대한 당신의 자신감과 확신을 반영한다.

    "저는 이 월례 이사회 참석하고 싶습니다." (질문을 나타내기 위해 눈썹을 치켜 올려라.)

    "괜찮다면, 오늘 저녁 회의에 참석하고 싶습니다." (승인을 구하는 단어를 넣어 말의 균형을 맞추자.)

대화를 모두 마친 다음에는 망설이지 말고 당신의 요구 사항을 말하라. 마라톤대회에 참가해 풀코스를 달려놓고 결승선

바로 앞에서 멈춰서야 되겠는가!

어려운 대화와 관련해 언급해야 하는 또 다른 주요 측면이 있다. 대화가 감정적으로 흐를 땐 어떻게 해야 할까?

감정적 대화

당황스러운 상황을 경험했거나 어떤 사람 때문에 상처를 입은 경우, 감정이 어느 정도로 당신에게 영향을 미치는지 알아야 한다. 금방이라도 감정이 폭발할 것 같다면 기다리는 것이 최선이다. 감정에 익숙해지거나 진정될 때까지 대화를 미뤄야 한다. 감정으로 물든 대화는 침착한 대화처럼 진지하고 심각하게 받아들여지지 않을 수도 있다. 어떤 문제가 경영진에게 알려야 할 정도로 충분히 중요한 문제라고 판단했다면, 말을 어떻게 정리할지 전략을 세워라.

감정이 북받친 상태에서 어떤 주제를 꺼낼 때 고려해야 할 몇 가지 지침을 소개한다.

- **메시지의 체계를 잡아라.** 당신이 하고 싶은 말에 대해 개요를 잡거나 계획을 세워라. 상황에서 주관적인 시각을 배제하는 것은 감정을 가라앉히는 데 도움이 된다.
- **소리 내어 연습하라.** 말하면서 자신의 입에서 나오는 소리를 들으면 감정적 부분에 신체가 익숙해진다. 반복은 감정을 누그러뜨릴 수 있다.
- **감정적 주제를 다루기 전에 다른 이야기부터 해라.** 다뤄야 할 다른 안건들이 있다면 그 얘기를 먼저 하자. 주제가 하나 이상이라면 감정적 부분을 맨 처음 주제로 다루는 것을 피하라. 이 접근법은 당신의 가치를 높여준다. 게다가 대화를 사적인 내용을 언급하면 상사의 진지한 관심을 불러일으킬 가능성이 크다.
- **당신의 인상을 해치는 행동을 피하라.** 주제를 다루기로 결정했다면 이제 듣는 이가 진지하게 받아들이도록 주제에 전념하자. 사과하거나 주제를 경시하는 것, 농담하거나 어색하게 말을 꺼내는 것을 삼가라.

전념 + 자신감 = 진지한 수용

4단계: 다른 사람의 '언어'로 말하는 능력

상대방의 관점을 인정하고 공감을 불러일으키는 용어로 말하는 능력은 어려운 대화가 격해지거나 어색한 상황이 심화되

일터의 대화법

는 것을 어느 정도 막아준다. 다른 누군가의 '언어'로 말할 수 있는 것은 고도의 기술로, 당신의 역량이 돋보일 것이다. 여러분의 영향력을 높이고 상대와 친분을 형성하는 데에도 도움이 된다. 4단계에 온 것을 환영한다.

다른 사람의 '언어'로 말하기

> 사람들은 당신이 한 말을 잊을 것이다. 당신이 한 행동도 잊을 것이다.
> 하지만 당신에게 받은 느낌은 절대로 잊지 않을 것이다.
> ― 마야 안젤루Maya Angelou, 미국의 시인이자 민권 운동가

의사소통 방식은 다양하다. 사람들을 당신의 말에 귀 기울이게 하려면 저마다 의사소통 방식이 다양하다는 사실을 깨닫는 것이 상당히 중요하다. 누군가의 '언어'로 말하는 법을 익혔다는 것은 그 사람의 의사소통 방식이 무엇이고 그 사람이 어떤 방식을 좋아하고 무엇을 중요하게 여기는지 이해한다는 것을 뜻한다. 이는 의식 있는 의사 전달자로 보이는 데 중요한 요소이다.

이전 장에서 언급했듯 의사소통 평가는 동료 직원뿐 아니라 당신 자신의 의사소통 방식에 대해서도 인식할 수 있는 효과적이고 효율적인 방법이다. 당신이 부서장이나 임원이라면, 당신

이 많은 팀의 의사소통 방식을 평가하는 것도 단합을 도모하는 하나의 방식이다. 하지만 그렇다고 사무실을 돌아다니며 무작위로 의사소통 평가서를 나눠줄 수도 없는 노릇이다. 그래서 다른 사람을 파악하는 능력이 매우 중요한 것이다.

청중을 파악하는 능력

다른 사람들의 '언어'로 의사소통하려면 그들의 신호를 읽고 이해할 수 있어야 한다. 관찰과 대화, 경청을 통해 사람들을 알아가다 보면 그들이 무엇을 중시하는지 잘 인식하게 될 것이다. 그들과 의사소통하는 최선의 방법을 찾는 데에도 도움이 될 것이다. 타인이 무엇을 중시하는지 알아내고 그에 따른 최선의 방법을 찾아내려면 어떻게 해야 할까? 크게 성공한 인물들이 남긴 말을 통해 살펴보자.

우리는 신을 믿는다.

신을 제외한 모든 사람은 근거 자료를 가져와야 한다.

— 마이클 블룸버그Michael Bloomberg, 뉴욕시 전 시장이자 미국의 기업인

통화가 30초 이상 지속되면 효과가 갈수록 줄어든다.

— 앨런 '에이스' 그린버그Alan "Ace" Greenberg, 전 베어스턴스Bear Stearns 회장,

『The Rise and Fall of Bear Stearns(베어스턴스의 흥망성쇠)』의 저자

일터의 대화법

언제나 최선의 모습으로 존재하라.

— 오프라 윈프리Oprah Winfrey, 미국의 미디어계의 거물

경청하는 것, 몸짓언어와 성향과 상호작용을 관찰하는 것 외에 빠르게 상대를 파악할 수 있는 간단한 신호가 있다. 의사소통 방식을 관찰할 때 필요한 주요 질문을 소개한다.

- 세부적인 것을 중시하는 사람들인가?

- 깊은 기술적 지식이나 전문지식을 갖고 있는가?

- 일을 급히 진행하는가 아니면 비교적 질서정연하게 진행하는가?

- 지휘하고 통제하려는 욕구가 큰가?

- 뒤로 물러나있는 것을 좋아하는가 아니면 주목 받는 것을 좋아하는가?

- 팀을 이끄는 것을 편안해하는가 아니면 팀의 일원으로 있는 것을 더 좋아하는가?

- 여럿이 함께 일하는 것을 좋아하는가 아니면 단독 프로젝트를 더 좋아하는가?

- 인간 중심적인가 아니면 업무 중심적인가?

- 열정적이고 활발한가 아니면 능률적이고 조용한가?

- 사실과 계획, 조사를 높이 평가하는가 아니면 준비 단계에서 오가는 대화와 자유로운 토론에서 영감을 얻는가?

- 관계의 질을 우선시하는가 아니면 결과와 성과에 중점을 두는가?

- 빠르게 말하고 행동하는가 아니면 신중하게 움직이는가?

- 직설적인가?

- 감정에 기반을 두는가 아니면 사실에 집중하는가?

상대방이 어떤 의사소통 방식을 좋아하는지 혹은 무엇을 중요하게 여기는지 알고 있으면 당신의 가치는 올라간다. 공통점이 친분을 형성해주기 때문이다. 게다가 이제 우리는 그가 가장 잘 공감할 수 있게 메시지를 구성하는 방법도 알고 있다. 상대방이 당신의 메시지에 공감하면 일이 잘 될 수밖에 없다.

이 주제에 대해 이야기할 때 듣는 말이 있다. 다른 사람들의 '언어'로 의사소통하면서 자신의 본래 모습도 유지할 수 있는 방법이 궁금하다는 것이다.

진실성 서약

다른 누군가와 효과적으로 의사소통하기 위해 방식을 조정하거나 상대방에게 맞춘다고 해서 당신이 사라지는 것은 아니다. 본래 모습을 바꿀 필요도 없다. 사실, 의사소통 방식을 상대방에게 맞추는 행위는 다양한 사람들과 효과적으로 상호작용하는 능력을 부각하여 당신의 가치를 높여주는 일이다. 당신이 의식 있는 의사 전달자라는 사실도 나타낸다. 자신을 인식하고 전문성을 키운다는 사고방식을 갖고 이를 실천하기로 신중히 결정했기 때문이다. 그 결정이 당신을 차별화할 것이다.

○━┉

다른 사람들과 효과적으로 의사소통하려면 다른 사람들의 '언어'로 말하고 의사소통 방식을 그들에게 '맞추어야' 한다.

의사소통 방식을 상대방에게 맞추기

여러분이 상대방과 의사소통 방식을 맞추기만 한다면, 포용력과 친분을 키우고 서로 간의 오해를 줄이며 긍정적인 답을 쉽게 끌어내고 영향력을 부여하고 의견 차이를 쉽게 줄이며 긴장을 해소하여 공통점을 만들고 친분을 유지하는 등 기대할 수 있는 장점이 무한하다. 이를 위해 다음 전략들을 살펴보자.

- **결과 중심적인 경우.** 결과에 집중하는 동료와 효과적으로 일하려면, 기준과 단계를 설정하고 시간관리 목록을 만들자. 절차를 마련하고 열심히 일하라. 관점을 결과에 두고 말하라. 조직적으로 움직여라.
- **관계를 중시하는 경우.** 관계를 중시하는 동료와 효과적으로 의사소통하려면 함께 자원봉사 활동을 하기나 회사의 스포츠 팀에 참여하라.

지역 동호회에 가입하라. 생일과 특별한 날에 이메일이나 카드를 보내라. 곧바로 본론으로 들어가지 말고 잡담을 나누어라. 상대방과 공유한 중요한 정보를 기억하라. 함께 점심을 먹거나 커피를 마시자고 청하라. 책상에 사탕 접시를 마련하라. 도움을 주고, 멘토가 되라.

- **의사소통 방식이 불분명한 경우.** 상대방의 의사소통 방식에 어떻게 맞추면 좋을지 잘 모르겠다면 직접 물어보라.

  "언제 만나는 것이 가장 좋으세요?"

  "어떻게 연락하는 게 좋겠습니까? 이메일이나 전화, 아니면 직접 만나는 게 편하신가요?"

  "조사의 어느 측면에 초점을 맞추면 되겠습니까?"

의사소통 방식을 상대방에게 맞추는 행위를 언급할 때 사람들은 두 가지 질문을 자주 한다.

"왜 내 방식을 상대방에게 맞추어야 합니까? 다른 사람이 내 방식에 맞추도록 하면 되죠."

"윗사람들과 효과적으로 의사소통할 수 있는 방법들은 무엇이 있나요?"

적절한 질문이다. 구별이 필요한 사항이기도 하다.

상대방의 의사소통 방식을 당신에게 맞추기

다른 사람들이 그들의 의사소통 방식을 당신에게 맞추기를 기다리면, 시간이 오래 걸릴 것이다. 자신의 의사소통 방식을 상대방에게 맞춘다는 개념을 아는 사람이 많지 않기 때문이다. 게다가 성공에 필요한 동력을 왜 당신이 갖지 않고 다른 사람에게 주는가? 자신을 긍정적으로 차별화할 수 있는 방법을 알면서 왜 다른 누군가가 성공을 도와주기를 기다리는가?

고위 임원과 성공적으로 의사소통하는 것에는 여러 가지 요인이 작용한다.

임원의 '언어'로 말하기

윗사람의 '언어'를 이용해 효과적으로 말할 수 있게 도와줄 주요 기법에는 다음과 같은 것들이 포함된다.

- **WIIFT를 강조하라.** 임원의 목표와 전략 구상에 적합하도록 메시지를 조정하여 즉각적인 가치를 창출하라. 임원이 끝까지 귀를 기울이도록 짧은 시간 안에 더 많은 관심을 끌어야 한다.
- **간결해라.** 윗사람들은 다른 사람의 장광설을 듣거나 수많은 정보 사이에서 필요한 부분만 추려낼 시간과 인내심이 없다. 보편적으로 쓰이는 약어 BLOT과 프랭클린 루즈벨트의 명언 "진실하라. 간결하라. 앉아 있어라."를 기억하라.

- **즉석 체계 모델을 연습하라.** 당신이 자신의 분야에 대해 풍부한 지식과 인식, 장악력을 갖고 있다는 확신을 윗사람들에게 심어주어라. 최신 정보를 제공하거나 주제에 대해 즉흥적으로 이야기하는 능력은 임원의 신뢰를 강화하는 데 도움이 된다.

- **듣는 이에게 미치는 영향을 공유하라.** 세계적으로 유명한 기업의 한 고위 임원은 내게 코칭 시간이 끝나자마자 자신이 매우 중요한 회의에 들어갈 예정이라고 말했다. 그 임원은 자신의 아이디어가 추진되어야 하는 이유에 대해 동료 임원 두 명을 설득해야 했다. 배경 설명과 해당 임원들 사이의 역학 관계를 들어 보니 '설득하는' 것을 목표로 이 회의에 접근할 필요가 없었다. 동료 임원 두 명은 확고하게 태도를 정한 상태가 아니었고 이 임원이 자신의 아이디어를 왜 그토록 깊게 믿는지 들어보려는 것뿐이었다. 따라서 회의는 이 임원의 아이디어를 추진하지 않을 경우 그들에게 미칠 영향을 논하는 자리여야 했다. 윗사람들에게 미치는 영향을 파악하고 그 방향으로 당신의 메시지를 정리하는 것은 당신의 발언을 더욱 적절하고 중요하게 만든다.

  "이 방향으로 가는 것의 영향은…"

  "_____을 할 때 내가 우려하는 바는…"

  "_____하면 발생할 수 있는 일은…"

  게다가 허를 찔리고 싶어 하는 임원은 아무도 없다. 영향에 관해 이야기하면 당신은 이해의 수준을 한층 높이거나 임원이 처음에 보았던 것과 다른 관점을 강조할 수도 있다. 이는 임원이 문제를 피해 올바른 결

일터의 대화법

정을 내렸다고 확신하도록 돕는 결과를 낳는다.

- **우선순위에 따라 정리하라.** 시간은 매우 귀중하다. 시간을 낭비하면 당신과 당신의 발언에 대해 사람들이 받는 인상은 극적으로 변화한다. '119'에 신고하는 것처럼 해결책과 결과의 순서로 우선순위에 따라 메시지를 정리해서 전하고자 하는 핵심에 다다르는 데에 초점을 맞춰라.

  — **'119.'** 하고 싶은 말을 '119'에 신고하는 수준으로 줄여라. 임원이 알아야 하는, 절대적으로 중요한 정보만 공유하라.

  — **해결책.** 한두 가지 해결책을 제안하라. 당신이 공유한 '119' 정보에 해결책이 필요하다면, 임원에게 문제점만 알리는 것을 피하라. 투덜대는 게 아니라 문제를 해결하는 사람으로 보여야 한다. 몇 가지 아이디어를 가지고 대화에 임해야 한다.

  — **결과.** 아이디어가 추진되었을 때 예상되는 결과를 내놓을 수 있도록 해결책들을 파악하라. 적절하다면 타당성 조사를 실시하라. 임원들은 완벽한 아이디어를 원한다. 그들은 아마 해결책의 장점을 보고 결과를 상상할 수 있을 때에만 새로운 아이디어를 채택할 가능성이 크다.

- **세 가지 선택지를 제시하고 강한 인상을 남겨라.** 일반적으로 임원들은 너무 많은 상세 정보나 구체적인 내용을 듣고 싶어 하지 않는다. 임원들은 대부분 실제로 조사가 수행되었고, 그들에게 보고된 내용이 사실을 근거로 한 최선의 선택지를 좋아한다. 그들의 기대치를 높이고

당신의 역량도 높이려면 세 가지 중 당신이 생각하는 최선책과 그 이유를 밝혀야 한다.

— 조사를 실시하라.

— 세 가지 선택 방안을 제시하라.

— 당신이 추천하는 안을 밝혀라.

— 결정은 임원에게 맡겨라.

이 과정을 따르면 임원들은 당신이 철저히 확인했다는 것을 알기 때문에 자신 있게 결정할 수 있다. 당신은 조사를 실시하고 선택지들을 분석하고 그 중 가장 좋은 방안을 고려했다는 것을 입증한 뒤 사실을 근거로 들어 최선의 선택인 이유를 분명히 설명할 수 있어야 한다.

- **물어보라.** 임원과 의사소통할 수 있는 최선의 방법을 잘 모르겠다면 직접 물어보라.

"어디에서 시작하는 게 좋겠습니까?"

"시간을 최대한 활용하기 위해, _____로 시작하는 게 좋겠습니까 아니면 _____로 시작하는 게 좋겠습니까?"

"세 가지 의제 중 제일 중요한 건은 어느 것입니까?"

이런 사고방식은 문제의 핵심에 빠르고 간결하게 도달할 수 있게 하므로 당신의 역량을 나타내는 데 도움이 될 것이다.

일터의 대화법

흔히 맞닥뜨리는 어색한 상황에 대해 자주 받는 질문들을 몇 가지 소개한다.

1. "동의하지 않는다는 뜻을 어떻게 완곡히 표현하나요?"

친분과 열린 대화를 유지하면서 동의하지 않는다는 뜻을 표하고 싶다면, 완곡하고 재치 있는 표현이 필수적이다. 그러면 상대방은 기분이 상하거나 당황하거나 말을 멈추지 않는다. 대화가 격해져 논쟁이 될 가능성도 줄어든다. 4장에서 공유된 전략들에 덧붙여 고려해볼 수 있는 지침을 몇 가지 소개한다.

- 우선, 인정하라. 상대방의 발언에 대한 당신의 생각을 공유하기 전에 이해했다는 사실을 상대방에게 알려라. 자신이 인정받았다고 느낄 때 사람들은 보통 당신의 말을 더 기꺼이 받아들인다.

  "_____이 당신에게 매우 중요하다는 점은 알겠습니다."

  "들어보니 당신이 염려하는 것은…"

- 그 다음에는 듣는 이가 솔깃할 만한 방식으로 당신이 하고 싶은 말을 표현하라. : WIIFT

  "_____이 당신에게 매우 중요하다는 점은 알겠습니다. 그래서

내가 _____을 강조하고 싶은 겁니다."

"들어보니 당신이 염려하는 것은 _____로군요. 그래서 _____

의 관점에서 문제를 살펴보는 것이 중요합니다."

- 마지막으로 당신의 견해를 밝히고 공유하라.

"선택 방안 A로 가는 경우의 영향은…"

"제가 우려하는 점은…"

"우리가 _____ 할 경우, 발생할 수 있는 일은…"

○━┅

당신의 '언어'가 직설적이라면 그 언어를 유지하면서도 재치

있게 표현하는 것이 핵심이다.

---

2. "제 상사는 늘 저와 회의를 잡아놓고는 몇 분 후에 이메일을 쓰기 시작합니다. 이 상황을 어떻게 처리하면 좋을까요?"

모두의 시간은 소중하다. 정중하고 진지한 어조를 사용해

당당히 말해야 한다. 예를 들면 다음과 같다.

"부장님, 바쁘시지요? 지금 회의해도 괜찮을까요?"

"부장님이 여러가지 일로 바쁘신 것 잘 압니다. 오늘 오후에 이 문제를

다시 논의하는 게 어떨까요?"

"시간이 필요하시면, 제가 10분 후에 돌아오겠습니다."

3. "연봉 협상이나 연봉 인상 요구는 어떻게 하나요?"

접근법은 상황의 맥락과 문제에 도전하는 당신의 자신감, 상 대방의 인격에 달려있을 것이다. 대화하기 전에 가능한 한 많은 정보를 확보하는 것이 매우 중요하다. 다음 전략을 시 도해보자.

- 조사하라. 당신과 비슷한 능력, 경험, 교육 수준을 가진 다른 사람들의 연봉은 얼마인가?
- 멘토나 신뢰할 수 있는 조언자에게 물어보라.
- 성과를 제시하라. 회사에 재직하면서 더 많은 연봉을 요 구할 때는 당신의 인상적인 성과 다섯 가지에 글머리표 기 호를 붙여 정리한 뒤 의사 결정자에게 가져가라. 당신이 창출하는 가치를 분명하게 말하라.
- 당신의 가치와 당신이 조직에 가져다준 이익을 증명했다 면, 이제 원하는 것을 요구하라.
- 질문을 받으면 답변을 유보하라. 구직 면접 시 가장 우려 되는 점은 당신의 가치를 알리기도 전에 희망 연봉이 결 정적 요인이 된다는 사실이다. 따라서 초기에 질문을 받으 면, 답변을 미루고 더 많은 정보를 알아내라.

  "제가 이 회사에 기여할 특별한 경력과 기술을 고려할 때, 제 연봉을 얼마로 계획하는지 알려줄 수 있습니까?"

  "이 직위에 대한 보상compensation 범위를 알려주실 수 있나요?"

- 연봉에만 초점을 맞추지 말고 전체 보상을 일괄해서 협상하라. 연봉은 원하는 것보다 낮더라도 나머지 보상을 합쳐보면 꽤 괜찮은 제안이 될 수도 있다.

  "이건 훌륭한 기회입니다. 이 기회를 양측에 모두 유리하도록 만들고 싶습니다. 연봉 상한선을 두는 회사의 의도를 이해합니다. 거기에서 출발한 다음 다른 보상 내용들도 일괄적으로 살펴볼 수 있다면 좋겠습니다."

- 대안을 제시하라. 연봉이 기대보다 낮다면 선택 가능한 대안을 제시하여 공평한 절충안을 찾아라.

  "시장 평균 연봉을 제시하셨네요. 경력을 감안하여 _____을 고려해 보시길 부탁드립니다."

  "제안해주셔서 감사합니다. 제안하신 금액이 _____로군요. 저는 _____ 능력을 갖기 위해 열심히 일했습니다. _____에 타협하실 용의가 있습니까?"

  "(상대방이 이력서를 꼼꼼히 읽었거나 활약상을 보았으므로) 제가 할 수 있는 일들을 이미 보셨을 겁니다. 제 기여도를 근거로 제 희망 연봉은 대략 _____입니다."

- 대답을 해야 할 때. 만약 현재 연봉이 얼마인지 물어본다면, 대답을 해주는 게 좋다. 그 편이 마음이 편하고 대화가 흘러가는 방향에 확신이 있다면 그래도 된다. 다만 단도직입적으로 묻는 질문을 회피하여 상대를 곤혹스럽게

만드는 것은 안 된다.

"이 일을 맡게 되어 매우 기쁩니다. _____하도록 기여하겠습니다. 저에게 _____을 기대하실 겁니다. 그렇기 때문에 저는 _____을 연봉으로 받고 싶습니다."

또 다른 방안은 질문에 답하기 전에, 평행 이동(승진이나 직책의 변화 없이 타 회사로 자리를 옮기는 것 ― 옮긴이)은 원하지 않는다고 의사 결정자에게 알리는 것이다.

"제 목표는 직위나 연봉을 올려서 이동하는 것이지 평행 이동이 아닙니다. 현재 연봉은 _____입니다."

연봉협상 때문에 기회를 잃을까봐 두렵다면, 당신이 생각하는 최저액부터 최고액에 이르는 범위를 제시하는 것도 생각해볼 수 있다.

"저는 처음 제 연봉이 책정되었을 때보다 경력이 훨씬 더 많아졌습니다. 따라서 _____부터 _____까지 범위 안에서 연봉을 받는 것이 적당하다고 생각합니다."

• 긍정적인 태도를 유지하라. 원했던 답을 듣지 못하더라도 실망할 필요는 없다. 안 된다는 말이 늘 안 된다는 뜻은 아니다. '지금은 안 된다'는 의미일 수도 있고, 상대방이 승낙하거나 생각해볼 수 있도록 요구 사항을 다른 방식으로 조정해보려는 의미일 수도 있다.

4. "사람들이 내게 와서 험담을 늘어놓으면 마음이 불편합니다. 이럴 때는 무슨 말을 할 수 있을까요?"

험담은 신뢰를 깨고 친분을 해친다. 거기에 동참할 필요는 없다. 부정적 인식을 비롯해서 복합적이고 심각한 결과를 초래할 수 있는 직장에서는 특히 조심해야 한다. 험담하고 싶어 하는 사람에게 대응할 때 다음 방법을 시도해보라.

- 화제 전환하기

- 가만히 있기. 시각적, 언어적으로 참여해선 안 된다.

- 다음과 같이 대답해도 좋다.

  "저는 그에 대해 이야기할 입장이 못 됩니다."

  "당신과 친해지니 여러모로 즐겁네요. 그래도 사내에서 일어나는 드라마 이야기는 피하는 게 좋겠어요."

  "난 상황을 몰라요. 안다고 해도 관여하고 싶지 않아요."

  "같이 이야기할 수가 없네요. 무슨 일인지 나는 잘 모르거든요."

- 유머로 분위기를 풀어라. 그런 다음 화제를 바꿔라.

  "나는 모든 드라마를 넷플릭스에서 봐요. 이야기가 나와서 말인데, _____ 쇼 봤어요?"

다른 사람들이 중요하다고 여기는 방식으로 스스로의 가치를 표현하고 일터에서 흔히 마주치는 어색한 상황을 침착하고 자신감 있게 그리고 무엇보다도 프로답게 이끄는 것, 또한 어려운 대화도 효율적인 방식으로 풀어나가는 능력은 직장 생활에서 매우 필요하다. 다른 사람의 '언어'를 고려한 대화로 주변 사람들을 편안하게 하고, 당신이 얼마나 도움이 되는 사람인지 보여준다면 우리의 신뢰도는 올라갈 것이다.

6장

신뢰 쌓기

생각을 조심하라, 생각은 말이 된다.
말을 조심하라, 말은 행동이 된다.
행동을 조심하라, 행동은 습관이 된다.
습관을 조심하라, 습관은 인격이 된다.
인격을 조심하라, 인격은 운명이 된다.
우리는 우리가 생각하는 대로 된다.

프랭크 아웃로Frank Outlaw
미국 바이로슈퍼마켓Bi-Lo Stores[1] 체인의 전 회장.

당신의 주변에도 박식하고 노련하며 업무에 뛰어난 사람이 한둘은 분명 있을 것이다. 그는 누구에게나 기술적으로 유능하다고 인정받는 사람이다. 하지만 만약 이 사람이 성과를 더 빨리 올리려고 영악하게 굴기도 하고 미심쩍은 의도로 진실을 숨긴다면, 그를 온전히 믿을 수 있을까? 아마 아닐 것이다. 인격이 부족하기 때문이다.

　규칙을 따르고 선의를 지닌 데다 진실하고 투명하게 인생을 사는 사람도 있다. 이 사람은 누가 봐도 훌륭한 인격을 갖춘 사람이다. 그러나 업무 태도가 평범하고 업무 결과물의 질이 들쭉날쭉한 데다가 결과를 달성하는 데 필요한 능력과 지식이 부족하다면, 당신은 이런 사람을 온전히 신뢰하겠는가? 그것도 아니다. 역량이 모자란 사람이기 때문이다.

신뢰성은 당신의 말과 행동, 역량과 결정에 믿음을 불어넣어 당신을 믿을 수 있는 사람으로 만들어준다. 누군가 나를 신뢰하면 친분이 생겨 관계를 유지하게 되고 호감도가 높아져 영향력이 커진다. 진정으로 신뢰할 만한 인물이 되기 위해서는 높은 수준의 인격과 역량을 두루 갖추어야 한다.

☞ 한 뼘 더

당신은 현재 당신이 속한 조직에서 신뢰할 만한 사람인가?
앞으로 더욱 믿음을 주고 싶은가?

타인에게 심어주는 인상은 당신의 현실이 되고 궁극적으로 평판이 된다. 정당하든 아니든 당신을 승진시키거나 연봉을 올려주고, 부서에 인원 추가한다든가 직업적인 성장과 발전을 위한 비용을 대주고 신뢰성을 판단하는 것은 다른 사람들이다.

신뢰성을 확립하는 것에 대한 개념을 더 깊이 파고들어 그것을 규정하는 필수 요소인 역량과 인격을 살펴보자.

역량 확립하기

5장에서 우리는 역량을 알리는 일의 중요성을 언급했다. 당신이 상당한 전문지식과 뛰어난 사업 감각을 지녔어도, 사람들이 그 가치를 모른다면 당신의 역량은 의심받는다. 그들에게 알리고 싶은 당신의 핵심 역량을 뚜렷하게 나타내야 한다.

기술 지식과 업무 능력에 대한 판단은 매우 짧은 시간 안에 이루어진다. 사업상 일어날 수 있는 다양한 상황을 전문가답게 처리하는 능력, 품위와 전문성을 드러내고 듣는 이의 '언어'로 말하는 능력, 주변 사람들이 편안하게 느끼도록 처신하는 능력에 대한 판단도 마찬가지다.

이런 신뢰성 요소들을 더욱 강화하고 싶다면, 당신의 가치를 의식적으로 알리는 데 도움이 되는 다음 행동들을 살펴보라.

- 목표를 정하고 말로 표현하고 달성하라.
- 큰 소리로 말하라.
- 자기계발에 투자하라.
- 성과 목록을 만들어라.
- 성공에 익숙해져라.
- 자신에 대해 이야기하는 것을 연습하라.
- 동료들이 당신을 대변할 수 있게 도와라.

- 이력서를 최신 상태로 유지하라.
- 인맥을 형성하라.

당신과 당신의 능력을 차별화하는 일은 일관성과 노력을 필요로 한다. 게다가 끊임없이 잘 해내고 발전하는 것 혹은 업무 강도를 일정하게 유지하는 것은 신체적으로 그리고 정신적으로 지치게 할 수 있다. 이것이 바로 일과 생활 사이의 균형에 관한 딜레마이다.

👆 한 뼘 더

당신은 현재 일과 생활 사이에 균형을 이루고 있는가?
그렇다면, 어떻게 균형을 이루었는가?
어떻게 그 균형을 유지하는가?
아니라면, 삶에서 균형이 맞지 않는 부분은 무엇인가?
균형을 만들어내기 위해 바꿀 수 있는게 있다면, 무엇을 바꾸겠는가?

일과 생활 사이의 균형

"일과 생활 사이의 균형이 존재하는가?"

"과연 둘 다 가질 수 있을까?"

코칭 시간에 제기되는 질문이다. 뿐만 아니라 끊임없이 업무 성과를 달성하기 위해 삶의 다른 부분을 희생하고 성공한 여성들이 자주 던지는 질문이기도 하다. 이들은 인생이라는 러닝머신에 올라 한꺼번에 너무 많은 일을 벌이는 경우가 많으며 장기적으로 계속하기 어려운 속도로 일을 추진한다. 결국에는 무언가를 포기해야 하는 상황이 벌어진다. 성취도가 높은 사람들은 열정을 유지하기 위해 어떤 것을 희생해야 할 때, 보통 자신을 놓거나 자신의 개인 생활을 등한시한다.

무엇이 이런 불균형을 부채질하는가? 기대를 넘어서고 문제를 극복하려는 욕구인가 아니면 '보이지 않는 배낭' 안에 들어 있는 것들 중 하나인가? 두려움이 원인일까? 정답이 무엇이든 지금이 일과 생활 사이의 균형을 다시 잡아야 할 때라고 느낀다거나 혹은 완전히 지쳐버렸다는 기분이 든다면 다음 전략들을 시도해보자.

- **긍정적 혼잣말을 통해 사고방식을 바꿔라.** 당신은 자기 인생의 최고 경영자다. 삶을 어떻게 꾸려나갈지는 스스로 결정해야 한다. 무엇을 바꿀 수 있을지에 대한 통찰을 얻기 위해 다음 질문들에 답해보라.

    — 어린 시절 나에게 말을 걸 수 있다면 뭐라고 말하겠는가?

    — 미래의 나에게 바라는 점은 무엇인가?

    — 무엇이 잠시 멈추고 그 순간을 즐기게 하는가?

- **책임 파트너를 구해라.** 일과 생활 사이의 균형에 관한 목표들을 당신의 인맥이나 친한 사람들 중 누군가와 공유하라. 이 사람에게 주기적으로 연락해 이 목표들을 어떻게 달성해 나가고 있는지 진척 상황을 확인해달라고 부탁하라.

- **멘토와 만나라.** 중립적 위치에 있는 사람과 이야기하는 것은 균형감을 제공하고 업무와 관련된 압박을 완화한다. 업무에서 생긴 긴장감을 집으로 가져가는 것도 막을 수 있다. 업무에서 생긴 긴장감을 집으로 가져가면 삶의 다른 영역에도 스트레스가 가중될 수 있다.

- **좋아하는 것을 하라.** 당신이 좋아하는 것 혹은 편안하게 하는 것을 목록으로 만들어보자. 예를 들면 다음과 같다.

  — 좋아하는 TV프로그램이나 영화 보기

  — 운동하러 가거나 업무 이외에 활동하기

  — 더 많이 웃기

  — 휴가 계획 세우기

  — 친구들 만나기

  — 업무와 관련 없는 책이나 잡지 읽기

- **스트레스 해소법을 미리 만들어라.** 미국의 일간지 《뉴욕 타임스The New York Times》에서 실시한 조사에 따르면 뭔가 계획하는 것은 실제 활동이나 행사를 하는 것과 비슷한 만족감을 줄 수 있다고 한다.[2] 당신도 시작해볼 수 있도록 여기에 몇 가지 아이디어를 소개한다.

  — 매달 하루 휴가 일정 잡기

— 매주 하루를 골라 일찍 퇴근하기

— 매달 한 주 주말은 이메일이나 전자기기 없이 지내기

— 휴가 계획 세우기

— 심리치료사 혹은 당신의 마음을 가라앉혀주는 사람과 만나기

모든 조건이 그대로라면, 지금 당장 일과 생활 사이의 균형을 맞추는 일이 불가능하다고 결론을 내릴 수도 있다. 현실적인 여건 때문이든 직업적인 성취를 위해서든 이런 때는 한 가지에 관심과 집중을 더 많이 쏟을 필요가 있을지도 모른다. 괜찮다. 그래도 된다.

원하는 방식으로 살기 위해선 신중한 결정을 내려야 한다.

우선순위가 바뀌어 전혀 다른 무언가를 목표로 삼는 때가 올 수도 있다. 선택은 스스로의 몫이다. 당신이 살아가는 인생 혹은 당신이 내린 결정에 대해서는 누구에게도 사과할 필요는 없다. 명심할 것은 동시에 하는 게 어렵긴 하지만 결국 당신은 일과 생활을 모두 잘 해낼 수 있다는 점이다.

높은 수준의 역량을 알리는 능력은 당신을 빠르게 차별화할 것이다. 이는 아직 절반에 불과하다. 신뢰성을 확립하려면 확

실한 인격을 일관되게 보여주어야 한다.

인격 확립하기

역량은 매우 빨리 평가를 내릴 수 있지만 인격은 그렇지 않다. 누군가의 의도와 핵심 가치, 신뢰도와 성실성을 평가하는데는 시간이 걸린다. 또한 인격은 위기나 곤경이 닥쳤을 때 드러나기 마련이다. 당신이 다음에 해당하는 사람인지 생각해보자.

쉬운 일이 아닌 옳은 일을 한다.

물러나거나 밟고 넘어가는 대신 앞으로 나아간다.

보는 사람이 없어도 올바르게 행동한다.

좋은 의도를 갖고 있고 그렇지 않은 때를 인지한다.

일관되게 정직하며 진실하다.

자신이 무엇을 지지하는지 알고 있으며 인기를 더 많이 얻겠다고

쉽게 태도를 바꾸지 않는다.

인격을 알리는 것은 신뢰성을 확립하기 위한 핵심 요소이다. 인격을 강화하고 나타내는 주요 행동을 소개한다.

- 공감 표하기

- 도움 주기

- 신뢰를 나타내기

- 말한 것을 실행하기

- 진실하기

- 완곡하고 재치 있게 있는 그대로 말하기

- 실수에 대해 책임지기

- 의리 지키기

- 정직함 나타내기

- 좋은 의도 갖기

- 친절하기

- 후속 조치 취하기와 약속 지키기

- 헌신적인 태도 보이기

- 반응하지 않고 대응하기

- 일관된 태도 보이기

O—🔑

인격을 확립하기 위한 비결은 일관적으로 긍정적인 태도를
보여주는 것이다.

인격을 보여주는 것은 신뢰를 형성하고 인간관계를 강화하

며 인맥을 넓히는 데 도움이 된다. 강력한 인맥은 역량과 인격을 알리고 결과적으로 신뢰를 형성하는 데 매우 유용하다.

친분 형성하기와 유지하기

친분은 식물과 같아서 가꾸면 잘 자란다. 관계에 전념하는 모습을 의식적으로 보여주며 관계를 가꾸어 나가는 것은 친분을 형성하고 유지하는 데 필수적이다.

다른 누군가와 관계를 맺으려면 집중과 시간, 에너지와 전념이 필요하다. 그렇기 때문에 진정으로 좋아하는 사람들과 관계를 맺어 친분을 형성하고 유지하는 것이 중요하다.

친분을 형성하거나 유지하기 위한 방법을 몇 가지 소개한다.

효과적으로 경청하기

- 친분 형성: 경청하고 공유하라.
- 친분 유지: 상대방이 원하는 경청 방식을 숙지하라. 이는 관계에 대

한 당신의 관심과 흥미, 당신이 관계에 전념하고 있다는 사실을 보여
준다.

공통점 강조하기

- 친분 형성: 같은 미래상, 목표나 비슷한 개성 등 공통점을 찾아라.
- 친분 유지: 유사한 점들을 강조하고 경험하고 탐색할 기회를 찾아라.

관심 보이기

- 친분 형성: 관심을 보여라.
- 친분 유지: 상대방과 상대방이 하는 행동 혹은 좋아하는 것에 진지한
  관심을 나타내라.

지식 교환하기

- 친분 형성: 상대방의 의견을 묻거나 당신의 생각을 공유하라.
- 친분 유지: 서로 무언가를 가르쳐주자고 요청해 지식을 교환하라.

습관을 전통으로 바꾸기

- 친분 형성: 한두 번 만나라.
- 친분 유지: 정기적으로 만나라.

인간관계를 잘 가꾸면 당신을 잘 아는 믿을 만한 사람들로

이루어진 인맥을 구축할 수 있다. 이들과 서로 정보를 주고받으며 교류하고, 다른 사람들 앞에서 당신의 편이 되어줄 수도 있을 것이다. 이와 같은 인맥은 당신의 신뢰성을 한층 더 돋보이게 만들어줄 것이다.

인맥 구축하기

탄탄한 인맥은 직장인의 저력이다. 누군가로부터 받는 든든한 지지는 당신에게 프로젝트나 날마다 업무를 성공적으로 수행하도록 통찰력과 수단, 자원을 제공할 수 있다. 이들은 당신이 얼마나 능력이 있고 도움이 되는 사람인지 긍정적으로 대변한다. 그들이 전하고 증명하는 말은 의사 결정자나 영향력을 행사하는 사람들 사이에서 성공을 이어나가고 입지를 굳히는 데 아주 강력한 도구가 될 수 있다.

한 뼘 더

당신은 인맥을 구축했는가?
인맥을 구축하고 저력을 갖게 된 방법 두세 가지가 있다면 무엇인가?

일터의 대화법

많은 사람들 중에서 누구와 가까이하고 인맥을 형성해야 할지 아는 것이 핵심이다.

인격과 역량이 분리된 경우

누구와 인맥을 형성해야 하는지 알고 있다면 신뢰가 망가지는 상황을 미리 방지할 수 있을 것이다. 역량은 상당히 뛰어난데 인격은 몹시 의심스러운 사람들이 있다. 이는 역량이 인격의 모자람을 감출 수 있으므로 문제가 된다. 자신의 극단적인 성격이 상호작용을 어렵게 만든다는 사실을 모르는 사람들도 있다. 세 번째 부류의 사람들은 냉정하게 생각하면 분명 아무 문제가 없는데도 당신이 문제인 것 같다는 느낌을 줄 수 있는 태도나 반응을 보인다.

친분과 믿음을 깨고 신뢰성을 해치는 아주 빠른 방법은 비이성적이고 변덕스럽거나 악의적이거나 영악한 사람(앞에서 이야기했던 '유해한' 사람들)과 어울리는 것이다. 신뢰 형성에는 시간이 든다. 관계를 가꾸는 데에는 노력과 전념이 필요하다. 신뢰와 관계 둘 다 망쳐버릴 수 있는 태도와 행동을 소개한다.

• 험담하기

- 편애하기

- 위협하거나 탓하기

- 파벌 형성하기

- 조작하기

- 부정적인 태도 취하기

- 잘난 체하기

- 거짓말하거나 속이기

- 고함치기

- 피해자처럼 행세하기

- 대응하지 않고 반응하기

- 다른 사람에게 무안 주기

- 근거 없이 주장하고 비난하기

- 실패를 거듭하기

신뢰성은 관계 및 관계의 자각에 기초를 둔다. 보통 당신은 긍정적인 것과 부정적인 것 중 어느 것을 더 잘 기억하는가? 대부분 칭찬은 듣는 것으로 끝인데 반해, 모욕은 기억에 남는다. 승리는 잠시 축하하는 것으로 그치지만 실수는 끝없이 곱씹는다. 인간관계에 있어서도 마찬가지다. 긍정적인 사람은 부정적인 사람의 그늘에 가려지는 경우가 많다.

특정 상황을 처리하는 방식은 당신의 신뢰성을 높이거나 해

일터의 대화법

칠 수 있다. 유념해야 하는 상황들을 몇 가지 소개한다.

자신이 모른다는 것 인정하기

신뢰를 형성하는 일에는 자신이 모르는 부분을 현실적이고 솔직한 태도로 인정하는 것도 포함된다. 이런 태도는 당신의 인상을 해치지 않는다. 도움이 된다면 누군가의 가르침이나 지혜를 구하는 것이 적절하다. 이처럼 조언을 요청하는 것은 상대방에게 신뢰를 보여주는 행동이므로 관계가 더 가까워지기도 한다. 조언을 요청하는 질문의 몇 가지 예를 들어보자.

"제가 생각하지 못한 부분이나 빠뜨린 부분이 있습니까?"
"무엇을 더 해야 여기서 더 나아갈 수 있을까요?"
"당신이라면 어떤 질문을 하겠습니까?"

신뢰성 의심하기

당신의 신뢰성에 의문을 제기하는 사람이 자신이든 다른 사람이든, 당신이 갖고 있지 않은 것에 대해서는 이야기하지 마라. 스스로에 대한 회의가 자신의 인상을 해치고 행동에 영향을 미치지 않도록 하라.

코칭 시간에 참석한 어느 임원은 자신의 연구소에서 과학자들과 긴밀히 협력하며 일했다. 그는 경험이 풍부하고 아는 것도 많고 존경받는 사람이었다. 과학자들은 대부분 박사 학위 소지자였다. 자신을 소개할 때 임원은 이렇게 말했다.

"제가 과학자는 아니지만, 여러분과 일하는 것이 정말 기대됩니다."

박사학위를 소지하지 못했다는 불안함을 내비쳐서 자신의 장점과 성과를 작아지게 만들었다. 스스로 약점으로 여기는 부분을 강조하지 말고 잘 알고 있는 부분으로 초점을 옮겨라. 당신이 할 수 있는 일을 강조하라. 배우려고 노력하는 모습도 보여라.

"만나서 반갑습니다. 저도 이 업계에서 20년 동안 경력을 쌓았습니다. 여러분과 일하는 것이 정말 기대됩니다."

당신이 무엇을 제공할 수 있고 상대방이 어떤 부분에 의존할 수 있는지 보여주면 그들은 더 편안하고 분명하고 확실한 느낌을 받는다. 확실성은 신뢰를 형성한다.

신뢰성을 발휘하여 이끌기

임원이라고 모든 걸 다 알 수는 없다. 특히 사람들이 만약 당신을 좋아한다면 잘 모르는 게 있다고 해서 그것 때문에 신뢰성을 잃지는 않을 것이다.

새로운 직위를 맡거나 새로운 부서나 팀에 들어가거나 새로운 상사나 업무를 만나게 되면 학습 곡선(어떤 특정한 일을 학습하는 데 투입된 시간 대비 학습 성취도를 나타내는 그래프를 말한다. 초반에는 습득 속도가 느리지만, 일정 시간이 지나면 그 속도가 빨라지고 어느 단계에 이르면 다시 느려진다. — 옮긴이)이 생긴다. 이는 필연적인 현상이다. 사람들이 당신에게 거는 기대를 이해하는 데 시간이 걸린다고 해서 그것이 신뢰성을 해치지는 않을 것이다. 상황을 파악하기 위해 혹은 새로운 기회의 요건을 충족해 다음 단계로 나아가기 위해 최선을 다하지 않는 것이야말로 진정한 문제다.

당신은 팀의 신뢰를 얻어야 한다. 당신의 말과 행동도 마찬가지다. 아이디어를 낼 것을 요청했다면 제출된 아이디어에 관심을 기울여야 한다. 그것이 받아들여지지 않았다면 이유도 공유해야 한다. 팀원의 의견을 실행에 옮길 기회가 있을 때마다 그 기회를 잡아라. 팀원들의 노력을 인정하고 그들이 무엇을 필요로 하는지 들어라. 팀원들을 지지하고 투명하게 관리하여 상황을 정확하고 합리적으로 이해하도록 돕다보면 결국은 신뢰가 생긴다. 기술적 측면을 숙지할 때 이런 행동들이 역량과 인격 사이의 균형을 잡아줄 수 있다.

O━━

사람들이 당신을 존경하고 좋아할 때 신뢰가 형성된다.

과잉 보상

역량을 알리는 것과 가치를 부풀려 말하는 것은 전혀 다르다.

일과 생활 사이의 균형을 추구하기 위해 자신을 위한 시간을 갖기로 결심할 수도 있다. 이때 한 가지 알아두어야 한다. 그런 시간을 내는 것이 쉽지 않다면 당신은 무의식적으로 그 시간을 보충하기 위해 과잉 보상을 해야 한다고 느낄 수도 있다. 지나치게 상세히 설명하고, 사람들에게 당신의 중요성을 깨우쳐주고, 가치를 증명해야 할 것 같은 기분이 들 수도 있다. 이처럼 자신의 역량을 입증해 보이겠다는 잠재적인 욕구는 의도와는 정반대의 효과를 낼 우려가 있다.

또한 이런 대응이 계속되면 사람들은 목표 달성 능력 자체를 의심할 수도 있다. 자기 자신을 신뢰한다는 것이 보일 때 사람들은 비로소 당신을 믿게 된다. 자신의 가치를 부풀려 말하는

일터의 대화법

것은 스스로 그 가치를 확신하려고 노력하는 것처럼 보여서 능력에 대해 의구심만 불러일으킨다. 의혹이 존재하지 않던 곳에 갑자기 의혹을 만들어내는 셈이다.

이 불편한 느낌은 다른 사람보다 자신에게 더 높은 기준을 적용하거나 자신의 능력을 증명하기 위해 비현실적인 목표를 설정할 때 나타난다. 게다가 실패에 이르게 되는 간접적 요인이 될 수 있다.

예절 지키기

이메일과 소셜 미디어의 경계가 희미해지고 의사소통 수단은 많아졌다. 이런 상황에서 업무를 흠 잡을 데 없이 처리하는 것은 높은 수준의 역량과 인격을 보여주는 것이다. 많은 직장인이 극심한 시간 압박에 끊임없이 시달린다. 위험과 보상이 모두 높은 중요 프로젝트에 착수하고 어마어마한 액수의 예산도 관리한다. 쉴 새 없이 회의에 참석하면서도 감당하지 못할 정도로 많은 이메일을 받는다. 당신도 그중 한 사람일지 모른다. 압박은 굉장하다.

게다가 한시가 급한 당신은 책상 앞에 앉아 업무 이메일을 보거나 팀의 메신저 앱에 올라오는 메시지를 확인한다. 곧 회사 전화로 전화가 걸려온다. 업무용 휴대폰에도 문자가 왔다는 신호음이 들린다. 즉시 확인해야 하는 문자일 수도 있다.

당신은 어떤 것을 먼저 신경 쓰는가? 이처럼 균형을 맞추기 힘든 상황에서는 난처한 상황에 처하기 쉽다. 이럴 때 필요한 규칙이 몇 가지 있다.

- 첫 번째로 앞에 있는 사람과의 상호작용을 최우선으로 여기고 그 사람에게 집중한다.
- 두 번째는 앞에 있는 사람에게 '이 문제가 중요하다'는 사실을 알린 다음 잠시 전화를 받아 급한 문제인지 아닌지만 확인하는 것이다. 다급한 전화가 아니라면 전화를 건 사람에게 당신이 지금 누군가와 함께 있다는 사실을 알리고 다시 전화할 시간을 명확히 제시해야 한다.
- 그래도 된다면 혹은 너무 정신이 산만해서 앞에 있는 사람과 이야기를 이어갈 수 없다면, 대화를 마무리 짓거나 그 사람에게 다른 시간에 다시 이야기해도 될지 묻는 것이 세 번째 선택 방안이다.

다음은 이메일로 의사소통할 때 신뢰성을 유지하기 위한 몇 가지 도움말이다.

- 상대방의 이름을 사용하라.
- 제목에 핵심 단어 몇 개를 넣어라. (제목에서 이메일을 작성하기 시작하는 것은 피하라.)

일터의 대화법

- 수신인의 '언어'로 이메일을 써라.

- '답장을 기다리겠습니다.' 같은 상투적 문구는 쓰지 말고 상대에게 맞춘 개별적 문구로 이메일을 마무리하라.

- 쉼표와 마침표를 사용하고 느낌표 사용은 자제하라.

💡 **여기서 꿀팁!**

이메일의 우선순위 정하기

주체할 수 없을 정도로 이메일을 너무 많이 받는다면, 쉽게 알아보고 회신할 수 있도록 우선순위를 정해서 폴더에 나눠 정리해보자. 모든 이메일에 중요하다는 뜻으로 깃발 표시를 붙이면 어느 것부터 읽어야 할지 구분하는 데 도움도 안 되고 이메일을 볼 때의 부담도 줄여주지 못한다. 폴더는 '매우 중요', '중요', '나중에 답장'으로 분류할 수 있다. 이런 분류는 누구의 이메일에 먼저 답장해야 하는지 파악하는 데 도움이 된다. 각 폴더는 다음과 같이 정의될 수 있다.

매우 중요 = 매우 중요한 사람이나 프로젝트, 곤란한 문제
단순히 영향력이 크고 대하기 어려운 고객이나 임원에게 받은 이메일부터 더 넓은 범위의 이메일을 망라한다. 당신이 즉시 주의를 기울여 답장해야 하는 모든 이메일을 의미하기도 한다.

중요. '중요'라는 꼬리표를 붙였다면, 당신은 되도록 빨리 그 이메일에 답장해야 한다. 하지만 대단히 중요하다고 여겨지는 내용은 아니다.

나중에 답장. 이 폴더로 분류된 이메일은 당신이 감시망에 포착해두었다가 다른 모든 문제를 처리하고 난 뒤 답장할 이메일을 뜻한다. 긴급히 답장할 필요가 없는 이메일은 이 폴더에 넣어 시간이 나면 즉시 답장한다는 것을 유념하라.

이메일로 주고받는 긴 대화에 당신의 이름이 '참조'로 올라있고 이메일 내용이 당신과 무관하다면, 보낸 이에게 앞으로 당신의 이름을 빼달라고 부탁하자. 아니면 모든 발신자에게 한꺼번에 답장할 수 있도록 문구 하나를 정해도 좋다. (발신자들이 회사 외부인인 경우 개인정보를 보호하기 위해 그들의 이메일 주소를 반드시 '숨은 참조' 난에 넣어라.) 예를 들어 이렇게 보낼 수 있다. '이메일을 보내주셔서 감사합니다. 저는 이 프로젝트의 주된 참여자가 아니므로, 앞으로 이 프로젝트와 관련해 오가는 이메일 대화에는 답장하지 않겠습니다. 필요한 것이 있으면 직접 연락 주십시오.'

신뢰성을 확립하는 일은 다양한 차원의 접근을 필요로 한다. 당신의 인상을 해칠 수 있을 무언가를 바꾸고 싶다면, 그것을 마음에 새겨두고 연습하거나 계속 없애서 당신의 자연스러운 일부분으로 만들어라. 20세기 영국의 작가 버지니아 울프Virginia Woolf의 글처럼 '변화하는 자아가 살아 있는 자아다 A self that goes on changing is a self that goes on living.' 자신을 인식하고 스스로 동기를 부여해 능동적으로 성장을 향해 나아가는 사고방식을 갖는다면 틀림없이 변화를 이룰 수 있을 것이다.

무엇이 당신의 인상을 해칠 수 있을지 의식하고 그것을 바꾸는 것이 핵심이다.

일터의 대화법

질의응답 Q & A

신뢰성을 형성하는 것에 대해 사람들이 자주 하는 질문이다.

1. **"어떻게 하면 사람들을 제 아이디어에 주목하게 해서 영향력을 키울 수 있을까요?"**

   우선 튼튼한 신뢰 관계를 구축하라. 당신을 신뢰하는 사람들은 보통 당신의 의견과 아이디어를 더 잘 수용한다. 다음 전략도 시도해볼 수 있다.

   - 청중을 파악하라.
   - WIIFT와 청중이 얻는 가치, 그들에게 미치는 영향에 초점을 맞춰라.
   - 청중의 고민을 해결하라.
   - 당신의 아이디어가 추진되지 않는다면 무엇이 위태롭고 어떤 부분이 영향을 받을 수 있는지 강조하라.
   - 당신의 아이디어를 청중의 '언어'로 정리하라.
   - 청중이 아이디어를 진지하게 받아들일 수 있도록 당신의 역량을 알려라.
   - 사실과 데이터, 잠재적 성과에 기반을 두고 설득력 있는 언어를 사용하라.
   - 확실하고 실질적으로 음성을 전달하라.

- 사람들이 무언가를 느끼게 하라. 숫자와 사실에만 의존하는 것을 피하라.

2. "내성적인 사람에게 친분 형성에 대해 해줄 조언이 있습니까?"

모르는 사람을 만나거나 관계를 형성하는 데 시간을 투자하는 일은 에너지를 필요로 한다. 특히 내성적인 사람에게는 상당히 피곤한 일이다.

누군가와 진심으로 친해져 친분을 형성하려면 현실적인 목표를 정해야 한다. '매달 새로운 사람 한 명과 교류하기'처럼 측정이 가능한 목표로 시작하라. 여기에 이미 알고 있는 동료들을 참여하게 하면 압박을 약간 완화하는 데 도움이 될 수도 있다. 그들이 대화의 일부를 맡아줄 수 있기 때문이다. 상호작용할 때는 상대방과 진지하게 눈을 맞추고 상대방의 말을 효과적으로 경청하고 정보를 공유하라.

3. "무의식 중에 자신의 신뢰성을 해칠 수 있는 행동은 어떤 것이 있나요?"

자주 하는 실수 몇 가지를 소개한다. 당신에게 해당되는 게 있는지 살펴보자.

- 아주 작은 소리로 말하거나 말끝을 올리는가? 둘 중 어느 하나에라도 해당하는가?

- 다른 사람들의 의견을 따르거나 사람들이 당신의 말을 끊도록 내버려둘 때가 많은가?
- 머뭇거리며 말하거나 "잘은 모르지만…" "이건 당신이 찾는 게 아닐 수도 있지만…" 따위의 표현으로 말을 시작할 때가 많은가?
- 다른 사람들 앞에서 자신을 깎아내리는가?
- 복장과 몸짓언어를 이용해 시각적으로 자신감과 전문성을 알리는가?
- 과도하게 사과하거나 지나치게 감정적인가?
- 회의에서 회의록을 작성하겠다고 제안하거나 회의록 작성자가 되는 것을 당연시하는가?
- 스스로 적합하다는 느낌이 들지 않아서 승진 신청이나 임원직 지원을 거부하는가?
- 다른 사람들을 돕기 위해 자신이 받는 관심을 다른 데로 돌리는가?
- 완벽주의자인가?

4. "제가 유독 친해지고 싶은 사람이 한 명 있습니다. 그 사람과 이미 오랫동안 같이 일해왔다면 어떤 식으로 점심을 먹자거나 커피를 마시자고 청해야 할까요?"

감사를 표하거나 감사편지를 보내는 데 너무 늦은 때란 없다. 누군가와 친분을 맺는 일에 관심을 표하는 일도 마찬가지다. 십중팔구, 상대방은 자신을 중요한 사람으로 느끼거나 으쓱한 기분이 들어 긍정적으로 대응할 것이다.

한 가지 방법은 공통점을 인정한 뒤 자연스럽게 초대로 넘어가는 것이다. 초대할 때는 특정한 시간대를 정해라.

"대런, 며칠 전 문득 우리가 같은 사무실에서 일한 지 꽤 오래됐다는 생각이 들더군요. 언제 점심을 같이 먹거나 커피라도 한 잔 하면 정말 좋을 것 같아요. 다음 몇 주 동안 그렇게 할래요?"

확실하고 신뢰할 수 있는 사람이 되면 많은 이점이 있다. 그 중 특정한 혜택은 의심스러운 상황에서도 사람들이 당신의 말을 믿어준다는 것 혹은 실수를 설명하거나 손상된 관계를 만회할 기회가 더 많이 주어진다는 것이다.

하지만 아무리 착실하고 신뢰를 쌓고 열심히 노력해도 실패하는 경우가 있게 마련이다. 다음 부분에서 이 중요한 주제를 다룰 것이다. 마지막 장에서는 관계를 회복하고 다시 형성하고 확립하는 것에 대한 중요 양상을 탐구해보자.

7장

잘못된 관계의
복원과 회복

THE COMMUNICATION HABIT

실패는
성공의 장애물이 아니라
디딤돌이다.

아리아나 허핑턴Arianna Huffington
《허핑턴 포스트The Huffington Post》의 공동창립자이자 전 편집장

살다보면 실수를 깨닫는 순간들이 있다. 그 실수 때문에 중요한 관계를 망치기도 하고 사람들에게 심어준 당신의 인상을 바꿔야할 수도 있다. 성공을 목표로 매진하는 상황이라면 특히 그렇다. 직장 생활 및 개인적인 삶에서 사고방식과 행동은 관계를 회복하고 재형성, 재확립하는 데 큰 역할을 한다.

실패의 미학

실패와 관련해 다양한 사고방식이 존재한다. 어떤 사람은 실패가 성공의 중요한 구성요소라고 믿는다. 실패는 자기 인식의 향상과 주요 세부사항에 대한 집중력 강화로 이어질 수 있다. 또한 실제로 변화가 일어날 만큼 우리에게 큰 영향을 미치기도 한다. 실패에는 배움이 따라오고 배움에는 이해력 증진이 따른다. 이렇게 얻은 교훈 덕분에 우리는 새로운 기회로 나아간다. 리더십 전문가인 존 맥스웰John C. Maxwell은 이를 '실패를 딛고 전진하는 것failing forward'이라 말하기도 한다.

나에게 실패란 지난 일을 되돌아보며 '그럴 뻔했는데', '그랬어야 했는데', '그랬을 텐데'라고 생각하는 것이다. 여기서 관건은 무언가에 성공하지 못한 것이 아니라 그것을 시도조차 하지 않은 것이다. 실패는 두려움의 대상이다. 인간관계에 부정적 결과를 초래할 수 있기 때문이다. 원하는 결과를 얻지 못하면 평판이나 자존심에 타격을 입을 수 있다. 실패를 두려워하는 것은 자연스러운 일이다. 간혹 어떤 실수들은 고칠 수도 없고 잊을 수도 없기 때문이다.

실패가 현재의 선택에 꾸준히 긍정적 영향을 미친다면 이는 초기 실패를 두고 생겨나기 쉬운 부정적 감정을 치유하는 데 도움이 된다. 실패를 완전히 잊어야 그 상처가 아무는 것은 아니다. 이 두 가지 개념은 공존할 수 있고, 이를 깨달아야 앞으로 나아갈 수 있다. 실패를 스스로 성장하고 발전하는 계기로 여기는 것은 사고방식의 중요한 전환이다.

그뿐 아니라 실수를 다루는 방식도 매우 중요하다. 주인의식

일터의 대화법

을 갖는 것은 신뢰성을 입증하고 신뢰를 유지하는 요인이다.

🔑

실패하는 것이 아니라 실패를 다루는 방식이 핵심이다.

잘못에 대한 책임

잘못에 대한 사과와 인정 그리고 실수 뒤에 숨겨진 이유를 투명하게 밝히는 것은 모두 주인의식에 포함된다. 변명과 탓하기, 문제의 심각성 축소하고 실수를 무시하는 등의 행동은 책임감이 없는 것이다. 당신에게 호감이 있을 때, 당신의 의도가 사실이고 진실하고 투명하다고 느낄 때, 당신이 상황을 바로잡으려고 노력하는 모습을 보일 때 사람들은 더 쉽게 용서한다. 주인의식을 가지려면,

거만함 대신 겸손함

짜증 대신 헌신

망설임 대신 행동

이 필요하다.

책임지는 태도가 있느냐 없느냐에 따라 신뢰 역시 잃을 것인

지 회복할 것인지 판가름 날 수 있다.

실수를 만회하고 관계를 재형성하고 신뢰를 다시 쌓는 것이 가능한가?
가능하다.

그러려면 더 높은 수준의 자기 인식과 당신의 의식적 노력이 필요한가?
물론이다.

상대방의 열린 마음과 의지도 필요할까?
보통은 필요하다.

한 번 시도하는 것으로 될까?
그런 경우는 거의 없다.

성공이 보장되는가?
아니다.

하버드대학교에서 실시한 조사에 따르면, 부정적 첫인상을 바꾸기 위해서는 대략 여덟 번의 긍정적 상호작용이 있어야 한다.[1] 그 정도로 많은 시간과 노력을 할애하는 것은 사실 힘들다. 특히 직장에 다니면서 친구들과 점심이나 커피 약속을 잡는 것, 자녀의 운동 경기나 발표회를 보기 위해 조금 몰래 일찍 퇴근하는 것, 하루의 스트레스를 풀기 위해 잠시 운동하러 가는 것, 짬을 내서 저녁에 데이트하는 것조차 쉽지 않다. 누가 첫인상을 바꾸겠다고 사람들을 여덟 번이나 내리 만나겠는가? 하지만 이 방법 말고는 선택의 여지가 없을 수도 있다. 생각과 행동의 일관성을 보여주려면 시간이 걸린다. 그리고 이 일관성이 관계를 회복하는 데 필요한 열쇠이다.

말과 행동과 태도의 일관성이 핵심이다.

일관성

무언가를 한 번 하고 끝내면 변화가 일어날 만큼의 장기적 결과 혹은 깊은 신뢰를 굳히기 힘들다. 특정한 행동과 태도를 통해 인상을 바꾸는 일을 시작하고도 그것을 일관되게 유지하지 않으면 그 인상을 절대로 바꿀 수 없다. 오히려 바꾸려는 인상을 입증하는 꼴이 될 수도 있다.

일관성은 신뢰로 이어진다.
신뢰는 믿음을 불어넣는다.

믿음은 변화를 일으킨다.

긍정적 태도와 신중한 결정, 선의의 상호작용과 현명한 선택을 일관되게 보여주는 것은 신뢰를 재형성하고 목표 달성을 위한 당신의 헌신을 나타내는 데 도움을 주어 이상적 변화가 일어날 가능성을 열어준다.

미국의 거대 커피 체인 스타벅스Starbucks의 설립자이자 전 최고 경영자 하워드 슐츠Howard Schultz는 78개국에 3만 개가 넘는 매장을 연 '성공 비결'로 일관성을 자주 언급했다.[2] 무엇을 얻고 무엇에 의존할 수 있는지, 무엇을 기대할 수 있는지 알면 경험과 상호작용, 선택의 결과가 긍정적일 거라는 믿음이 생긴다. 믿음은 이미 깨져버린 무언가를 다시 형성하는 데에도 필요하다.

관계의 회복과 재형성, 재확립

다음 열 개의 단계를 통해 관계를 회복하고 재형성하고 재확립하는 과정을 시작해보자.

- **1단계: 헌신 수준을 평가하라.** 이 여정을 시작하려면 반드시 관계에

헌신적이어야 한다. 변화에 대한 진정한 욕구가 있어야 한다. 억울함이나 반감, 분노나 비난은 모두 없애야 한다.

- **2단계: 현실을 직시하라.** 어쩌다 이런 상황이 되었는지 혹은 무엇이 현재의 인상을 만들었는지 생각해보라. 무슨 일이 있었고 어떤 변화가 필요한지 있는 그대로 살펴보자.

- **3단계: 자기 인식을 높여라.** 이런 상황에 처하기까지 스스로가 한 말이나 행동 그리고 타인이 바라본 자신에 대해서 깊게 들여다볼 필요가 있다. 물론 다른 사람들의 영향도 있을 것이다. 그래도 초점은 당신에게 맞추어져 있어야 한다. 우리는 타인의 태도나 행동, 선택을 통제할 수 없다. 따라서 우리는 스스로의 말이나 행동처럼 바꿀 수 있는 것을 바꾸는 데 에너지를 쏟는 것이 중요하다.

당신의 책임은 무엇인가?

당신의 행동은 어떻게 오해될 수 있었을까?

당신의 행동에 또 다른 대안이 있다면, 그것은 무엇일까?

이제 무엇이 잘못됐고 달리 어떻게 행동할 수 있었을지 자각했으므로 비슷한 함정에 빠지지 않는 것이 중요하다. 같은 실수나 오해가 다시 생기는 것을 어떻게 방지할지 계획을 세워야 한다.

- **4단계: 연습하라.** 하고 싶은 말을 미리 생각해보고 그 말을 연습하라.

진지한 태도와 적당한 속도로 말해야 한다. 앞으로 달라질 점과 상대 방이 기대해도 되는 부분을 강조하라.

- **5단계: 사과하라.** 사과가 필요한가? 그렇다면 성실함과 직업 의식 그리 고 책임감을 나타낼 수 있도록 4장에 제시된 사과 양식에 따라 사과하 라. 사과했는데도 상황이 개선되지 않았다면 더 많이 노력해야 할 수 도 있다. 상황을 개선하는 여정을 이어가려면 자신에게 친절해야 한다.

- **6단계: 조치를 취하라.** 어떤 사람들은 실수를 저지르고 이전에 했던 행동을 새로운 행동으로 대체하려는 적극적인 노력도 없이 용서받고 싶어 하거나 인상이나 상황을 바꾸고 싶어 한다. 사람들에게 당신을 달리 볼 이유를 주지 않았는데, 그들이 어떻게 다르게 인지하기 시작 할 수 있겠는가? 잘못된 인상을 더 정확한 인상으로 교체하지 못했는 데 어떻게 잘못된 인상을 바꿀 수 있겠는가? 상대방의 상처를 치유하 기 위해 아무 조치도 취하지 않았다면, 상대에게 용서받기를 기대해서 는 안 된다. 말은 그저 말일 뿐이다. 행동이 따르지 않는 말은 공허하고 무의미하다. 사람들이 알고 싶어 하는 것은 당신이 상황을 진지하게 생각했고 상황을 개선할 의도로 행동할 것이며, 같은 일이 다시 일어 나는 것을 방지할 거라는 사실이다.

- **7단계: 알아볼 수 있게 하라.** 바뀐 행동을 사람들이 알아볼 수 있어야 한다. 그렇지 않으면 사람들은 당신이 행동을 바꾸었다는 사실도 모른 다. 새로운 행동을 적용할 기회를 찾아라.

- **8단계: 관계를 맺어라.** 도움을 줄 사람들과 관계를 맺고 그들을 인맥에

포함하라. 직장 내 중요한 사람들과 친분을 맺고 그들에게 당신이 무엇을 하고 있는지 알려라. 인맥에 포함된 중요한 사람들이 누구든 간에, 당신이 행동을 바꾸려고 시도 중이라는 사실을 그들도 알아야 한다. 잘못된 인상을 바꾸려고 노력할 때 이 사람들이 도움이 될 수 있다.

- **9단계: 참고 기다려라.** 당신의 결정과 행동, 상호작용이 인식되고 인정받을 시간을 주어라. 인내심을 가져라. 당신이 이루고자 하는 특정 변화, 관련된 사람들의 인격과 감정, 사람들이 변화를 중요하게 여기는 정도에 따라 결과가 즉시 나타나지 않을 수도 있다. 사람들이 오해한 기간이 길면 길수록 인상을 바꾸는 일은 더 어렵다.

당신의 기대를 상황에 맞추는 것이 핵심이다.

- **10단계: 피드백을 요청하라.** 시간이 지난 후 바꾼 행동이 일관되게 자리 잡을 가능성이 생겼다면, 신뢰하는 사람들에게 피드백을 요청하라.

변화가 보이는가?

무엇이 달라졌는가?

다른 사람들에게 들은 말이 있는가?

인상이 바뀔 수 있겠는가 아니면 더 많은 노력이 필요한가?

피드백과 관련해 강조해야 할 중요한 사항이 몇 가지 있다.

피드백 요청하기

피드백은 듣는 이에게 힘을 실어줄 수도, 불쾌한 느낌을 줄 수도 있다. 피드백을 요청할 때는 다음과 같은 상황을 직면할 각오가 되어 있어야 한다.

- 예상 밖의 이야기를 듣게 되는 상황
- 아무 피드백도 받지 못하는 상황
- 변명하거나 말을 끊지 않고 상대방의 말에 진지하게 귀 기울이는 상황
- 예상했던 답변을 듣고 고마움과 예의, 정중함을 표하는 상황

당신이 불쾌해하거나 못 미더워하는 기색이 보이면, 피드백을 주는 사람은 앞으로는 그러지 않을 수도 있다. 피드백을 요청했다면 솔직하고 직설적인 조언에 귀 기울일 각오가 되어 있어야 한다. 상대방이 그 요청을 수락하고 자기 시간을 들여 (어쩌면 위험을 무릅쓰고) 솔직한 생각을 공유한다면, 이는 상대방이 그만큼 당신을 존중한다는 중요한 암시일 수 있다.

요청에는 감사가 함께해야 한다.

피드백 주기

- '건설적 비판'이라기보다 '피드백'이라고 불러라. '건설적 비판'이라는
  용어를 들으면 사람들은 대부분 무의식적으로 말을 멈추거나 방어적
  이 된다. 뇌에서 초점을 맞추는 단어가 '비판'이기 때문이다. 자리에 앉
  아 심판 받기를 원하는 사람은 아무도 없다. '좋은' 피드백과 '나쁜' 피
  드백을 함께 받게 될 거라는 이야기를 들을 때도 사람들은 보통 심판
  받는 기분을 느낀다.

- 피드백에는 두 가지 유형이 있다.
  - 계발 피드백: 태도나 행동을 바꾸거나 그만둘 것을 원하는 경우
  - 강화 피드백: 태도나 행동을 유지할 것을 원하는 경우
  - 두 용어 이면의 본질적 메시지는 성장과 발전과 지원이다. 이는 '비
    판'이라는 단어에 함축된 의미보다 훨씬 더 긍정적이다.

- 피드백 샌드위치를 피하라. 긍정적 의견을 말한 다음 부정적 의견을
  말하고 다시 긍정적 의견을 말하면, 피드백을 받는 이는 무의식적으로
  다음에 무슨 이야기가 나올지 마음을 졸이며 기다리게 된다. 긍정적
  피드백은 부정적 피드백에 잘 가려진다. 피드백을 받는 쪽에서 긍정적
  피드백을 단순히 부정적 피드백에 대한 보상으로 느낄 수도 있기 때문

이다. 피드백을 줄 때 보다 효과적인 방법은 프로젝트 내내 혹은 1년 내내 계발 피드백과 강화 피드백을 골고루 일관되게 전달하는 것이다. 확실하게 강화 피드백을 줄 기회를 찾아라. 이는 계발 피드백을 공유하기에 더 유리한 상황을 마련해준다. 받는 이가 더 수용적인 자세를 보일 수도 있다.

- **요청받지 않은 피드백을 공유할 때는 조심하라.** 피드백의 내용은 매우 개인적이다. 따라서 상대방은 피드백을 들을 올바른 마음가짐을 갖고 있어야 한다. 그렇지 않으면 당신의 피드백을 듣고 허를 찔렸다는 기분이 들 수도 있다. 계발 피드백을 올바로 제시하지 못하면, 좋은 의도는 즉시 비판으로 인지될 수 있다. 당신이 피드백을 줄 위치가 아니거나 아직 그 정도로 상대방과 친하지 않다는 상황을 인식하는 것 또한 중요하다. 요청받지 않은 피드백을 준다면 돌이킬 수 없을 정도로 선을 넘어버릴 수도 있다. 진심으로 돕고 싶다면, 우선 상대방에게 피드백을 받아들일 준비가 되어있는지 물어보라. 당신이 공유하려는 생각에 대해, 피드백이 어떤 식으로 본인의 성공을 뒷받침할 수 있을지에 대해 들어볼 마음이 있는지 생각을 들어보자.

모든 단계를 성실하게 완수했는데도 여전히 예전 인상도 없애지 못하고, 훼손된 관계를 복구하지 못하고, 상황도 개선되지 않았을 수 있다. 상황을 더 복잡하게 만드는 요인으로는 관련된 사람의 인격이나 그 상황에 가졌던 감정, 사건의 빈도와 지속 시간, 당신의 호감도와 신뢰도, 친분의 정도 그리고 당신이 쌓은 평판 등이 있다. 상황을 바로잡기 위해 훨씬 더 많은 노력을 기울여야 할 수도 있다. 또는 상황이 바뀌지 않으리라는 사실을 받아들여야 할지도 모른다.

💡 **여기서 꿀팁!**

인정과 피드백의 중요성

직장인은 대부분 인정과 피드백을 받고 싶어 한다. 자신이 기대에 얼마나 잘 부응했는지 여부와 함께 자신의 노력이 인정받고 정당하게 평가된다는 점도 알고 싶어 한다. 이 두 요소가 중시되면 동기를 부여할 수 있지만, 무시되면 의욕을 꺾을 수 있다. 공식적으로 서류를 작성하든 좀 더 가볍게 일대일로 만나든, 업무 평가나 중간 성과 검토를 위해 시간을 내는 것은 (이것이 회사의 일반적 관행이 아니더라도) 임원이 해야 하는 중요한 일이다. 직원이 자신의 가치를 느끼지 못하거나 성공으로 나아가기 위해 어떤 행동을 바꾸어야 하는지 알지 못한다면, 어떻게 능력을 갖추거나 기대를 뛰어넘기 위해 고무될 수 있겠는가? 어떻게 잠재력을 최대한 발휘하거나 업무를 훌륭히 완수하는 데 전념할 수 있겠는가?

회복력의 중요성

개인적 혹은 직업적 선택을 되돌릴 수 없거나 현재의 곤경을 모면할 수 없을 때가 가끔 있다. 달리 어떻게 행동할 수 있었을지 과거를 돌이켜보면, 좋은 의도로 그런 결정을 내렸다는 사실을 깨닫는다. 당시에는 그 결정이 옳다고 생각했다. 다른 방도가 없다고 믿었다.

어떤 이유에서든, 그 선택이 잘 되지 않았거나 상대방이 당신을 용서하지 않는 일도 생긴다. 이런 상황에 처했다면 이제는 회복하는 데 집중할 때다.

역경이나 실망, 거부에 직면했을 때 마음을 단단히 먹고 강한 정신력으로 패배주의적 사고방식을 버리는 일은 쉽지 않다. 삶과 인간관계 그리고 결심이 계획대로 흘러가지 않는다면 이때가 바로 몇몇 주요 전략과 당신이 지닌 내면의 힘에, 이 어려운 시기를 헤쳐나갈 수 있도록 당신을 도울 수 있는 사람들에게 초점을 맞추어야 할 때다.

○━━━

얼마나 빨리 회복하느냐가 아니라 얼마나 열심히
노력하느냐가 중요하다.

회복력을 연마할 때는 다음 사항을 유념하라.

• **숨을 쉬어라.** 호흡은 당신의 마음 상태, 즉 상황이 내면에 입히는 타격의 정도를 반영한다. 이를 극복하려면 상황에 대한 통제력을 되찾아야 한다. 불편한 감정과 불안, 분노는 발산해야 한다. 느리고 깊게 숨

일터의 대화법

쉬는 것을 연습하라. 명상이나 요가를 하라. 산책하거나 운동할 시간을 내라. 운동의 유익함에 대한 연구 결과는 놀랍다. 운동은 스트레스를 줄여주고 신체의 이완을 돕는다. 정신을 다른 데로 돌려 마음을 편안하게 하고 내면의 동요를 가라앉힌다. 회복력을 얻기 위해서는 우선 강인한 마음가짐을 갖는 것이 매우 중요하다.

- **친절해라.** 진심으로 상황을 바로잡으려고 노력했어도 잘 되지 않았다면 자신의 정신적, 정서적 행복을 고려하는 것이 중요하다. 때로는 아무리 열심히 노력하고 아무리 진심으로 사과해도, 아무리 적절한 조치를 취해도, 관계를 회복하고 재형성하고 재확립할 기회를 얻지 못한다. 이때가 바로 자신에게 친절해야 하는 순간이다. 그냥 내버려두라. 크게 성공한 사람들도 실패를 통해 교훈을 얻었다는 사실을 기억하라.

여러분이 연결 지을 수 있는 것은 현재와 과거의 사건들뿐이다.
— 레이 달리오Ray Dalio, 세계 최대 헤지펀드 회사인 브리지워터
어소시에이츠Bridgewater Associates, LP의 설립자이자 공동 최고경영자

그때는 내가 제일 잘 알고 있는 것을 행했다.
그때보다 더 잘 알게 된 후에는 더 잘 알게 된 것을 행했다.
— 마야 안젤루, 미국의 시인이자 민권운동가

때로는 이기고 때로는 배운다.

— 제이슨 므라즈Jason Mraz, 미국의 싱어송라이터

우리는 우리가 존재하는 순간만큼만 훌륭하다.

우리가 더 현명해지지 못한다면, 어떻게 더 훌륭해질 수 있겠는가?

— 로라 조앤 케이튼, 이 책의 저자이자 여러분의 성공을 응원하는 사람!

👉 한 뼘 더

돌이킬 수 없는 실수를 한 후에 어떤 말로 마음을 달래는가?

- **끈기 있게 버텨라.** 시간이 흐르면 노력이 빛을 발할 기회가 생긴다. 상대방의 상처가 치유되기까지 얼마나 오랜 시간이 걸릴지 알 수는 없다. 포기하지 마라. 상황을 바로잡거나 관계를 재형성하려면, 관심과 일관성을 갖고 당신이 판단하는 대로 행동하면서 끈기 있게 버텨야 한다. 인내가 결실을 맺을 수도 있다.
- **새로 시작하라.** 예전 인상이 그대로 존재하거나 관계가 지나치게 손상됐다면 그런 상황은 결국 당신의 성공에 지장을 줄 수 있다. 이런 경우, 다시 시작해서 새로운 행동을 확립할 수 있도록 업무나 부서나 회사를 바꿔야 할 수도 있다.

일터의 대화법

관계를 회복하고 재형성하고 재확립할 수 있든 없든, 결국에는 감정에 치우치지 않은 상태에서 충분한 거리를 두고 상황에 대해 생각해볼 수 있다고 느껴지는 순간이나 기회가 있을 것이다. 자기 발견과 치유, 자기 성장이 일어나는 중요한 순간이다. 이 기회를 놓지지 말고 무엇을 배웠는지 생각해보라.

이제 되돌아보면 처음 문제의 원인이 무엇인지 더 뚜렷하게 보이는가? 자기 자신에 대해 알게 된 점이 있는가?

앞으로는 어떻게 달리 행동하겠는가?

방금 겪은 일이 앞으로 당신에게 어떤 도움이 될까?

다시 비슷한 상황에 직면한다면, 더 효과적으로 대처할 방법이 생겼는가?

당신이 얻은 경험과 지식이 다른 누군가에게 도움이 될 수 있을까?

일어난 일이 괴롭거나 속상하거나 혼란스럽거나 부당했을 수도 있다. 그렇다 해도 당신의 성공이나 개인적 성장, 업무 능력 향상을 이어가기 위해 경험에서 무언가 배울 수 있는 점을 찾아라. 아무리 사소한 것이어도 상관없다.

○━━

당신의 고통은 헛된 것이 아니다.

충분히 거리를 두고 상황을 객관적으로 바라볼 수 있겠다는 기분이 들면, 뒤로 물러나 무엇을 배울 수 있을지 생각해보라. 각각의 교훈에서 경험과 지혜, 자기 연민을 얻을 것이다. 또한 그 과정에서 당신을 돋보이게 하고 올바른 인상을 유지하며 지속적인 성장을 뒷받침하는 의사소통 습관의 튼튼한 기초가 만들어질 것이다.

질의응답   Q & A

관계를 회복하고 재형성하고 재확립하는 주제와 관련해 자자주 받는 질문들을 소개한다.

1. "제 상사가 저를 오해하고 있습니다. 어떻게 해야 하나요?"

가능하다면 절대로 다른 사람들의 마음에 오해를 남기지 마라. 특히 그 사람이 당신의 상사인 경우에는 더욱 그래야 한다. 상사는 당신의 성공을 뒷받침할 힘을 갖고 있으므로 잘못된 평판을 보여서는 안 된다. 다음 방법들을 시도하며 자문해보라.

- 나를 둘러싼 오해는 무엇인가?
- 그 오해를 불러일으킨 것은 무엇인가?
- 그 오해를 부채질하는 데 다른 사람들이 개입되었는가?
- 오해가 생긴 지 얼마나 오래 되었는가?
- 내가 했던 행동 중에 그런 오해를 뒷받침한 것이 있는가?
- 오해를 풀기 위해 나는 무엇을 했는가?

당신의 상사를 만나보자.

- 위의 질문들에 답한 후 상사를 만나라. 의사소통에 오류가 없게 하라. 오해가 무엇이고 어떻게 일어났는지 확실하게 밝혀야 한다.
- 오해를 바로잡기 위해 적극적으로 노력하고 있다는 사실을 상사에게 알려라. 가능하다면, 당신이 취할 조치들을 상사와 공유하라.
- 그 조치들이 자리 잡을 시간을 가진 후 후속 회의를 요청하라. 상사가 변화를 확인하고 용납하는지, 당신의 노력을 지지하는지 아니면 또 다른 조치가 필요하다고 생각하는지 확인해야 한다.

2. **"저는 매우 내성적입니다. 이런 성격이 제 발전을 방해할까봐 걱**

정됩니다. 성격을 바꾸지 않고 취할 수 있는 조치가 있을까요?"

다음 전략들이 도움을 줄 수 있다.

- 새로운 상대와 상호작용할 때는 대화의 일부를 떠맡고 완충 역할을 해줄 동료 직원 한 명을 데려가라.

- 역할 바꾸기를 시도하라. 이런 식으로 생각해보자. 당신이 '내성적 모자'를 쓰고 있을 때는 어떤 특징이 나타날까? 아마 말투가 부드러울 것이다. 많은 사람 대신 한 사람과 대화하는 것을 즐길 것이다. 단체 프로젝트가 아닌 단독 프로젝트를 진행할 때 행복할 것이다. 프로젝트를 이끄는 것 대신 팀의 일원이 되는 것을 좋아할 것이다.

  이번에는 '외향적 모자'를 써라. 내성적인 사람들에게는 외향적이려고 노력하는 일이 피곤할 수 있다. 따라서 이 모자를 쓰고 있는 동안에는 먼저 말 걸기, 회의에서 첫 번째나 두 번째로 발언하기, 부서나 팀 회식 준비를 자원하기 등 한두 가지 특정한 행동에만 집중하라.

- 균형에 유념하라. 다른 모자를 착용하는 동안 기운을 되찾고 자신에게 집중하고 휴식을 취할 시간을 내는 것이 중요하다. 스스로 익숙한 것에서 벗어나 생활하기로 마음먹고 실천하는 중이라면 잘하고 있는 것이다. 그 과정에서 쌓인 피로를 '회복하는' 것도 필요하다.

3. "제가 상대방과의 관계 회복을 원하지 않는 경우에는 어쩌죠?"

이 장에서는 당신이 실수를 저지른 상황을 개선할 수 있는 방법에 초점을 맞추었다. 상황을 뒤집어 상대방이 실수를 저지른 경우에 대해 이야기해보자. 상대방과의 관계를 개선하고 싶지 않은 타당한 이유가 있을지도 모른다. 그 이유를 정확히 아는 사람은 당신뿐이다. 간혹 자기 인식은 당신의 관점에서 가능한 해결책이 있기는 한지 혹은 어떤 해결책이든 정말 그것으로 충분한지 가장 빨리 판단할 수 있는 수단이 된다. 따라서 고려해볼 만한 질문을 몇 가지 소개한다. 현재 행동을 유지하겠다면 그 결심 이면의 근거를 객관적으로 살펴보는 데 이 질문들이 도움이 될 수도 있다.

- 이 상황을 둘러싸고 혹은 상대방과 관련해 가장 크게 우려하는 점은 무엇인가?
- 당신이 생각하는 핵심 요건 중 상대방이 갖추지 못한 것은 무엇인가? 존중, 포용력, 안전, 사과, 인식, 더 긍정적이고 일관된 태도, 업무를 완수하는 태도, 신뢰 등.
- 질투나 부러움, 억울함 같은 감정이 상황을 이성적으로 보지 못하게 방해하는가?
- 상대방이 관계를 회복하도록 허락하지 않는 것이 당신에게 이로운가?
- 상대방은 자신이 실수를 했다는 사실을 알고 있는가?

4. "저는 실수했을 때 제 자신을 용서하기가 몹시 힘듭니다. 조언 좀 해주시겠어요?"

우선, 당신만 그런 것이 아니다. 우리는 흔히 자신을 너무 혹독하게 비판하고 자신에게 너무 많은 것을 요구한다.

- 우리는 인간이다. 인간은 놀라운 학습능력을 지녔다. 때로는 경험하면서 배우기도 한다. 누구나 도중에 실수를 저지르게 마련이다.

○━━

실수할 때마다 무언가를 배운다는 것이 핵심이다.

- 완벽하지 않아도 괜찮다고 생각하도록 뇌를 재훈련하라.
- 자기 연민은 관계를 회복하고 재형성하고 재확립하는 문제에서 상당히 중요한 몫을 차지한다. 실수 때문에 고민할 때 자기 자신에게 친절하기란 매우 힘들다. 실수를 말로 표현하거나 실수에 대해 분노를 표출하고 싶은 욕구를 존중하되 그런 시간을 줄이기로 결심하라.
- 실수에서 교훈을 얻는 것에 초점을 맞춰라. 경험에 의존하여 같은 일이 반복되는 것을 막아냈다면 그 성과를 자랑스럽게 여겨라.

여정을 마치며

여정의 끝에 이르렀다. 이 책에서 나는 성공의 다음 단계로 나아갈 수 있도록 자기 인식을 높이고 정보를 얻고 능력을 향상하는 데 도움이 되는 전략들을 소개했다.

나의 첫 번째 목표는 우리의 인상을 결정짓는 요소와 정확한 첫인상을 만들어낼 수 있는 방법을 더 분명히 이해하도록 돕는 것이었다. 두 번째로는 신체를 통해 자신감과 존재감 나타내기, 음성 전달과 단어 선택을 통해 목적에 맞게 말하기, 행동과 상호작용을 통해 역량과 가치 알리기 등 신뢰성을 확립하는 데 도움이 되는 중요한 변수를 공유했다. 게다가 여정에 문제가 있을 경우를 대비해 관계를 회복하고 재형성하고 재확립할 방법도 알게 되었다.

이 책에 내가 이야기한 모든 대화법은 각자가 가진 장점은 강화하고 단점은 교정하여 최대한 여러분을 돋보이게 하는 것이 주된 목적이다. 경력의 어느 단계에서든 도움이 될 것이다. 당신의 개인적 성장과 인간관계를 뒷받침하고 업무 능력 향상을 촉진할 것이다. 나 역시 이 방법들에 의지하며 살아가고 있다.

이 책을 스스로 만든 지침서처럼 활용하길 바란다. 무엇보다 중요한 건 당신이 진정으로 신뢰하는 전략만 연습하는 것이다. 그렇지 않으면 정반대의 효과를 낼 것이다. 마음에서 우러난 것이 아니란 사실을 사람들이 느낄 테니 말이다. 당신의 의사결정 뒤에 숨겨진 이유가 무엇인지 항상 알고 있어야 한다.

바꾸고 싶은 부분들을 고려할 때 '이걸 다 어떻게 하지? 행동을 바꾸기 시작하는 건 어색해. 어떤 식으로 변화를 시작해야 할까?'라는 마지막 질문이 떠오를 수도 있다.

여기에 다음 단계를 소개한다.

다음 단계

언제나 우리에게는 두 가지 선택 방안이 있다.

성장을 위한 전진 혹은 안전을 위한 후퇴

— 에이브러햄 매슬로Abraham Maslow, 미국의 심리학자

지금이 바로 그 순간이다. 자신을 위해 얼마나 강한 의지를 갖고 헌신할 것인지 결정해야 한다. 이 책에 나온 방법을 실행에 옮길 때 일어날 수도 있는 상황은 네 가지다.

1. 이 책에 공유된 방법을 적용해 매끄러운 전환이 이루어진다.
2. 어떤 방법은 자연스러워지기까지 더 오랜 시간이 걸릴 것이다.
3. '방해자'를 만날 수도 있다. 어떤 이유에서든, 방해자는 당신이 자신의 인상을 해치는 버릇을 없애고 능력을 향상하는 방법을 연습하는 것을 방해하고 싶어 한다. 방해자는 이렇게 말할지도 모른다. "그건 당신의 말투가 아니잖아요", "옷차림이 바뀌었네요", "대체 무슨 일이 있었던 거예요? 요즘 회의에서 말을 너무 많이 하던데."

   그 순간 선택권은 당신에게 있다. 자신감을 나타내고 새로운 길을 굳건히 다지고, 미소를 보이며 "알아봐줘서 고맙습니다"라고 대답해 상대방에게서 앞으로 그런 질문이 나오지 못하도록 방지하는 것이다. 이런 대응은 자기 확신과 자기 통제를 나타낸다. 아니면 상대방의 말을 듣고 긍정적인 길을 단념한 뒤 자연스럽게 옛 행동으로 되돌아갈 수도 있다. 선택은 당신의 몫이다. 성공을 이어가기 위해 당신은 어느 정도로 헌신하는가?

4. 당신이 교류하는 사람들은 대부분 당신이 지금 알고 있는 정보를 모를 것이다. 반면에 당신은 많은 사람이 어떤 식으로 본인 혹은 타인에게 해를 입히는지 알아차릴 것이다. 그렇다면 '그들에게 본보기가 되고 이

책에 담긴 정보를 공유할 것인가?'라는 질문이 생긴다. 정보를 공유하는 것은 완전히 다른 차원의 배움이자 지도력, 친분 유지이자 신뢰성 다지기, 가시성 높이기다.

이 책에서 나는 자기 인식을 높이기 위해 어떤 조치를 취하고 무엇을 바꿀지 결정하는 것을 돕기 위해 어려운 질문들을 던졌다. 이제 실행 계획을 세울 시간이다.

실행 계획

목표를 글로 적으면 훨씬 더 많이 달성하게 된다는 조사 결과가 있다. "자신의 목표를 아주 생생하게 묘사하거나 상상하는 사람은 그렇지 않은 사람보다 목표를 달성할 확률이 1.3에서 1.4배가량 높다."[1]

계획을 세워야 결과를 얻을 수 있다. 이 책에 나온 전략 중 당신이 가장 공감했던 게 무엇인지 생각한 뒤 해당 칸에 한두 가지씩 적어 넣어 보자.

실행 계획	
내일 아침에 할 일	앞으로 일주일 안에 _____와 공유할 사항
인상을 해치지 않기 위해 고쳐야 할 습관	기억해야 할 요점

주석

1장

1 Eric Wargo, "How Many Seconds to a First Impression?" Association for Psychological Science, July 2006, https://www.psychologicalscience.org/observer/how ─many─seconds─to─a─first─impression.

2 Amy Cuddy, "First Impressions: The Science of Meeting People," Rob Capps Science, Wired, November 28, 2012, https://www.wired.com/2012/11/amy─cuddy ─first─impressions/; "The Power of First Impressions Essay," http://www .123helpme.com/power─of─first impressions; and Shannon Polly, "First Impressions─the 7/11 Rule," Positive Business, October 27, 2015, http://positive businessdc.com/711─rule/ (article cites Michael Solomon, Marketing Department Graduate School of Business, NYU).

3 "The Most Inspiring Coco Chanel Quotes to Live By," Vogue Australia, August 16, 2018.

4 Sylvia Ann Hewlett, Center for Talent Innovation Executive Presence, 2014.

5 Jason Beeson, "Deconstructing Executive Presence," Harvard

Business Review, August 22, 2012, https://hbr.org/2012/08/de-constructing-executive-pres.

6 "The Soft Skills Disconnect," National Soft Skills Association, February 2015. 이 수치는 1918년에 카네기재단에서 출간한 찰스 R. 만의 "A Study of Engineering Education"에서 추론한 것이다. 인용된 부분은 106~107쪽에 있다.

7 2018 National Association of Colleges and Employers survey.

8 1980년에서 2015년 사이에 의사소통과 대인관계 능력을 향상시켜야 하는 직업이 83% 증가했다. Pew Research Center, The State American Jobs Report, 2016.

9 Tim Herrera, "Want to Seem More Likeable? Try This," New York Times, September 23, 2018, https://www.nytimes.com/2018/09/23/smarter-living/how-to-be-more-likeable.html.

10 Huma Khan, "Royal Etiquette: Do's and Don'ts When Meeting Her Majesty: Obama Sidesteps Traditional Gift Giving with a Fully Loaded iPod," April 1, 2009, https://abcnews.go.com/Politics/International/story?id=7228105&page=1.

2장

1 Sylvia Ann Hewlett, Executive Presence, Center for Talent Innovation, 2012, pp. 9-21.

2 Kunle Campbell, "Your Primer to the Psychology of Marketing: The Science of Emotional Buying and What Marketers Can Do About It," Ecommerce Marketing /How to Sell Online, BigCommerce, n.d., https://www.bigcommerce.com/blog /marketing-psychology/#how-to-speak-directly-to-emotions-the-limbic-system.

3 "Michelle Obama: 'When They Go Low, We Go High,'"

CNN, July 25, 2016, https://www.youtube.com/watch?v=mu_hCThhzWU.

4 Christopher Wanjek, "Why Breathing Deeply Helps You Calm Down," Live Science, March 30, 2017, https://www.livescience.com/58480-why-breathing -deeply-helps-you-calm-down. html; and David DiSalvo, "How Breathing Calms Your Brain, and Other Science-Based Benefits of Controlled Breathing," Forbes, November 29, 2017, https://www.forbes.com/sites/daviddisalvo/2017/11/29 /how-breathing-calms-your-brain-and-other-science-based-benefits-of -controlled-breathing/#6a46f3de2221.

5 전국에서 가장 큰 기독교 연합인 North Point Ministries의 설립자. John Blake, "Two Preaching Giants and the 'Betrayal' That Tore Them Apart," CNN.com, updated November 2012.

6 Harris Eisenberg, "Humans Process Visual Data Better," Thermopylae Sciences + Technology September 15, 2014, http://www.t-sciences.com/news/humans -process-visual-data-better.

7 마셜 로젠버그(1934.10.06. ~ 2015.02.07.)는 미국의 심리학자이자 작가, 교육자였다. 1960년대부터 그는 사람들 사이의 파트너십을 지지하고 갈등을 해소하는 비폭력 대화를 발전시켰다.

8 Dick Lee and Delmar Hatesohl, "Listening: Our Most Used Communications Skill," Extension University of Missouri, https://extension2.missouri.edu/cm150.

3장

1 Career Builder Annual List, January 9, 2014. 이 조사는 해리스 인터렉티브가 2012년 11월에 시행한 것이다. 재직 중인 2,600명 이상의 관리자와 3,900명의 근로자가 참여했다.

2 Amy Cuddy, TEDGLOBAL 2012, "Your Body Language May Shape Who You Are," TED video, 20:41, https://www.ted.com/talks/amy_cuddy_your_body_language_may_shape_who_you_are.

4장

1 Esther Snippe, "Your Speech Pace: Guide to Speeding and Slowing Down," SpeakerHub, January 19, 2017, https://speakerhub.com/skillcamp/your-speech-pace -guide-speeding-and-slowing-down.

2 Linda Geddes, "Why Do the British Say Sorry So Much?" BBC.com, February 24, 2016, http://www.bbc.com/future/story/20160223-why-do-the-british-say-sorry-so-much.

3 Anne Fisher, "Giving a Speech? Conquer the Five Minute Attention Span," Fortune, July 2013, http://fortune.com/2013/07/10/giving-a-speech-conquer-the -five-minute-attention-span/.

4 Reward Gateway, "The Top Three Demotivators of the Workplace: Lack of Recognition, Feeling Invisible or Undervalued, and Bad Managers," Cision PR Newswire, October 23, 2018, https://www.prnewswire.com/news-releases/the-top-three-demotivators-of-the-workplace-lack-of-recognition-feeling-invisible-or-undervalued-and-bad-managers-300735823.html.

5장

1 Mark Murphy, "Neuroscience Explains Why You Need to Write Down Your Goals If You Actually Want to Achieve Them, Forbes, April 15, 2018, https://www.forbes .com/sites/

markmurphy/2018/04/15/neuroscience-explains-why-you-need-to-write-down-your-goals-if-you-actually-want-to-achieve-them/#462c99f47905.

2 Susan M. Heathfield, "How to Deal with a Bully at Work: Don't Allow Yourself to Become an Easy Target for a Bully," Human Resources Conflict Resolution, updated November 6, 2018, https://www.thebalancecareers.com/how-to-deal-with-a-bully-at-work-1917901.

6장

1 "What They're Saying," May 1977. 이 문구는 미국의 유명 슈퍼마켓 체인 바이로의 설립자가 한 말이다. 이후에 영국의 전 총리 마거릿 대처도 같은 말을 남겼다.

2 Alina Tugend, "Take a Vacation, for Your Health's Sake," International Business, New York Times, June 8, 2008.

7장

1 Kristi Hedges, The Do-Over: How to Correct a Bad First Impression," Forbes, February 10, 2015.

2 Martin Roll Business & Brand Leadership, "The Secret to Starbucks' Brand Success," Strategy, July 2017.

여정을 마치며

1 Mark Murphy, "Neuroscience Explains Why You Need to Write Down Your Goals If You Actually Want to Achieve Them," Forbes, April 15, 2018.

일터의 대화법

1판 1쇄 인쇄 | 2021년 1월 8일
1판 1쇄 발행 | 2021년 1월 15일

지은이 로라 케이튼
옮긴이 이미영
펴낸이 김기옥

경제경영팀장 모민원
기획 편집 변호이, 박지선
커뮤니케이션 플래너 박진모
경영지원 고광현, 임민진
제작 김형식

표지디자인 어나더페이퍼
본문디자인 제이알컴
인쇄 · 제본 민언프린텍

펴낸곳 한스미디어(한즈미디어(주))
주소 04037 서울특별시 마포구 양화로 11길 13(서교동, 강원빌딩 5층)
전화 02-707-0337 | 팩스 02-707-0198 | 홈페이지 www.hansmedia.com
출판신고번호 제 313-2003-227호 | 신고일자 2003년 6월 25일

ISBN 979-11-6007-559-5 03320